金融科技实践教育丛书

量化投资实践(MATLAB 版)

点宽金融科技实践教育丛书编委会　组编

科学出版社

北　京

内 容 简 介

本书中的案例来源于作者的实际工作,充分体现案例的实用性和程序的可模仿性,案例程序中附有详细的注释. 例如 β, VaR 和 CVaR 的计算, Dual Thrust, R-break 和海龟交易策略等程序,读者可以直接使用或根据需要在源代码的基础上进行修改、完善.

本书分 5 篇,共计 23 章. 第一篇介绍量化投资中常用的 MATLAB 编程知识和技巧;第二篇介绍几个基本的数理统计知识,包括随机变量、统计矩、极大似然估计、置信区间、假设检验、p 值和 Spearman 秩相关性等;第三篇主要对线性回归、Kalman 滤波和 ARMA 等梳理模型进行概述;第四篇主要介绍量化投资中几个经典的策略模型,包括期货中的 R-breaker, Dual Thrust 和 Aberration 等经典策略,以及股票中的多因子模型;第五篇介绍关于风险管理的实践意义,主要实现了 VaR 和 CVaR 的计算.

本书可供具有金融数学或统计背景的科研工作者、经济金融机构的研究人员和从业人员、高等院校相关专业的教师和学生及对量化投资和 MATLAB 感兴趣的人士阅读.

图书在版编目(CIP)数据

量化投资实践:MATLAB 版/点宽金融科技实践教育丛书编委会组编. —北京:科学出版社,2019.6
 金融科技实践教育丛书
 ISBN 978-7-03-060607-5

Ⅰ.①量… Ⅱ.①点… Ⅲ.①MATLAB 软件–应用–投资学 Ⅳ.①F830.59.39

中国版本图书馆 CIP 数据核字(2019)第 033491 号

责任编辑:张中兴 梁 清 孙翠勤/责任校对:杨聪敏
责任印制:张 伟/封面设计:迷底书装

科 学 出 版 社 出版
北京东黄城根北街 16 号
邮政编码:100717
http://www.sciencep.com

北京凌奇印刷有限责任公司 印刷
科学出版社发行 各地新华书店经销
*

2019 年 6 月第 一 版 开本:787×1092 1/16
2023 年 3 月第六次印刷 印张:18 1/2
字数:439 000

定价:69.00 元
(如有印装质量问题,我社负责调换)

PREFACE 前言

　　为了解决金融行业在定价和风险计量方面的量化处理问题,"金融数学"应运而生. 从以研究理论为主的"金融数学",到理论与实践结合的"金融工程",再到今天最热门的学科"金融科技 (FinTech)",人类从来都没有停止处理融合量化金融和高新尖科技问题的步伐.

　　随着再度升级的 AlphaGo 战胜了围棋世界冠军柯洁,"人工智能"又一次进入大众的视野. 那么"人工智能"在金融市场中能否被应用呢? 答案是毋庸置疑的. 其实我们可以认为,量化投资就是金融市场的"AlphaGo",它能通过数量化的技术方式支持投资,已成为资本市场的前沿领域和重要的发展方向. 在西方发达国家,量化投资经过 40 多年的发展,已经逐渐成熟. 但是在中国,这个领域才刚刚起步. 随着我国汇率、利率日益市场化,以及股指期货、融资融券、股票期权业务的相继推出,我国证券市场结构正在发生深刻变化,金融衍生品的定价、风险管理的手段都面临着巨大变革,投资理念和投资技术都趋向于精确化和数量化,我国的量化投资正处在不断发展变革的重要阶段. 然而,国内在金融行业量化投资方面的专业人才极度匮乏,这已经成为我国量化投资发展的瓶颈.

　　近年来,国内高校与业界已经认识到量化投资人才培养的重要性和紧迫性,如何制订高校量化投资人才培养方案和实施方法已成为当前高校金融类相关专业教学改革的热点问题.

　　培养金融计量人才的一个最直接的方法就是让学生掌握一门可以量化的计算机语言,比如 MATLAB 或者 C++ 等,能够帮助学生实现金融定价和进行风险模型量化处理. 我们认为,基于 MATLAB 的量化投资实践教程可依托高校金融数学专业课程建设和专业实验室丰富的软硬件资源,借助案例教学的优势以及教学考核方式的创新,显著地提升金融数学或金融工程专业教学的教学效果. 依据此教学思路,我们推出基于 MATLAB 语言为工具的量化投资教材,用于培养能够解决实际金融问题的量化人才的教学或参考.

　　本书可以为学生提供模拟教学环境,让学生对量化投资和策略交易具有真实的体验. 在编写本书的逻辑中,我们希望量化投资教学在培养学生理论联系实际的能力,塑造学生解决投资实际问题的思维方式,加强学生投资策略程序实现能力和工程化理念方面能起到本质的强化作用. 另外,我们认为通过整合金融数学/金融工程类专业实验资源,开展量化投资实验课程的研究设计,其在提升学生的综合应用能力,强化学生对量化投资实务工作的适应能力,以及培养满足金融业实务需求的创新型和实践型人才方面起到推进作用. 本书以 Auto-Trader 软件和 MATLAB 工具为依托,重点在于指导学生尽快掌握计量实现技能,因此本书不会把描述金融模型中各种理论基础的讲述作为教程的核心 (但是为了方便本书的使用者,本书用到的模型理论基础部分全部基于下面的五本参考书),在每一篇,我们先陈述需要的金融核心知识和模型，重点在于利用 MATLAB 工具，以最直接的方式培养学生掌握每章介绍的金融核心知识和模型，特别是金融定价和风险模型，并掌握落地实现的执行能力. 具体方式为，结合证券市场实际案例向读者呈现金融数据分析的典型模型和量化投资的常用策略，通过一系列的金融数据分析和量化策略编写实验，帮助学生掌握金融建模的程序化建立和投资策略的执行过程，并在此基础上进一步提高学生的量化分析和投资实战技能.

本书内容由五大部分组成，包括：

(1) 量化投资——基础研究工具：MATLAB 必备知识；
(2) 量化投资——数理统计；
(3) 量化投资——金融建模；
(4) 量化投资——策略交易模型；
(5) 量化投资——风险管理模型.

全书共有 23 章和 1 个附录，教师可以根据授课内容和培养目标，选择书中的部分章节或者全部章节进行实践指导. 由于 Auto-Trader 软件的升级可能会对书中代码和结果部分有所影响，最新内容可通过扫描封底的"本书资源"二维码获取.

本书由深圳点宽网络科技有限公司 (以下简称点宽) 的量化研究部组织编写，点宽量化研究部总监乐斌先生和同济大学袁先智教授担任点宽《金融科技实践教育丛书》主编.

最后，感谢深圳数字动能信息技术公司 (以下简称数字动能) 量化研究部的倾情协助和科学出版社的大力支持，同时感谢数字动能总经理黄嵩先生和点宽总经理徐辣女士对本书的支持. 有了他们的协助和支持，本书才得以顺利完成. 本书在金融专业知识的提炼和融合方面，可能存在理解不足和可商榷之处，希望读者能提出宝贵建议，以便加以改进和完善.

本书的五本核心参考文献：

1. 原思聪. MATLAB 语言及应用. 北京：国防工业出版社. 2011.
2. 王岩, 王爱青. 数理统计与 MATLAB 工程数据分析. 北京：清华大学出版社. 2007.
3. Studenmund A H. Using Econometrics: A Practical Guide. 5th ed. Pearson. 2006. 中文译本为：应用计量经济学. 5 版. 王少平，杨继生，刘汉中，译. 北京：机械工业出版社, 2007.
4. Hull J. Options, Futures and Other Derivatives. 9th ed. New York: Pearson. 2015. 中文译本为：期权, 期货及其他衍生产品. 9 版. 王勇，索吾林，译. 北京：机械工业出版社, 2016.
5. Hull J. Risk management and financial institutions. 3rd ed. New York: Pearson. 2011. 中文译本为：风险管理和金融机构. 3 版. 王勇，董方鹏，译. 北京：机械工业出版社, 2013.

CONTENTS 目录

前言

第一篇 量化投资——基础研究工具：MATLAB 必备知识

第 1 章 MATLAB 必备知识 ... 3
- 1.1 基础数据类型 ... 3
- 1.2 常用数据类型 ... 12
- 1.3 绘图 ... 15
- 1.4 函数 ... 17
- 1.5 平均值 ... 19
- 1.6 离差分析 ... 21

第二篇 量化投资——数理统计

第 2 章 离散和连续随机变量 ... 27
- 2.1 离散随机变量 ... 27
- 2.2 连续随机变量 ... 31
- 2.3 分布拟合 ... 39

第 3 章 统计矩——偏度和峰度 ... 41
- 3.1 偏度 ... 41
- 3.2 峰度 ... 43
- 3.3 其他的标准矩 ... 44
- 3.4 Jarque-Bera 正态检验 ... 45
- 3.5 测试校准 ... 45

第 4 章 极大似然估计 ... 46
- 4.1 极大似然估计 ... 46
- 4.2 正态分布的 MLE ... 47
- 4.3 正态分布的 MATLAB 实现 ... 48
- 4.4 指数分布的 MLE 及 MATLAB 实现 ... 49
- 4.5 案例研究——日回报的正态分布拟合 ... 50

| 4.6 | 极大似然估计注意事项 | 50 |

第5章 置信区间与假设检验 ... 52
- 5.1 置信区间 ... 52
- 5.2 原假设和备择假设 ... 53
- 5.3 假设检验的步骤 ... 53
- 5.4 案例研究1——工商银行的日回报率的假设检验 ... 54
- 5.5 案例研究2——假设检验用于平均值 ... 58
- 5.6 案例研究3——假设检验用于方差研究 ... 60

第6章 p 值和多重比较偏差 ... 63
- 6.1 p 值 ... 63
- 6.2 案例研究——多次测试 ... 64
- 6.3 敏感性和专一性的权衡 ... 66

第7章 Spearman 秩相关性 ... 67
- 7.1 Spearman 秩相关性 ... 67
- 7.2 Spearman 案例 ... 68
- 7.3 Spearman 秩相关系数用于公募基金夏普率研究 ... 70

第三篇 量化投资——金融建模

第8章 期货和期货交易策略简介 ... 75
- 8.1 远期合约 ... 75
- 8.2 期货合约 ... 76
- 8.3 期货与现货的关系 ... 78
- 8.4 杠杆 ... 81

第9章 线性回归 ... 85
- 9.1 线性回归模型的概念 ... 85
- 9.2 MATLAB 实现线性回归模型 ... 85
- 9.3 线性回归与相关性 ... 87
- 9.4 相关系数 ... 88

第10章 多元线性回归 ... 90
- 10.1 多元线性回归的概念 ... 90
- 10.2 多元线性回归模型示例 ... 90
- 10.3 多元线性回归预测建设银行股票价格 ... 91
- 10.4 模型选择 ... 93

第11章 单整、协整和平稳性 ... 95
- 11.1 平稳性和非平稳性 ... 95
- 11.2 单整 ... 99
- 11.3 协整 ... 108
- 11.4 总结 ... 114

第12章　违背回归模型
12.1　残差 ... 115
12.2　异方差 ... 116
12.3　残差的序列相关性 ... 123
12.4　Newey-West ... 125
12.5　多重共线性 ... 126

第13章　Kalman 滤波
13.1　理论基础 ... 129
13.2　Kalman 滤波模型 ... 133
13.3　Kalman 滤波与迭代线性回归 ... 135
13.4　Kalman 滤波发散 ... 138
13.5　Sage-Husa 自适应滤波算法 ... 144

第14章　ARMA 模型
14.1　基础概念及原理介绍 ... 148
14.2　建立 ARMA 模型的一般步骤 ... 150
14.3　案例研究——沪深 300 股指期货日收益率的 ARMA 模型拟合及 MATLAB 实现 ... 151

第15章　过拟合的风险
15.1　什么是过拟合 ... 155
15.2　例：选取过多参数 ... 155
15.3　例：曲线拟合 ... 156
15.4　例：回归参数 ... 157
15.5　例：滚动窗口 ... 162
15.6　避免过度拟合 ... 170

第四篇　量化投资——策略交易模型

第16章　β 对冲
16.1　因子模型 ... 173
16.2　风险暴露 ... 173
16.3　风险管理 ... 174
16.4　β 对冲的 MATLAB 实现 ... 174
16.5　交叉对冲 ... 175

第17章　配对交易
17.1　配对交易流程 ... 177
17.2　配对交易策略 ... 187

第18章　方向性交易策略构造
18.1　波动率突破策略 ... 191

18.2 日内趋势反转策略之 R-breaker 策略 194
18.3 Dual Thrust 策略 198
18.4 Aberration 策略 206
18.5 海龟交易策略 210

第 19 章 多因子研究 219
19.1 常见因子 219
19.2 多因子模型的意义——不单单寻找表现最好的股票 220
19.3 数据处理 221
19.4 模型有效性检验 225
19.5 因子合成与降维 227
19.6 多因子研究案例 228

第 20 章 条件异方差模型 231
20.1 几种基础模型介绍 231
20.2 示例应用 234

第五篇 量化投资——风险管理模型

第 21 章 仓位集中风险 251
21.1 模拟"21 点"游戏 251
21.2 投资组合理论 252
21.3 资金约束 257
21.4 数学方法解释 257
21.5 额外的好处 258

第 22 章 最小线性相关算法 261
22.1 分散化投资 261
22.2 一些公式 261
22.3 最小线性相关算法用于投资权重分配 262

第 23 章 VaR 和 CVaR 264
23.1 VaR 和 CVaR 的定义 264
23.2 VaR 和 CVaR 的计算 266
23.3 VaR 和 CVaR 的计算演示 268
23.4 VaR 和 CVaR 运用于资产组合管理 271

参考文献 279
附录 Auto-Trader 交易软件使用手册 280

第一篇

量化投资——基础研究工具：MATLAB必备知识

　　本篇的目的是汇总学生在进行金融量化分析方面需要的基本工具：MATLAB语言的基本必备知识，它由一章组成．本篇包含MATLAB语言的基础数据类型、绘图功能、函数功能、基本的计量功能（包含平均值、离差分析）等相关内容．

　　如果读者希望对 MATLAB 语言有一个全面的了解，可以参见下面的经典文献：

　1. 原思聪. MATLAB语言及应用. 北京: 国防工业出版社. 2011.

　2. 周建兴, 岂兴明, 矫津毅. MATLAB 从入门到精通. 北京: 人民邮电出版社. 2008.

CHAPTER 1
第 1 章　MATLAB必备知识

MATLAB 是一门实用性很强的编程语言,广泛应用于许多科学实践中. 尤其在解决线性代数问题上,处理数组和运算矩阵也十分便利. 本书的内容主要是基于 MATLAB 编写的, 因此本书的第 1 章主要介绍 MALTAB 的基础知识以及量化分析方面的几个核心概念.

1.1　基础数据类型

首先介绍一些基础的数据类型.

1.1.1　实数和虚数

实数直接用数字表示. 可用类型有

```
uint64/double/single/int8/int16/int32/int64/unit8/uint16/uint32
```

类型之间直接转换:

```
int32(1.1)
```

判断是否为某种类型:

```
isa(temp,'double')
```

虚数的表示, 如将 2i 赋值给 a:

```
>> a = 2i;
```

或

```
>> a = 2j;
```

单个数字的共轭加:

```
>> b = a';
```

查找相关方法:

```
>> methods('int32');
>> methods(11);
```

注意:
1. i 或 j 前面直接加数字表示虚数, 但是 i 和 j 前面不加数字也可以用来表示其他变量. 虚数表达不需要加 "*";
2. isa(variable,type) 表示判断某个变量是否为某种类型;
3. methods('int32') 表示查找某种数据类型的所有可调用的函数. 注意直接写类型名字的时候要加引号, 或者直接改为某种类型下的一个实例.

1.1.2 向量 (数组)

一维数值数组. MATLAB 允许创建列向量和行向量, 列向量通过在方括号 [ ] 内把数值用分号 (行向量用逗号或空格) 隔开来创建, 对元素的个数没有限制.

列向量:

```
>> a = [2; 1; 4];
```

行向量:

```
>> a = [2, 1, 4];
```

数量乘法: 把一个向量的每个元素乘上一个数. 方法: 直接在 [ ] 外面乘上一个数, 或变量直接乘上一个数.

```
>> new_vector = vector*const;
```

转置:

```
>> new_vector = transpose(vector);
```

共轭转置: 用 " ' " 表示, 如果向量元素均为实数, 共轭转置和 transpose 的效果一样.

```
>> new_vector = vector';
```

共轭不转置: conj

```
>> new_vector = conj(vector);
```

向量加减: 只有相同长度的行之间或列之间可以加减, 行与列不能直接加减 (可转置成同一类型后操作).

```
>> new_vector = vector1 - vector2;
```

向量元素乘除: 同上要求, 但需要在运算符号前加 "."

```
>> new_vector = vector1 .* vector2;
```

向量平方: 注意前面加 "."

```
>> new_vector = vector1.^2;
```

向量点乘: dot

```
>> new_vector = dot(vector1,vector2);
```

第 1 章　MATLAB 必备知识……………>>>>

向量合并：(同为行，则用"，"；同为列，则用"；")

```
>> new_vector = [vector1,vector2];
```

等差序列：

(1) 从 1 开始每隔 0.1 生成一个元素，元素的最大值为 2.

```
>> new_vector = [1:.1:2];
```

(2) 从 1 开始到 2 输出 10 个等差序列，使得最小值为 1，最大值为 2.

```
>> new_vector = linspace(1,2,10);
```

(3) 对数值从 1 开始到 2 输出 10 个对数值等差序列，使得最小对数值为 1，最大对数值为 2.

```
>> new_vector = logspace(1,2,10);
```

或者

```
>> new_vector = 10.^(linspace(1,2,10));
```

长度：

```
>> len = length(vector);
```

最大值：max，类似还有 min, sum, sqrt, std, mean, abs 等。

```
>> max_value = max(vector);
```

是否包含某元素：

```
>> ismember(element,vector);
```

数组交集：

```
>> intersect(vector1,vector2);
```

数组并集：

```
>> union(vector1,vector2);
```

数组相邻求差值，结果与原数组少一个元素：

```
>> diff(vector);
```

复制：

```
>> repmat(a,[2,3]);    % 将变量a行方向复制2次，列方向复制3次
```

查找元素的个数：

```
>> a= [1,2,3,3];
>> histc(a,3) % 寻找a中3的个数
```

根据一个数组的条件修改另一个数组：

```
>> a = [2, 4, 5];
>> b = [4, 2, 3];
>> b(a>2 & a<5) =1;% b = [4 1 3].
% 括号内并条件只能用&不能用&&
```

注意:
1. MATLAB 识别中英文输入法, 分号等需要在英文输入法下键入, 否则报错;
2. 每个执行命令后面加入分号的目的是不输出结果. 如果不写分号, 在每次执行命令之后会把执行结果在执行界面显示.

1.1.3 特殊数组

```
a = zeros(3,4)  %3行4列
b = zeros(4)  %只有一个参数时, 生成二维数组
c = zeros(4,1)
d = zeros(3,4,5)  %多维数组
a = ones(2)  %全1
b = eye(2)  %对角1
c = rand(2)  %[0,1] 均匀分布随机数
d = randn(2)  %正态分布随机数
e = false(2)  %生成值全为1(true)或0(false)的逻辑数组
    %MATLAB中, 对逻辑数组的判断只有0和非0两种结果, 非0的数一律认为是true
f = nan(2)  %生成值全为NaN的数组
```

1.1.4 矩阵的复制

```
a = [1 2;3 4]
disp('[a a a;a a a] = ')
disp([a a a;a a a])
disp('repmat(a,2,3) = ')
disp(repmat(a,2,3))  %按行复制2次, 按列复制3次
```

注意: disp 表示输出元素.

1.1.5 Kronecker 乘积

```
%C = kron(A,B), 用A的每个元素乘以B矩阵, 然后按A的元素顺序排列
a = [1 2;3 4]
b = ones(2,3)
disp('kron(a,b) = ')
disp(kron(a,b))
disp('kron(b,a) = ')
disp(kron(b,a))  %repmat 可以用kron 代替
```

1.1.6 获取元素

一维数组:

```
a = rand(1,8)
disp('a(1:2:end) = ') %end 表示最后一个元素，对于步长不为1的情况，如果不能整除,也不
                      会报错
```

高维数组：

```
a = rand(4,5)
disp('a(3,4) = ')
disp(a(3,4))
disp('a(3,:) = ')
disp(a(3,:))
disp('a(:,[2,4]) = ')
disp(a(:,[2,4]))
```

1.1.7 删除数组元素

```
a = zeros(4,5);
for i = 1:numel(a)
a(i) = i;
end
a
a(3,:) = [];
disp('a(3,:) = [];')
a
a(1) = []; %对多维数组，如果a(1) = []，将破坏多维结构
disp('a(1) = [];') a
```

1.1.8 排序

```
%[Y,I] = sort(X,dim,mode)
%mode:  'ascend' 升序'descend' 降序，默认前者
%dim:   按第几维排序，默认是1，注意对矩阵，第1维是列，第2维是行，但对一维数组来说，默认
只对那一维排序
%如果X是一维数组，那么X(I) = Y，即Y为对X重新排列后的数组
%如果X是多维数组，那么对于第dim维的每个子数组,X对应在I上的取值就是Y

a = rand(1,8)
disp('[s,i] = sort(a)')
[s,i] = sort(a) %这里的排序其实按第2维
disp('a(i) = ')
disp(a(i))
b = rand(4,5)
disp('[~,i1] = sort(b(:,2),''descend'');')
[~,i1] = sort(b(:,2),'descend');
```

```
disp('c = b(i1,:)')  c = b(i1,:)  %把所有的列按第二列降序排序
```

注意:
1. %后面为注释,不执行;
2. ~在表示获取位置的数据不读取;
3. i1 也代表一个可赋值的变量. 将变量名区分大小写,从英文字符开始,之后可以使用字母、数字或下划线,但不能使用空格和标点符号,名字长度不超过 31.

1.1.9 查找满足条件的坐标

```
clear
clc
a = rand(1,8)
disp('a>0.5')
disp(a>0.5)  %逻辑数组的返回结果是和a维度一样的矩阵
disp('find(a>0.5)')
disp(find(a>0.5))
disp(find(a>0.5,1,'last'))  %返回符合条件的前n个元素
%n后面可跟'first'(默认)或者'last'表示从后往前找符合条件的元素

disp('a(a>0.5)')
disp(a(a>0.5))
disp('a(find(a>0.5))')
disp(a(find(a>0.5)))  %a(find(表达式))建议直接写为a(表达式),效率更高
```

注意:
1. clear 表示所有的赋值清空;
2. clc 表示界面输出清空.

1.1.10 满足条件的赋值

```
disp('a(a>0.5) = 0')
a(a>0.5) = 0
```

1.1.11 空格相关

```
b = blanks(5)  %返回5个空格的字符串
c = '  test  '
disp('deblank(c)')
disp(deblank(c))  %去除末尾空格
disp(char(10))
disp('strtrim(c)')
disp(strtrim(c))  %去除头尾空格
disp(char(10))
```

```
disp('isspace(c)')
disp(isspace(c))  %判断字符串的每个元素是否是空格
disp('isletter(c)')
```

1.1.12 字符串相关

```
clear
clc
c ='test'
ischar(c)   %判断是否为字符串
disp(isletter(c))  %判断字符串的每个元素是否是字母
a = 'Thank you'
b = 'very much'
disp('[a b] = ')
disp([a b])
disp(char(10))
disp('strcat(a,b)')
disp(strcat(a,b))  %去除字符串后面的空格
```

1.1.13 字符串查找与替换

```
%findstr 在未来的MATLAB中将消失，请用strfind
clear
clc
s = ' How much wood would a woodchuck chuck? '
disp('strfind(s,''a'')')
disp(strfind(s,'a'))  %被查找的一定要写在前面
disp('strfind(''a'',s)')
strfind('a',s)
disp('strfind(s,''wood'')')
disp(strfind(s,'wood'))
disp('strfind(s,''Wood'')')  %区分大小写
strfind(s,'Wood')
disp('strrep(s,'' '',''\'')')
disp(strrep(s,' ','\'))  %字符串替换，不改变原始字符串
```

1.1.14 instr 从特定位置开始查找

```
%类似Excel的instr函数
%instr(开始位置，从哪里找，找什么)
%从from里面，找从pos开始的第一个what所在的位置
clear
clc
s = ' How much wood would a woodchuck chuck? '
```

```
disp('instr(1,s,''wood'')')
disp(instr(1,s,'wood'))
disp('instr(5,s,''wood'')')
disp(instr(5,s,'wood'))
```

1.1.15　字符串比较

```
clear
clc
a = 'Thank you very much'
b = 'thank you very much'
c = 'thank you'
disp('strcmp(a,b)')
disp(strcmp(a,b))
disp('strcmpi(a,b)')
disp(strcmpi(a,b))  %不区分大小写
disp('strncmp(a,c,5)')
disp(strncmp(a,c,5))  %比较前5个字符
disp('strncmpi(a,c,5)')
disp(strncmpi(a,c,5))  %不区分大小写
```

1.1.16　字符串转换

```
clear
clc
a = 'Thank'
disp('lower(a) = ')
disp(lower(a))
disp(char(10))
disp('upper(a) = ')
disp(upper(a))
a = '123'
disp('b = str2num(a)')
b = str2num(a)
disp('c = num2str(b)')
c = num2str(b)
```

1.1.17　字符串调用函数

```
clear
clc
a = [1,2,3]
c = str2func('max')
c(a)%输出3
```

第 1 章　MATLAB 必备知识

1.1.18　把字符串当命令执行

```
a = [1,2,3];
eval('max(a)')
```

1.1.19　矩阵求特征值和特征向量

```
%det: 行列式
%inv: 逆运算
%pinv: 伪逆运算(对于病态矩阵)
%sqrtm: 求平方根
%[V,D] = eig(A): D 特征值, V 特征向量
%norm: 范数(1,2,inf,'fro'), 默认为2
%cond: 条件数
clear
clc
a = magic(4)
disp('[v,d] = eig(a)')
[v,d] = eig(a)
```

1.1.20　逻辑运算

```
a = [true,false,true,true,false]
b = [true,false,true,false,true]
disp('a&b')
disp(a&b) %或and(a,b): 两个数组中相同位置的值都非0时返回1, 否则返回0
disp('a|b')
disp(a|b) %或or(A,B): 两个数组中相同位置的值都为0时返回0, 否则返回1
disp('~a')
disp(~a) %对数组中的元素取反, 非0变0, 0变1
disp('xor(a,b)')
disp(xor(a,b)) %两个数组中相同位置的值只有一个非0时返回1, 否则返回0
disp('any(a)')
disp(any(a))
disp('all(a)')
disp(all(a))
c = 5
disp('c>0 && c<3')
disp(c>0 && c<3) % 两端必须是逻辑变量或者表达式, 连逻辑数组都不行, 返回值也是逻辑
                 变量
```

1.1.21　语句

if 语句:

```
clear
clc
a = 1;
if a>1
disp('a>1')
elseif  a == 1
disp('a == 1')
else
disp('a<1')
end
```

switch 语句：

```
clear
clc
b = 'orange';
switch b %可比较字符串  %这里不会依次执行，如果判断成功，会自动break
case 'apple'
disp('apple')
case 'orange'
disp('orange')
case 'pineapple'
disp('pineapple')
otherwise
disp('other')
end
```

while 语句：

```
clear
clc
k = 0;
while true
k = k+1
if k>3
break % continue 和break 对for 和while 均有效
end
end % return 结束此程序
```

1.2 常用数据类型

除了一些简单基础的数据类型，还有元胞数组、结构体和字典常常会被使用到。尤其是结构体，可以将一个标的的不同属性单独赋值，无需声明多个变量。这里将详细介绍它们的用法。

1.2.1 数组类型 (cell)

类似数组, 但是其元素不像数组一样限制为数, cell 类型的元素可以是数、数组或其他 cell. 数组的构建是在外面加 [], 而 cell 是 {}.

```
>> a = {[1,2],[2,3,4],4};
>> c = {a, 4};
```

下面的代码在数组报错:

```
>> b = [[2,3],[2;3],4]
% Error using horzcat; Dimensions of matrices being concatenated are not
    consistent.
```

在 cell 中正确执行:

```
>> b = {[2,3],[2;3],4}
```

查看某个元素类型:

```
>> a(1) %[1x2 double]
```

查看某个元素详细内容:

```
>> a{1} %1 2
```

访问某个元素内的某些数据:

```
>> a{1}(1:2) %访问的是A中的第一个cell里面内容1-2的数据
```

删除某个序号:

```
>> a(1)=[];%不能使用cell1=[],这是把第一个cell内容置空没有删除
>> a(:)=[];%删除所有的cell,其他的删除依此类推
```

m 行 n 列的 cell 类型:

```
>> A = cell(m, n)
```

内容显示:

```
>> celldisp(A)  %完全显示细胞型变量的内容
```

注意:

() 是输出第几个元素的类型, {}是输出第几个元素的具体内容.

1.2.2 结构类型 (struct)

结构体的特点是一个变量可以有属性 (或字段), 而且有很简单的方法去调用这个属性或字段.

比如一个班有 53 个学生, 每个学生的属性有年龄、性别、名字等, 在 MATLAB 中,

```
clear all
clc

student(1).name = '张三'
student(1).age = 15
student(1).sex = 'boy'

student(2).name = '张四'
student(2).age = 16
student(2).sex = 'boy'
```

上面就是给第一和第二个学生分别赋值了名字、年龄、性别信息, 此时 student 便是结构类型, 每个元素都有属性可以调用. 属性的赋值可以是任何类型.

其他赋值方法：

```
%sturct('field1',values1,'field2',values2,…)其中field是字段
a = struct('name',{'张三','张四'},'age',{15, 16},'sex',
{'boy','boy'});
```

删除特定属性：

```
rmfield(a,'sex')
```

一个例子：

```
targetList(1).Market = 'SHFE';
targetList(1).Code = 'RB0000';
targetList(2).Market = 'DCE';
targetList(2).Code = 'JM0000';
```

注意：
1. 注意下面的 field 需要加引号, 而且多个长度时用 cell 储存;
2. struct 也可以组成矩阵. new_struct = [struct1 ; struct2].

1.2.3 struct 和 cell 的转换

struct 转成 cell, 实际上是指 struct 每个元素的所有元素输出为一个 cell.

```
a = struct('name',{[1,2],'张四'},'age',{15,16},'sex', {'boy','boy'});
b = struct2cell(a)
```

cell 转成 struct 需要指明属性的名字：

```
c = cell2struct(b,{'name','age','sex'})
```

1.2.4 字典结构

新建变量，使用 containers.Map() 创建一个变量并初始化：

```
num = containers.Map({1, 2, 3}, {'one', 'two', 'three'})
```

查看 num(1) 的值：

```
num(1)   %one
```

修改 num(1) 的值：

```
num(1) = 'ONE'
```

添加元素：

```
num(4) = 'four'
```

查看 num 的 keys values 值：

```
keys(num)
values(num)
```

垂直串联，不支持水平串联：

```
num2 = containers.Map({10, 20}, {'ten', 'twenty'})
nummerge =[num; num2]
```

删除元素，从 nummerge 中删除 1 及其对应的 'ONE'：

```
remove(nummerge, 1)
```

同时删除多个元素：

```
remove(nummerge, {2, 3})
```

是否包含某个 key：

```
mydictinary.isKey('name')
```

1.3 绘 图

量化投资中不乏对图形态的研究，对统计后的数据很多时候也需要通过生成柱状图或直方图来做进一步的分析．MATLAB 在绘图方面的表现非常好，这里将介绍几种绘图的方法．

1.3.1 绘图

```
x = -pi:0.1:pi; y = sin(x); z = 10*cos(x); plot(x,y)
```

plot 参数：

```
plot(x,y,'--ro','LineWidth',2,…
%线宽 'MarkerEdgeColor','k',…
%标记的边框颜色 'MarkerFaceColor','k',…
%'MarkerSize', 标记的大小
%plot(x1,y1,LineSpec,'PropertyName',PropertyValue)
%LineSpec:
%- 实线,-- 虚线,： 点线,-. 点画线
%+ 加号,o 圆圈,* 星号,. 点,x 十字,s 方块,d 菱形,^ 向上三角形,
v向下三角形,>向右三角形,<向左三角形,p五角星,h六角形
%r 红色,g 绿色,b 蓝色,c 青色,m 品红,y 黄色,k 黑色,w 白色
%也可以用编辑图的方法来实现plottools
```

注意：
1. "…"在语句结尾指的是另起一行. 另起一行的内容与前面合在一起算一个语句;
2. plot 可以同时输出多条曲线.

1.3.2 其他绘图

散点图：

```
scatter(x,y)
```

三维网格图：

```
[X,Y] = meshgrid(-8:0.5:8); %生成网格矩阵
R = sqrt(X.^2 + Y.^2);
Z = sin(R)./R;
mesh(X,Y,Z)
```

直方图：hist(x)
曲面图：surf(x,y,z)
柱状图：bar(x)
面积图：area(x)
多图叠加：

```
plot(x,y)
hold on %后续图形叠加
scatter(x,y)
hold off %结束叠加,输出图形
%bar3: 三维柱状图 %pie/pie3: 饼图/三维饼图 %scatter3: 三维散点图
```

多个图形在一个图上分别画出：

```
subplot(2,2,1)
%subplot(m,n,p):  m: 拆成多少行, n: 拆成多少列, p: 当前输出位置
(先按行后按列,与数组的定位方式不同)
plot(x,y)
```

```
subplot(2,2,2);    plot(x,z)
subplot(2,2,3);    plot(x,y+z)
subplot(2,2,4);    plot(x,y-z)
%先使用subplot，再使用plot，无需hold on/off  %关闭图形窗口结束当前subplot
```

1.4 函　　数

在我们构建量化投资策略的过程中，会用到大量的函数．很多时候，为了实现一些特殊的功能，我们还需要自己构建函数．

1.4.1 函数

脚本：

```
%1. 是一系列的命令的集合
%2. 没有输入参数也没有输出参数
%3. 与MATLAB命令行及其他的脚本共享变量
```

函数：

```
%1. 可以拓展MATLAB语言
%2. 可以接受输入参数返回输出参数
%3. 变量存储在函数的内部workspace中，不与MATLAB命令行、Script、其他函数共享变量
(有一个例外)
```

1.4.2 语法

```
edit examplefun
% 主函数：函数与文件名同名
% 子函数：仅主函数可以调用它
% 多重函数：可以使用其上一层函数中的变量
% 私有函数：放在private文件夹中定义的函数，仅其上一层目录中的函数可以调用它
```

1.4.3 主函数、嵌套函数、子函数

下面的函数在同一个 m 文件里．

```
function [Y1,Y2] = examplefun(X1,X2,X3) % 主函数，函数名与文件名同名
% [Y1,Y2] = examplefun(X1,X2,X3)
% 示例函数
fprintf(1,'主函数examplefun被调用，当前workspace中的所有变量如下:\n');
fprintf(1,'调用嵌套函数nestedfunction1前主函数workspace中的所有变量如下 :\n');
Y1 =nestedfunction1(X1);
function Y = nestedfunction1(X) % 嵌套函数：在另一个函数的函数体中定义
fprintf(1,'嵌套函数nestfunction1 被调用,当前workspace中的所有变量如下: \n');
Y= X^2;
```

```
end
fprintf(1,'嵌套函数nestedfunction1调用结束,返回主函数examplefun workspace中的所有
变量如下:\n');
fprintf(1,'即将调用子函数subfunction1(X),调用前examplefun函数的workspace中的所有
变量如下: \n');
Y2 = subfunction1(X2,X3);
end
function Y = subfunction1(X1,X2)
% 子函数,只能被主函数或者同一个文件中的其他子函数调用
fprintf(1,'子函数subfunction1被调用\n');
fprintf(1,'当前workspace中可见变量如下: \n');
showwhos(whos);
Y = X1+X2;
end
```

1.4.4　递归:在函数体内调用自身

```
function Rslt = gcdfun(X1,X2)
%   使用递归的方法求X1, X2 的最大公约数
if X1<X2
Rslt = gcdfun(X2,X1);
return;
end
if mod(X1,X2) ==0
Rslt = X2;
return;
end
Rslt = gcdfun(X2,mod(X1,X2));
end
```

1.4.5　把函数复制给变量

直接调用 @functionname:

```
h = @sum;
h([2,3])
```

调用 str:

```
h = str2func('sum');
h([2,3])
```

1.5 平均值

在证券市场的技术分析当中,用到最多的就是均线. 在量化投资中,我们用均线来解释资金平均成本,例如 5 日均线,代表过去 5 日资金的平均成本. 这里将介绍与平均数相关的几种技术指标和计算方法.

一个金融时间序列可以被分为两部分,即趋势部分和震荡部分. 一种简单的跟踪趋势的方法是通过移动平均去除震荡的影响. 移动平均法根据预测时使用的各元素的权重不同,可以分为:简单移动平均和加权移动平均.

1.5.1 算数平均 MA

算数平均常被用来分析数据,它的数学定义如下:

$$\mu = \frac{\sum_{i=1}^{N} X_i}{N}, \tag{1.1}$$

$X_1, X_2, \cdots, X_N$ 是观察变量,

```
mean([1,2,3])
```

1.5.2 自定义加权移动平均

不同的分量赋予不同的权重.

$$\mu = \sum_{i=1}^{n} w_i X_i, \tag{1.2}$$

其中 $\sum_{i=1}^{n} w_i = 1, w_i \geqslant 0$. 比如我们觉得价格序列越往后的信息越有用,就可以给后面的数据更多的权重.

```
weigh = linspace(1,1.5,length(price_ls));
weigh_price = sum(weigh.*price)/sum(weigh)
```

1.5.3 中位数

寻找数组或矩阵的排序在最中间的数字:

```
median(x,mode)
```

x 是数组或矩阵,mode=2 表示每行求中位数,mode=1 表示每列求中位数,当没有输入时默认为每列求中位数.

```
A=[1 4 5;2 8 3;9 7 6];
median(A)   % [2  7  5]
median(A,1) % [2  7  5]
median(A,2) % [4; 3; 7]
```

1.5.4 指数移动平均

指数移动平均线是比较流行的一种移动平均线,它认为较近的价格更有价值.也就是说,它赋予较近的价格更大的权重.

表达式:EMA(X,N),其中 X 为当日收盘价,N 为天数.它真正的表达公式是

```
当日指数平均值=平滑系数*(当日指数值-昨日指数平均值)+昨日指数平均值;
平滑系数=2/(周期单位+1);
```

程序实现:

```
function EMAValue=EMA(Price,Length)
EMAValue=zeros(length(Price),1);
K=2/(Length+1);
for i=1:length(Price)
if i==1
EMAValue(i)=Price(i);
else
EMAValue(i)=Price(i)*K+EMAValue(i-1)*(1-K);
end
end
end
```

1.5.5 自适应移动平均

自适应移动平均类似指数移动平均,但其平滑周期是通过两个不同的周期加权平均得到.在震荡时期,相对平滑系数较小,也就是最近的数据所占权重较少;在变化剧烈时期即单边趋势较强时,相对平滑系数较大,也就是最近的数据所占权重较大.这样做的目的是在趋势行情中均线可以紧密跟踪数据,在震荡行情中可以进行长周期均值滤波.

在震荡与趋势计算中可以采用 RSI.RSI 是根据股票市场上供求关系平衡的原理,通过比较一段时期内单个股票价格涨跌的幅度或整个市场的指数涨跌的大小来分析判断市场上多空双方买卖力量的强弱程度,从而判断未来市场走势的一种技术分析指标.RSI 指标是一定时期内市场的涨幅与涨幅加跌幅的比值.它是买卖力量在数量和图形上的体现,投资者可以根据其所反映的行情变动情况及轨迹来预测未来的价格走势.

```
function RSIValue=RSI(Price,Length)
RSIValue=zeros(length(Price),1);
DiffofPrice=zeros(length(Price),1);
DiffofPrice(2:end)=Price(2:end)-Price(1:end-1);
RSIValue(1:Length)=50;
for i=Length+1:length(Price)
Temp=DiffofPrice(i-Length+1:i);
RSIValue(i)=sum(Temp(Temp>0))/sum(abs(Temp))*100;
%注:查看文献可知,RSI有几种算法,这是其中一种
end
```

```
end
```

```
当日指数平均值 =平滑系数*(当日指数值-昨日指数平均值)+昨日指数平均值;
平滑系数 = 平滑系数1 + ABS(RSI/50-1) * (平滑系数2-平滑系数1)
平滑系数1 = 2/(长周期+1); 平滑系数2 = 2/(短周期+1);
```

RSI=100 或 0, 表示全部上升或下降, 此时

```
平滑系数 = 平滑系数2; 表示近期数据占据权重更大
```

RSI 接近 50, 表示上升与下降差不多, 处于震荡市场.

```
平滑系数 = 平滑系数1; 表示近期数据占据权重较小
```

1.5.6 MATLAB 自带函数 tsmovavg

```
VO = tsmovavg(VI, 's', LAG, DIM)=> 简单移动平均
VO = tsmovavg(VI, 'e', TIMEPER, DIM)=> 指数移动平均
VO = tsmovavg(VI, 't', NUMPER, DIM) =>
%三角移动平均, 为移动平均的再平均;
%VI为输入序列
```

1.6 离差分析

证券市场的交易形成了价格的波动, 很多人会试图探究波动的规律, 通过判定标的在某个价格区间波动而制定对应的策略. 在量化投资中我们有很多方法去描述"波动"这个概念, 接下来将介绍几个描述价格离散的指标.

离差分析用于研究数据的离散性质, 在金融上用于衡量市场的稳定性. 当数据在中心值附近时, 市场较为稳定; 否则价格或收益的剧烈变化预示市场的风险在不断增大.

1.6.1 范围 (range)

范围有很多定义, 也可以有很多不同的指标, 一般来讲对离群点的敏感性较高.

比如衡量一日价格波动:

计算一: range = high − low;

计算二: truerange = max(high − closePre, closePre−low, high−low); pre 表示昨日的信息.

一般这些范围用于止损止盈等.

1.6.2 平均绝对偏差

$$\mathrm{MAD} = \frac{\sum_{i=1}^{n} |X_i - \mu|}{n}, \tag{1.3}$$

μ 为均值.

1.6.3 CCI 指标

CCI 指标是一种利用平均绝对偏差计算的指标. CCI 指标又叫顺势指标, 其英文全称为 Commodity Channel Index, 是由美国股市分析家 Donald Lambert 创造的, 是一种重点研判价格偏离度的分析工具. 与大多数单一利用股票的收盘价、开盘价、最高价或最低价而发明出的各种技术分析指标不同, CCI 指标是根据统计学原理, 引进价格与固定期间的价格平均区间的偏离程度的概念, 强调价格平均绝对偏差在股市技术分析中的重要性, 是一种比较独特的技术分析指标.

$$\text{CCI} = \frac{P_t - \mu}{\text{MAD} \times 0.015}, \tag{1.4}$$

μ 为价格 P_t 的 n 周期均值, MAD 为 n 周期的平均绝对偏差. 一般 P_t 取典型价格, 即高、低、收三者的均值.

```matlab
function CCIValue=CCI(High,Low,Close,Length)
CCIValue=zeros(length(High),1);
TP=zeros(length(High),1);%典型价格
MATP=zeros(length(High),1);%典型价格的移动平均
MD=zeros(length(High),1);%离差绝对值的平均
TP=(High+Low+Close)/3;
MATP=MA(TP,Length);%MA函数参见"MATLAB基础教程5"
for i=Length:length(High)
    MD(i)=sum(abs(TP(i-Length+1:i)-repmat(MATP(i),Length,1)))/Length;
end
CCIValue=(TP-MATP)./(0.015*MD);
CCIValue(CCIValue==inf)=0;%如果MD有为0的情况,则通道指数为0
CCIValue(isnan(CCIValue)==1)=0;%如果出现0/0,则通道指数为0
end
```

1.6.4 方差与标准差

方差可以在一段时间内衡量数据的变动幅度.

$$\sigma^2 = \frac{\sum_{i=1}^{n}(X_i - \mu)^2}{n}. \tag{1.5}$$

```matlab
std_value = std(list)
```

1.6.5 布林带指标

量化交易中有一个指标叫 BOLL 指标, 又称布林带指标, 是研判价格运动趋势的一种中长期技术分析工具. 一般而言, 价格的运动总是围绕某价值中枢 (如均线、成本线等) 在一定的范围内变动, 布林带指标正是在上述条件的基础上, 引进了"价格通道"的概念, 其认为价格通道的宽窄随着价格波动幅度 (方差) 的大小而变化, 而且价格通道又具有变异性, 它会随着价格的变化而自动调整. 正常价格波动很小, 处于盘整时, 价格通道就会变窄, 这可能预示

着价格的波动处于暂时的平静期;当价格波动超出狭窄的价格通道的上轨时,预示着价格的异常激烈的向上波动即将开始;当价格波动超出狭窄的价格通道的下轨时,同样也预示着价格的异常激烈的向下波动即将开始.

```matlab
function [UpperLine MiddleLine LowerLine]=BOLL(Price,Length,Width,Type)
%Price-价格序列,常用收盘价
%Length-计算移动平均的长度,常用20
%Width-计算布林带上轨和下轨的宽度,即多少个标准差,常用2
%Type-计算移动平均值的类型,0为简单移动平均,1为指数移动平均,默认为0
%--------------------------输出--------------------------
%UpperLine-上轨
%MiddleLine-中轨
%LowerLine-下轨
if nargin==3
Type=0;
end
MiddleLine=zeros(length(Price),1);
UpperLine=zeros(length(Price),1);
LowerLine=zeros(length(Price),1);
%使用简单移动平均线
if Type==0
MiddleLine=MA(Price,Length);
UpperLine(1:Length-1)=MiddleLine(1:Length-1);
LowerLine(1:Length-1)=MiddleLine(1:Length-1);
for i=Length:length(Price)
UpperLine(i)=MiddleLine(i)+Width*std(Price(i-Length+1:i));
LowerLine(i)=MiddleLine(i)-Width*std(Price(i-Length+1:i));
end
end
%使用指数移动平均线
if Type==1
MiddleLine=EMA(Price,Length);%EMA函数参见"MATLAB基础教程5"
UpperLine(1:Length-1)=MiddleLine(1:Length-1);
LowerLine(1:Length-1)=MiddleLine(1:Length-1);
for i=Length:length(Price)
StanDev(i)=sqrt(sum((Price(i-Length+1:i)-MiddleLine(i)).^2)/Length);
UpperLine(i)=MiddleLine(i)+Width*StanDev(i);
LowerLine(i)=MiddleLine(i)-Width*StanDev(i);
end
end
end
```

注意: nargin 是 MATLAB 自带的变量,用以判断函数被调用时实际输入的参数.

1.6.6　半方差

半方差只是考虑小于均值的数据的离散程度. 可用于资产的回报低于投资组合的平均价值的情况, 因此是一种分析下跌风险或投资组合损失的方法.

$$\sigma_{sv}^2 = \frac{\sum_{X_i < \mu}(X_i - \mu)^2}{n}. \tag{1.6}$$

本章主要介绍了 MATLAB 的基础知识和几个简单的量化分析技术指标, 读者可利用 MATLAB 尝试编写其他技术指标, 如 ATR、KDJ 和 PBX 等.

第二篇

量化投资——数理统计

本篇的核心内容是金融计量分析所需要的基本数理统计知识,由六部分组成,它们是

- 第2章 离散和连续随机变量
- 第3章 统计矩——偏度和峰度
- 第4章 极大似然估计
- 第5章 置信区间与假设检验
- 第6章 p 值和多重比较偏差
- 第7章 Spearman秩相关性

如果读者希望对数理统计知识有一个全面的了解,可以参见下面的经典文献:

1. 王岩, 王爱青. 数理统计与MATLAB工程数据分析. 北京: 清华大学出版社. 2007.

2. 谢中华. MALTAB统计分析与应用: 40个案例分析. 北京: 北京航空航天大学出版社. 2010.

CHAPTER 2
第 2 章 离散和连续随机变量

一个随机变量的值是可变的, 其每一个结果都有各自发生的概率. 在讨论随机变量的时候, 一般用概率分布描述随机变量, 即随机变量每一个可能的结果发生的概率. 比如说掷一枚骰子, 掷出 1 至 6 发生的概率都是一样的.

随机变量分成两类:
- 离散随机变量;
- 连续随机变量.

虽然它们的处理方法不同, 但是两种随机变量依据的原则是一致的. 其实, 随机变量在描述金融资产变化的过程中起到了重要的作用. 金融资产变化一般由确定因素和随机因素决定, 这个随机因素就可以用随机变量表示了. 我们在每一个时间跨度都从随机变量中采样, 然后金融资产价格随这个采样值变化. 这么做的原因是: 资产价格变化并不能完全用确定因素解释.

每一个随机变量都用一个与之对应的概率分布函数描述, 概率分布函数分配给随机变量每一个可能值一个对应的概率. 对于一个给定的随机变量 X, 我们规定 X 等于 x 的概率是 $P(X=x)$. 对于每一个离散随机变量, 可以简写成 $p(x) = P(X=x)$. 这也叫做概率质量函数 (PMF). 对于连续随机变量我们不能用 PMF, 相应地采用概率密度函数 (PDF). 概率分布函数是 Black-Scholes 模型、二项式定价模型以及 CAPM 模型的基础. 理解它对于后面章节使用蒙特卡罗仿真有帮助.

对于每一个概率分布函数, 我们也有一个与之匹配的概率密度函数的积分 (CDF). 这个函数写作 $P(X \leqslant x)$, 表示这个随机变量小于等于 x 的概率. CDF 可缩写成 $F(x) = P(X \leqslant x)$. 要去找到离散情况的 $F(x)$ 值, 只要把所有小于等于 x 的结果发生概率全加起来. 对于连续情况, 就将 PDF 积分到 x. 相关更详细的专业知识请参见 M.Mitzenmacher 与 E.Upfal 的《概率与计算》中的第 2 章和第 8 章的内容.

2.1 离散随机变量

离散随机变量是有着有限个结果的随机变量, 每一个结果都有一个单独的与之对应的概率. 比如掷一枚硬币或者一枚骰子, 就是最简单的均匀分布的例子. 掷一枚硬币只有两个结果: 正面和反面, 每种情况发生的可能都是 0.5. 离散随机变量并不总是每个结果都有一样的概率. 离散随机变量的基本单位是它的概率质量函数 (PMF), 也就是概率函数 $p(x)$, 可以理解为概率函数给概率函数定义域中每个值一个概率.
- $0 \leqslant p(x) \leqslant 1$, 因为概率属于 $[0,1]$;
- 所有 $p(x)$ 的和等于 1. 随机变量所有结果的权重和等于 1.

下面来看几个常见的离散随机变量的例子.

2.1.1 均匀分布

```
num = ceil(rand(1,10) * 6);
hist(num,6)
set(gca,'xtick',[1 2 3 4 5 6]);
xlabel('骰子数字');
ylabel('发生次数');
legend('掷骰子');
```

每次掷骰子, 掷到各个面的概率是一致的. 次数少的时候结果并不一致 (图 2.1), 次数多的时候结果就平均了 (图 2.2).

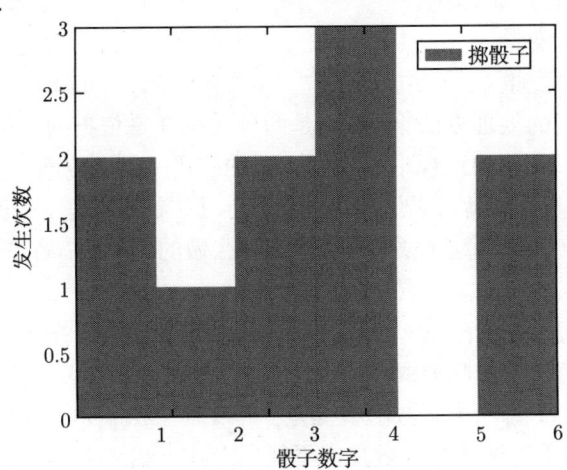

图 2.1 掷 10 次骰子后的结果

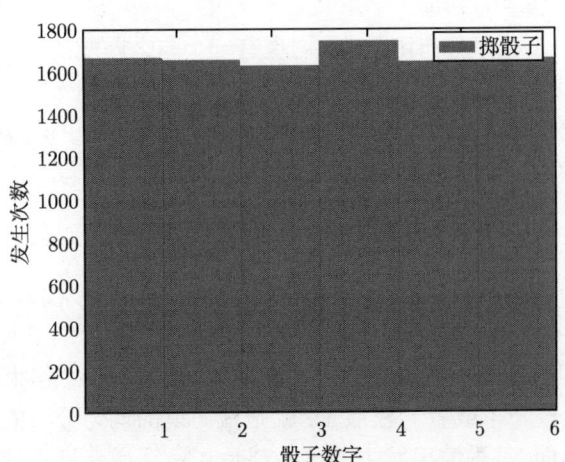

图 2.2 掷 10000 次骰子后的结果

```
num = ceil(rand(1,10000) * 6);
hist(num,6)
set(gca,'xtick',[1 2 3 4 5 6]);
xlabel('骰子数字');
ylabel('发生次数');
legend('掷骰子');
```

我们可以计算每一个面发生的概率是 $\frac{1}{6}$. 得到所有结果的概率, 同时求出 PMF 和 CDF 见表 2.1.

表 2.1

骰子数字: $X = x$	PMF : $p(x) = P(X = x)$	CDF: $F(x) = P(X \leqslant x)$
1	1/6	1/6
2	1/6	2/6
3	1/6	3/6
4	1/6	4/6
5	1/6	5/6
6	1/6	1

从这个表可以简单地看出概率函数必须服从两个条件:

1. 每一个结果发生的概率都在区间 [0,1] 内;
2. 所有 $p(x)$ 的和等于 1.

同样也可以用 CDF 的两条性质来证明:

1. 对于所有 x, CDF 的取值都在 0 到 1 之间. 这个和 PDF 的性质一致;
2. CDF 是关于 x 的非减函数. 也就是说, 当 x 变大, CDF 变大或者不变.

2.1.2 二项分布

二项分布可以用来描述两个相互对立的结果, 可以用于分析二元结果的投资. 当我们进行一次成功 (或失败) 的试验, 就是一次 Bernoulli 试验. 对于 Bernoulli 随机变量, 我们有两个结果:

$$p(1) = P(Y = 1) = p, \quad p(0) = P(Y = 0) = 1 - p.$$

假设 Y 取 1 的时候代表成功, 那么成功的概率就是 p.

一个二项分布就是一系列的 Bernoulli 试验. 我们可以得到 n 个独立的 (是/非) 试验中成功次数的离散概率分布, 每一次试验都有相同的成功概率 (即 p). 我们可以使用 n 和 p 来描述一个二项分布随机变量, 写作 $X \sim B(n,p)$, 组合公式如下:

$$\binom{n}{x} = \frac{n!}{(n-x)!\, x!}, \tag{2.1}$$

用这个公式从二项分布随机变量中选出成功的事件, 组合公式是用来计算有多少种途径可以得到同样的结果. 最终概率函数是

$$p(x) = P(X = x) = \binom{n}{x} p^x (1-p)^{n-x} = \frac{n!}{(n-x)!\, x!} p^x (1-p)^{n-x}, \tag{2.2}$$

此处 X 是服从 $B(n,p)$ 二项分布的随机变量.

现在我们生成参数为 $B(5, 0.50)$ 的二项分布随机变量 X：

```
num = binornd(5,0.5,50,1);
hist(num,6)
set(gca,'xtick',[0 1 2 3 4 5 6 ]);
xlabel('数值');
ylabel('发生次数');
legend('掷骰子');
```

结果如图 2.3 所示.

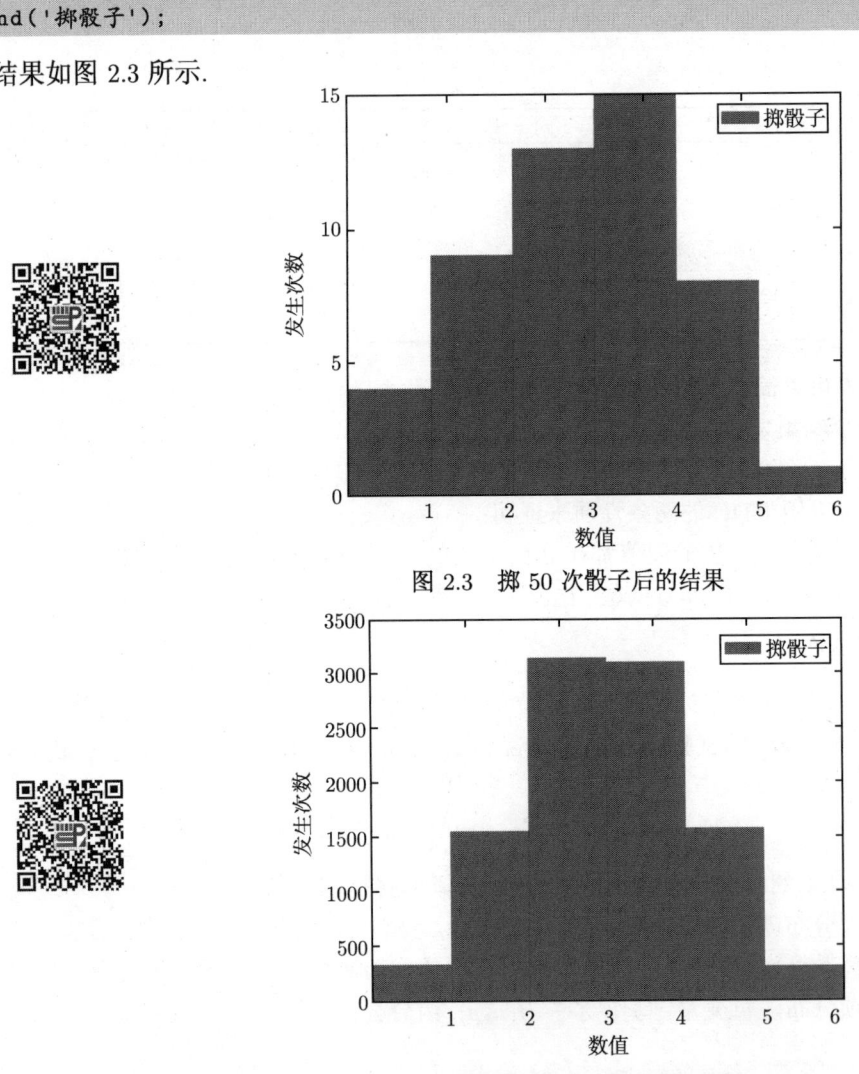

图 2.3　掷 50 次骰子后的结果

图 2.4　掷 10000 次骰子后的结果

同样，与所有的抽样情况相同，采集的样本数越多，最终结果就越来越趋于一致：

```
num = binornd(5,0.5,10000,1);
hist(num,6)
set(gca,'xtick',[0 1 2 3 4 5 6 ]);
```

```
xlabel('数值');
ylabel('发生次数');
legend('掷骰子');
```

结果如图 2.4 所示.

如果我们改变参数, 令 $p = 0.25$, 则有 $P(X = 0) = 0.23730$, 从图 2.5 我们可以看到, 该分布向低一点的值倾斜. 具体代码如下:

```
num = binornd(5,0.25,10000,1);
hist(num,6)
set(gca,'xtick',[0 1 2 3 4 5 6 ]);
xlabel('数值');
ylabel('发生次数');
legend('掷骰子');
```

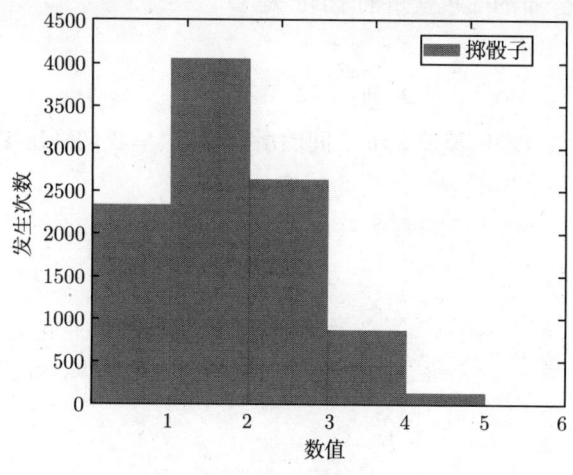

图 2.5　掷 10000 次骰子后的结果

若把 p 从 0.50 改成 0.25, 则其分布不对称. 我们可以把这种想法用到股票价格, 假设它是服从二项分布的, 这就是著名的二叉树定价模型, 该模型是期权定价的基础. 二项期权定价模型假设股价波动只有向上和向下两个方向, 且假设在一个给定的时间段内, 股价每次向上 (或向下) 波动的概率和幅度不变. 这个模型把股票价格当作一个二项随机变量, 我们也可以通过变化参数来估计不同股票价格的分布. 更多关于二叉树定价模型的知识请参考 John Hull 的《期权》第 12 章.

2.2　连续随机变量

连续随机变量不同于离散随机变量, 它有无穷多个可能的结果. 也就是说, 对于每一个可能的结果, 其发生的概率就是 0. 要解决这个问题, 我们可以在一个范围内求出可能结果的发生概率, 这就需要使用微积分. 尽管我们希望使用之前的采样方法, 但是之前的采样方法在这里并不起作用. 对于一个连续随机变量, $P(X = 0)$ 是无意义的. 我们就用 $P(-1 < X < 1)$

来替代. 对于连续随机变量, 我们用概率分布函数 (PDF) 代替 PMF, 定义

$$P(a<X<b)=\int_a^b f_X(x)\mathrm{d}x. \tag{2.3}$$

类似于离散分布的概率和等于 1, 这里我们同样要求

1. $f_X(x) \geqslant 0$, 对于所有的 X;
2. $P(-\infty<X<\infty)=\int_{-\infty}^{\infty} f_X(x)\mathrm{d}x=1$.

值得注意的是, 连续分布每一点的概率是 0, 终点的概率也是 0. 因此, $P(a \leqslant X \leqslant b) = P(a < X \leqslant b) = P(a \leqslant X < B) = P(a < X < b)$. 如果我们将 PDF 在所有的概率上积分 (在整个概率取值域上), 其结果为 1.

2.2.1 连续的均匀分布

均匀分布也可以定义在连续随机变量框架下. 例如, 令 a 和 b 为常数, 其中 b 为最大可能值, 而 a 为最小可能值. 这个均匀分布的随机变量的 PDF 是

$$f(x) = \begin{cases} \dfrac{1}{b-a}, & a<x<b, \\ 0, & 其他. \end{cases} \tag{2.4}$$

因为这个函数定义在连续区间上, 所以 PDF 覆盖 a, b 之间的所有值. 这里我们画出 PDF(可以任意改变 a, b 之间的值):

```
a = 0;
b = 8;
x = a:.01:b;
y = [1/(b-a) ]*ones(length(x),1);
plot(x, y)
xlabel('数值');
ylabel('概率');
grid on
```

结果如图 2.6 所示.

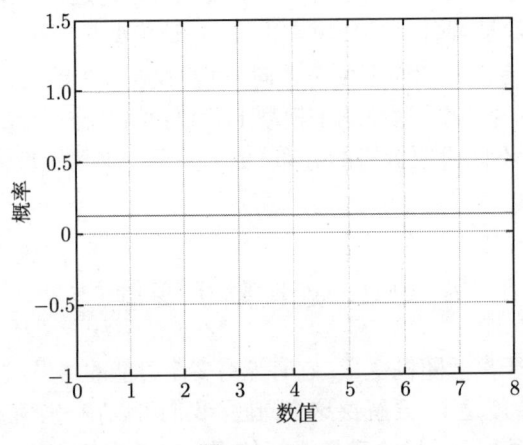

图 2.6 PDF

将 PDF 积分,得到 CDF:

$$F(x) = \begin{cases} 0, & x \leqslant a, \\ \dfrac{x-a}{b-a}, & a < x < b, \\ 1, & x \geqslant b. \end{cases} \tag{2.5}$$

画出同样区间的 CDF:

```
y = [(x-a)/(b-a)];
plot(x, y)
xlabel('数值');
ylabel('概率');
grid on
```

结果如图 2.7 所示.

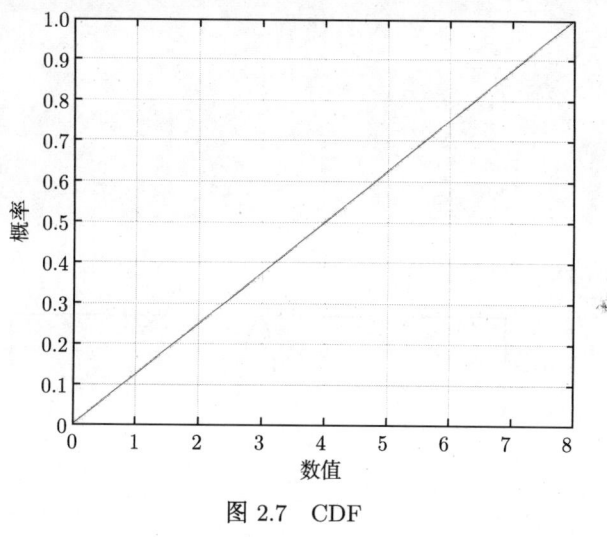

图 2.7　CDF

2.2.2　正态分布

正态分布是统计学中最为常见的概率分布. 很多统计中重要的检验和方法都与之有关,特别是在金融市场中,很多理论的基础假设就是正态假设,主要是因为中心极限定理. 其原理是足够多的独立重复实验将遵循正态分布,例如在国内 A 股市场中,有上亿散户进行股票交易,那么散户的收益率即可认为是遵循正态分布的. 同时,正态分布也可以用来帮助开发有关算法交易的策略. 例如,在配对交易中 (详见第 17 章内容),找到符合协整的股票对,等待差值的均值回归,就是利用正态分布.

描述一个正态随机变量,只需要知道期望 μ 和方差 σ^2 (σ 是标准差). 例如,$X \sim N(\mu, \sigma^2)$ 表示一个随机变量 X 为正态随机变量. 在现代投资组合理论中,通常假设股票回报为正态分布. 两个正态随机变量的线性组合仍然是正态分布,这可以用来计算投资组合的期望回报率和方差.

正态分布随机变量的 PDF 是

$$f(x) = \frac{1}{\sigma\sqrt{2\pi}} e^{-\frac{(x-\mu)^2}{2\sigma^2}}, \tag{2.6}$$

其中 $-\infty < x < \infty$. 当 $\mu = 0$ 和 $\sigma = 1$ 时, 就得到了标准正态分布.

```
mu_1 = 0;
mu_2 = 0;
sigma_1 = 1;
sigma_2 = 2;
x = -8:.08 :8;
y = (1/(sigma_1 * sqrt(2 * 3.14159))) *
exp(-(x - mu_1).^2 / (2 * sigma_1 * sigma_1));
z = (1/(sigma_2 * sqrt(2 * 3.14159))) *
exp(-(x - mu_2).^2 / (2 * sigma_2 * sigma_2));
plot(x, y)
hold on
plot(x,z)
xlabel('数值');
ylabel('概率');
grid on
```

结果如图 2.8 所示.

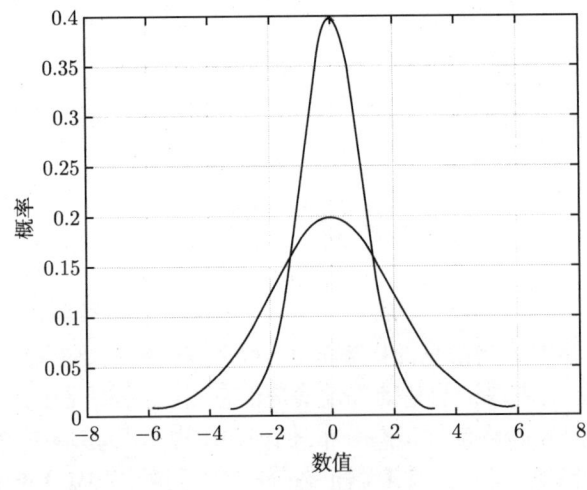

图 2.8 标准正态分布

通过改变正态分布的期望和标准差, 就可以改变曲线的宽度和深度, 更大的标准差则会令曲线更加分散.

我们用正态分布描述的不是股票价格, 而是股票回报率. 因为股票价格不能为负, 而正态分布可以取到实轴上的所有值, 所以它更适合描述回报率. 给出正态分布的期望和方差, 可以得到如下结论:

68% 的观测值会落在一个标准差内 $(\mu \pm \sigma)$;

95% 的观测值会落在两个标准差内 $(\mu \pm 2\sigma)$;

99% 的观测值会落在三个标准差内 $(\mu \pm 3\sigma)$.

利用中心极限定理, 我们可以将不同的随机变量正态化. 最常用的方法是标准正态分布表, 可以用来查找每一个给定 x 标准正态分布的 CDF. 通过减去期望再除以标准差来将随机变量 X 标准化, 可得到随机变量 Z,

$$Z = \frac{X - \mu}{\sigma}.$$

例如二项分布随机变量 $X \sim B(n,p)$, 期望是 $\mu = np$, 方差是 $\sigma^2 = np(1-p)$.

```
n = 50;
p = 0.25;
X_samples = binornd(n,p,10000,1);
Z_samples = (X_samples - n * p) / sqrt(n * p * (1 - p));
hist(X_samples,20);
xlabel('数值');
ylabel('概率');
grid on
```

结果如图 2.9 所示.

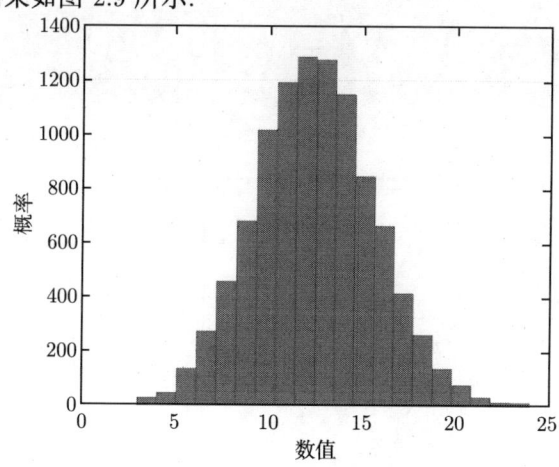

图 2.9 二项分布随机变量 X

```
hist(Z_samples,20);
xlabel('数值');
ylabel('概率');
grid on
```

结果如图 2.10 所示.

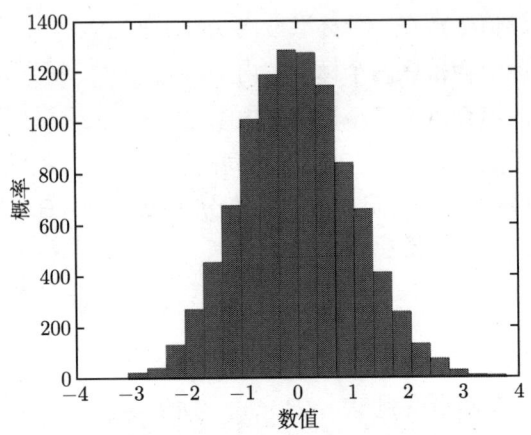

图 2.10 X 标准化后的 Z

这个对随机变量标准化的方法很重要. 将一个随机变量转化为常用的标准正态随机变量, 这需要足够大的样本数. 假设股票回报率服从正态分布, Y 是股票价格, 我们来模拟它的回报并作图:

```
Y_initial = 100;
Y_returns = randn(100, 1);
Y = cumsum(Y_returns) + Y_initial;
plot(Y)
xlabel('数值');
ylabel('时间');
grid on
```

结果如图 2.11 所示.

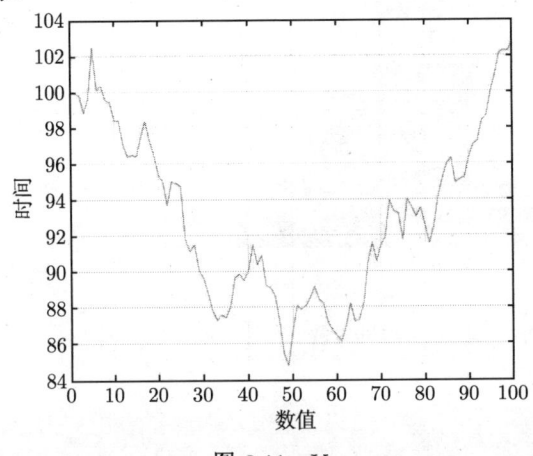

图 2.11 Y

假设我们还有股票 Z, 这样就有了一个由 Y 和 Z 构成的投资组合——W.

```
Z_initial = 50;
Z_returns = randn(100, 1);
```

```
Z = cumsum(Z_returns) + Z_initial;
plot(Z)
xlabel('数值');
ylabel('时间');
grid on
```

结果如图 2.12 所示.

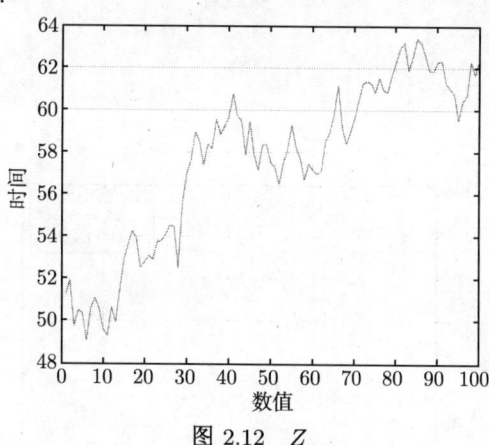

图 2.12 Z

我们可以通过给 Y 和 Z 不同的权重来构建 W.

```
W_initial = Y_weight * Y_initial + Z_weight * Z_initial;
W_returns = Y_weight * Y_returns + Z_weight * Z_returns;
W = cumsum(W_returns)+ W_initial;
plot(W)
xlabel('数值');
ylabel('时间');
grid on
```

结果如图 2.13 所示.

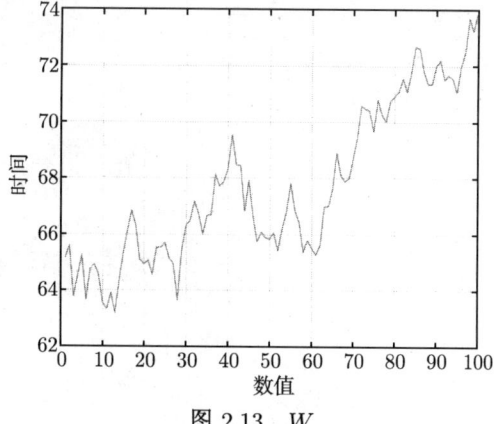

图 2.13 W

```
plot(Y)
```

```
hold on
plot(Z)
hold on
plot(W)
hold on
legend('Y','Z','portfolio');
xlabel('数值');
ylabel('时间');
grid on
```

结果如图 2.14 所示.

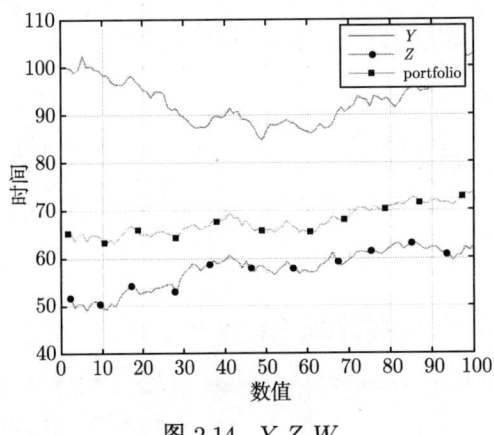

图 2.14 Y, Z, W

注意: 投资组合 W 回报的分布也是正态分布.

```
hist(W_returns);
xlabel('回报');
ylabel('次数');
grid on
```

结果如图 2.15 所示.

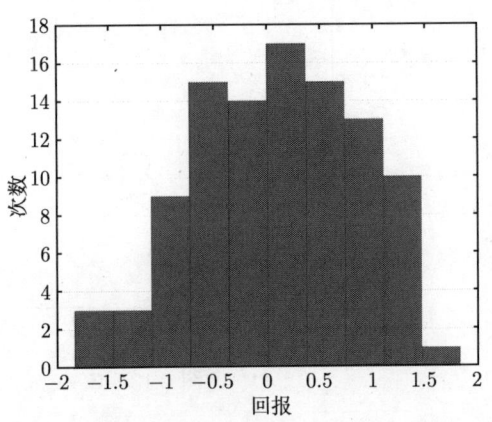

图 2.15 W 的分布

正态分布广泛地应用在金融中, 尤其是风险和投资组合理论中, 在后面的章节会陆续介绍.

2.3 分布拟合

现在尝试通过工商银行的收益率数据拟合一个正态分布. 首先要做的是检验收益率是否符合正态分布的性质. 为了这个目的, 将使用 Jarque-Bera 检验, 如果 p 值低于截断值, 则说明不是正态分布.

获取工商银行 2016 年 1 月 1 日至 2017 年 1 月 1 日的每日收盘数据.

```
[~,~,~,~, close1,~,~,~] = traderGetKData('SSE', ...
    '601398', 'day', 1, 20160101, 20170101,false, 'FWard');

returns =(close1(2:end)-close1(1:end-1)) ./close1(1:end-1);
cutoff = 0.01;
[H,P,JBSTAT,CRITVAL]=jbtest(returns);
hist(returns, 20)
xlabel('数值')
ylabel('次数');
disp('峰度: ')
disp(kurtosis(returns))
disp('偏度: ')
disp(skewness(returns))
disp('p值: ')
disp(P)
```

结果如图 2.16 所示.

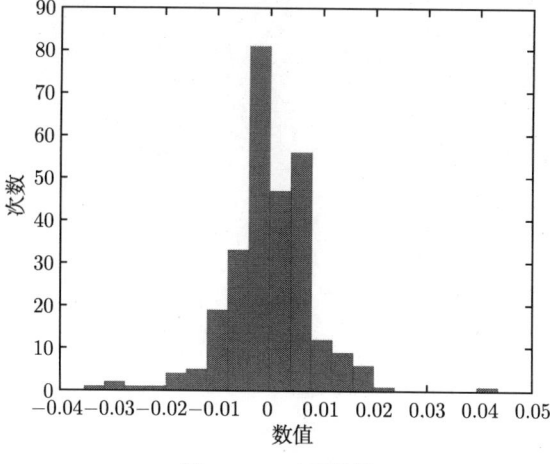

图 2.16 工商银行

峰度：7.9469

偏度：−0.2484

p 值：1.0000e−03

可以看到，Jarque-Bera 检验的 p 值很小，我们可以拒绝零假设，所以收益符合正态分布，这里用高峰度 (正态分布的峰度是 3)．接着可以拟合分布函数了，再计算样本均值和标准差．

```
sample_mean = mean(returns)
sample_std_dev = std(returns)
```

```
x = linspace(-(sample_mean + 4 * sample_std_dev),
 (sample_mean + 4 * sample_std_dev));
sample_distribution =((1/(sample_std_dev * 2 *
pi)))*exp(-(x - sample_mean).^2 / (2 * sample_std_dev ^2));
hist(returns, 20);
hold on
plot(x, sample_distribution)
xlabel('取值')
ylabel('次数');
```

我们的理论曲线比实际的峰值更低，也就是说回报并非是正态分布．这是由于正态分布的峰度是 3，而回报的峰度是 7.9469．更大的峰度导致更高的尖峰．很多金融市场理论架构都要求正态分布，但正态分布是很特殊的．例如，Black-Scholes 模型的基础是：假设股票价格服从对数正态分布．然而，在现实中很难找到数据能完美符合正态分布．当实际执行策略时，不应该假设数据服从一个分布，除非有足够的理由支持．

通常，在拟合真实世界的概率分布时，我们应该慎重思考，毕竟对于不同的分布其实有很多的检验可以去验证是否为最好的拟合．除此之外，当数据变化时，也需要更新均值和方差来生成新的拟合．

CHAPTER 3
第 3 章 统计矩——偏度和峰度

矩是观察与描述随机变量的工具,不同的矩就是不同的维度. 正所谓 "横看成岭侧成峰,远近高低各不同". 通过不同维度的观察,就能认清要观察的随机事件的特性了. 比如要描述一个随机变量,可以使用 PDF 或 PMF 来描述其分布情况,但是 PDF 与 PMF 是后验的,是对具体随机观察量的抽象与归纳. 那么我们在面对一组随机变量时,能被直接观察到的就是这些随机变量的各个矩. 比如一阶矩就是统计上的均值,二阶矩是统计上的方差,以此类推,其他的高阶矩描述的也是分布特征,比如本章将要介绍的偏度和峰度.

3.1 偏 度

有时候均值和方差不足以描述一个分布. 当我们计算方差的时候,我们将随机变量和均值之间的偏离进行平方. 如果想防止过大的偏离,同时也想知道它们之间的差是正值还是负值,就需要引入偏度和对称的概念. 如果一个分布是对称的,便意味着均值两侧完全相同,正如正态分布就是对称的. 正态分布的均值 μ 和标准差 σ 可以定义 PDF:

$$f(x) = \frac{1}{\sigma\sqrt{2\pi}} e^{-\frac{(x-\mu)^2}{2\sigma^2}}. \tag{3.1}$$

我们可以画图证明它是对称的.

```
xs = linspace(-6,6, 300);
normal = normpdf(xs);
plot(xs, normal);
```

结果如图 3.1 所示.

一个非对称的概率分布叫做偏态分布. 例如,一个分布可以有大量负值 (负偏度) 和少量正值,或者,一个对称分布的偏度是 0. 对于单峰分布,正偏度的性质是均值 >中位数 >众数,类似的负偏度的性质是均值 <中位数 <众数,而对于对称的单峰分布这三个值相等.

描述偏度的公式为

$$S_K = \frac{n}{(n-1)(n-2)} \frac{\sum_{i=1}^{n}(X_i - \mu)^3}{\sigma^3}, \tag{3.2}$$

这里, n 为样本容量, μ 是算术平均值, σ 是标准差,这个公式的符号表示偏度方向 (正或负). 我们可以画出正偏度和负偏度的分布. 对于单峰分布,负偏度一般右边会有肥尾.

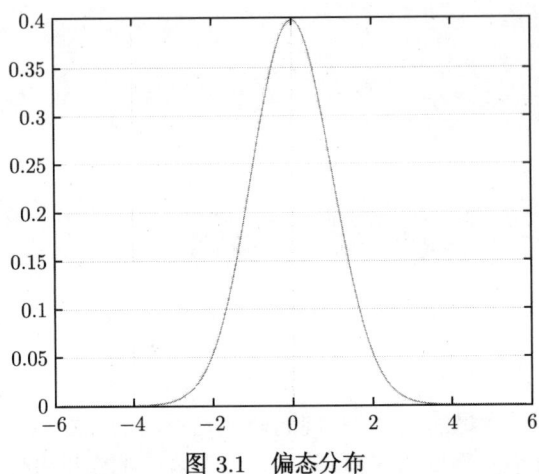

图 3.1 偏态分布

```
xs2 = linspace(logninv(0.0001,0,.7),logninv(0.99,0,.7),10000);
lognormal = lognpdf(xs2,0,.7);
plot(xs2, lognormal)
hold on
plot(xs2(end:-1:1), lognormal)
legend('偏度< 0','偏度> 0');
```

结果如图 3.2 所示.

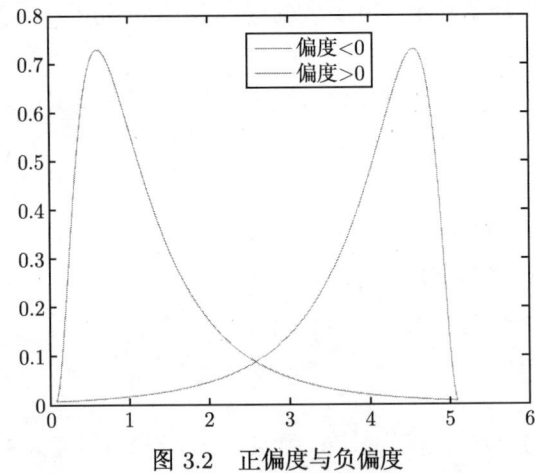

图 3.2 正偏度与负偏度

偏度在离散数据图像中不容易发现, 但是我们用公式可以计算. 例如, 图 3.3 就是上证指数在 2014 年 1 月 1 日至 2017 年 1 月 1 日间的日回报率、偏度、均值和中位数. 可以看出回报率的偏度是负值, 所以均值小于中位数.

```
clear;clc;
[~,~,~,~, close1,~,~,~] = traderGetKData('SSE', ...
    '000001', 'day', 1, 20140101, 20170101,false, 'FWard');
returns = (close1(2:end)-close1(1:end-1))./close1(1:end-1);
```

```
disp('中位数:')
disp(median(returns))
disp('均值:')
disp(mean(returns))
disp('偏度:')
disp(skewness(returns))
hist(returns, 30);
```

中位数: 0.0011;

均值: 6.8418e−04;

偏度: −1.0619.

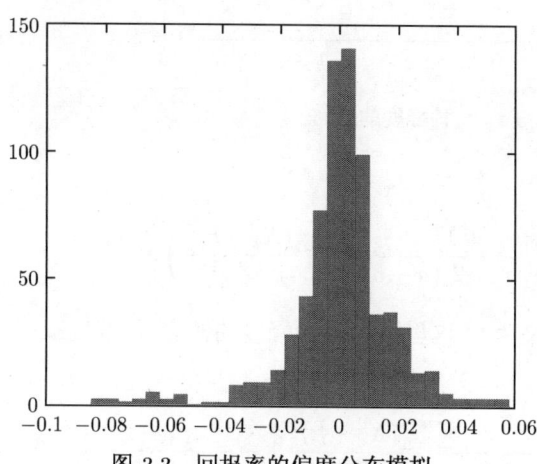

图 3.3　回报率的偏度分布模拟

3.2　峰　　度

峰度是用来描述样本分布偏离均值的情况, 反映的是样本的尖峰和正态分布的尖峰 (常峰态) 的相比情况. 所有的正态分布无论均值和方差的大小, 其峰度都是 3. 一个尖峰态分布 (峰度 >3), 其尖峰更陡, 并有肥尾; 而一个低峰态分布 (峰度 <3) 更平. 一个尖峰态分布相较于正态分布, 有更高的频率远离均值; 而一个低峰态分布远离均值的频率较低一些.

接下来比较几个分布:

```
x=-3:0.01:3;
plot(x,exp(-abs(x))/2)
hold all
plot(x,normpdf(x,0,1))
hold on
plot(x,1/6*(1+cos(x*pi/3)))
legend('尖峰态分布','常峰态分布','低峰态分布',2)
xlabel x;
ylabel概率密度函数
```

结果如图 3.4 所示.

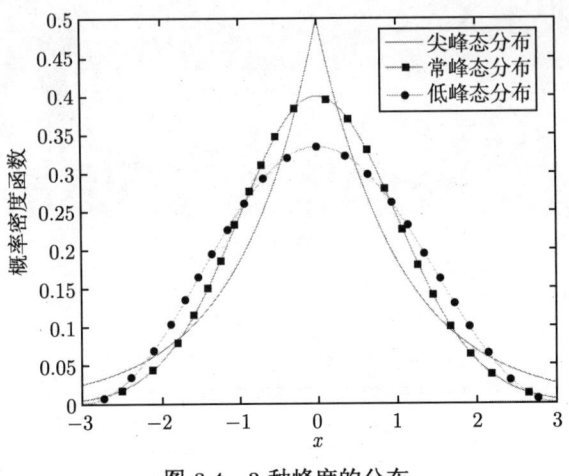

图 3.4　3 种峰度的分布

对于随机变量 x, 峰度的公式是

$$K(x) = \left(\frac{n(n+1)}{(n-1)(n-2)(n-3)} \frac{\sum_{i=1}^{n}(X_i - \mu)^4}{\sigma^4} \right), \tag{3.3}$$

其中, 为了让正态分布的峰度重新定义为 0, 这里引入超额峰度的概念, 即峰度减去常峰度 3, 记为 K_E, 其公式为

$$K_E = \left(\frac{n(n+1)}{(n-1)(n-2)(n-3)} \frac{\sum_{i=1}^{n}(X_i - \mu)^4}{\sigma^4} \right) - \frac{3(n-1)^2}{(n-2)(n-3)}. \tag{3.4}$$

因为正态分布的峰度为 3, 所以一个正态随机变量的超额峰度为 0. 如果一个分布的超额分布为正值, 则称该分布具有厚尾性, 意味着在实际中来自于这样一个分布的随机样本会有更多的极端值.

对于数量很多的样本, 超额峰度公式可以近似为

$$K_E \approx \frac{1}{n} \frac{\sum_{i=1}^{n}(X_i - \mu)^4}{\sigma^4} - 3. \tag{3.5}$$

3.3　其他的标准矩

不难发现, 方差、偏度和峰度有着相近的形式, 都是一阶或最常见的 k 阶矩

$$\frac{E[(X - E[X])^k]}{\sigma^k},$$

其中, 一阶标准矩为 0 ($E[X - E[X]] = E[X] - E[E[X]] = 0$), 所以我们只需要关心二阶到四阶矩.

正如以上所述, 所有的标准矩都是无量纲的, 都是用来描述样本分布和正态分布的接近程度.

3.4 Jarque-Bera 正态检验

Jarque-Bera 检验是最常见的用来检验样本数据相对于正态分布的偏度和峰度的检验. 我们可以在上证指数应用该检验, 找到它的 p 值, 以此来检验收益率是否符合正态分布.

Jarque-Bera 检验的零假设是: 数据服从正态分布. 因为即使 p 值很小, 检验仍然有犯错的可能, 所以一般来说建议选择更小的截断点.

记住将 p 值当作二元的, 不要尝试比较它们的大小. 通常我们选择 0.05 作为我们 p 值的截断点.

3.5 测试校准

```
N = 1000;
M = 1000;
for i = 1:N;
    % Draw M samples from a normal distribution
    X = randn(M,1);
    [h,pvalue] = jbtest(X);
    pvalues(i) = pvalue;
end
% count number of pvalues below our default 0.05 cutoff
num_significant = length(find(pvalues < 0.05))
num_significant/N
```

num_significant = 58

ans = 0.0580

可以看到仿真结果十分接近我们所期待的 0.05 的显著性, 即有 5% 的出错率.

```
[~,~,~,~, close1,~,~,~] = traderGetKData('SSE', ...
    '000001', 'day', 1, 20140101, 20160101,false, 'FWard');
returns = (close1(2:end)-close1(1:end-1))./close1(1:end-1);
[h,pvalue]=jbtest(returns)
```

h = 1

pvalue = 1.0000e−03

从结果看, 我们可以拒绝零假设, 即上证指数的收益率不符合正态分布.

本章只是对偏度和峰度的概念进行了总结, 如需了解关于矩的系统性知识, 可参考王岩、王爱青的《数理统计与 MATLAB 工程数据分析》和 M.Mitzenmacher, E.Upfal 的《概率与计算》.

CHAPTER 4
第 4 章　极大似然估计

极大似然估计是一种统计方法, 它用来估计一个样本集的相关概率密度函数的参数. 这个方法最早是遗传学家以及统计学家 Ronald Fisher 在 1912 年至 1922 年间开始使用的. "似然" 是对 likelihood 的一种较为贴近文言文的翻译, "似然" 用现代的中文来说即 "可能性", 因此称之为 "最大可能性估计" 会更加通俗易懂.

我们用一个例子来说明: 有两个枪手, 一个是神枪手, 历史命中概率是 0.9; 一个是新手, 历史命中概率是 0.1. 现在十枪射击之后中了九发, 问应该是哪一个人射击的？像这类问题, 就可以用统计学中的极大似然估计方法来解读.

4.1　极大似然估计

极大似然估计 (maximum likelihood estimate, MLE) 是一种估计统计模型参数的办法, 目标是选取能够最大化似然函数的参数, 将其作为参数的估计值 (我们不知道真实分布的参数).

给定 n 个独立同分布的随机变量样本 $x_1, x_2, \cdots, x_n$, 而我们不知道随机变量的分布函数的具体形式, 但是知道其属于一类分布 $\{f(\cdot|\theta), \theta \in \Theta\}$ (比如正态分布、泊松分布), 这就是我们所说的参数模型 (parametric model)

$$f_0 = f(\cdot|\theta_0), \tag{4.1}$$

此处 θ_0 未知, 是我们的真实参数 (true parameter), 而我们试图找到尽可能接近 θ_0 的 $\hat{\theta}$ 作为估计量 (estimator), 其中观察到的变量 x_i 和参数 θ 都可以是多维向量.

对于独立同分布 (independent and identically distributed) 的样本, 它们的联合概率密度函数 (joint density function) 是

$$f(x_1, x_2, \cdots, x_n|\theta) = f(x_1|\theta) \times f(x_2|\theta) \times \cdots \times f(x_n|\theta) = \prod_{i=1}^{n} f(x_i|\theta). \tag{4.2}$$

接下来我们从另一个角度来观察这个函数, 将观察到的样本 x_i 视为函数的参数, 将原来函数的参数 θ 视为新的变量, 允许其自由变化, 此时, 对于同一个函数我们赋予其新的名字: 似然函数 (likelihood), 可写作

$$\mathcal{L}(\theta; x_1, \cdots, x_n) = f(x_1, x_2, \cdots, x_n|\theta) = \prod_{i=1}^{n} f(x_i|\theta). \tag{4.3}$$

注意到这里分号代表两种类型的输入,自变量 θ 和参数 $x_1, \cdots, x_n$. 实际应用中我们经常采用对数似然函数,对似然函数取对数后并不改变其单调性,并且可以将函数连乘转化为函数相加,因此通常选用对数运算进行变换

$$\ln \mathcal{L}(\theta; x_1, \cdots, x_n) = \sum_{i=1}^{n} \ln f(x_i|\theta), \tag{4.4}$$

而极大似然估计的方法是找到使似然函数 $\mathcal{L}(\theta; x_1, \cdots, x_n)$ 最大的参数 θ,即

$$\hat{\theta}_{mle} \subset \underset{\theta \in \hat{\theta}}{\operatorname{argmax}} \mathcal{L}(\theta; x_1, \cdots, x_n). \tag{4.5}$$

实际上,对于许多模型,用 MLE 的方法可以找到参数的解析式,而对于不能找到解析式的模型,我们只能采用数值方法找到数值解.

4.2 正态分布的 MLE

本节推导正态分布的 MLE,这里仅考虑一维正态分布. 注意到一维正态分布的概率分布函数 PDF 是

$$f(x; \mu, \sigma^2) = \frac{1}{\sqrt{2\pi\sigma^2}} \exp\left\{-\frac{(x-\mu)^2}{2\sigma^2}\right\}, \tag{4.6}$$

其中参数满足 $\theta \sim (\mu, \sigma^2)$. 关于参数的选择,涉及 sufficient statistics 的问题,读者可自行学习. 简单来说,此处我们发现选择 (μ, σ^2) 作为参数足以描述正态分布的 PDF. 接下来考虑似然函数

$$\mathcal{L}(\mu, \sigma; x_1, \cdots, x_n) = \prod_{i=1}^{n} \frac{1}{\sqrt{2\pi\sigma^2}} \exp\left\{-\frac{(x_i-\mu)^2}{2\sigma^2}\right\}, \tag{4.7}$$

转化得到对数似然函数

$$\ln \mathcal{L}(\mu, \sigma; x_1, \cdots, x_n) = n \ln \frac{1}{\sqrt{2\pi\sigma^2}} - \sum_{i=1}^{n} \frac{(x_i-\mu)^2}{2\sigma^2}. \tag{4.8}$$

由于我们要对这个二元函数求最大值,自然想到分别对两个参数求偏导数. 但是观察到函数形式较为复杂,我们选用对数似然函数进行化简

$$\begin{aligned}
\frac{\partial \ln \mathcal{L}}{\partial \mu} &= \frac{1}{2\sigma^2} \sum_{i=1}^{n} (x_i - \mu) = 0, \\
\frac{\partial \ln \mathcal{L}}{\partial \sigma^2} &= -\frac{n}{2\sigma^2} + \sum_{i=1}^{n} \frac{(x-\mu)^2}{2\sigma^4} = 0.
\end{aligned} \tag{4.9}$$

从而得到

$$\hat{\mu} = \frac{1}{n} \sum_{i=1}^{n} x_i, \quad \hat{\sigma}^2 = \frac{\sum_{i=1}^{n}(x-\mu)^2}{n} = \frac{\sum_{i=1}^{n}(x-\bar{x})^2}{n}. \tag{4.10}$$

4.3 正态分布的 MATLAB 实现

本节首先通过产生符合正态分布的数据来计算其 MLE, 然后通过 MLE 的参数来拟合出相应的正态分布函数 PDF, 用以比较 MLE 的参数与真实参数产生的误差.

利用 MATLAB 定义正态分布的 MLE 函数如下:

```
function [mu, sigma] = normalMLE(X)
    T =  length(X);
    mu = 1.0/T*sum(X);
    sigmaSquared =  1.0/T*sum((X-mu).^2);
    sigma = sqrt(sigmaSquared);
end
```

我们产生 1000 组均值为 40、标准差为 10 的正态分布数据, 并将其频率分布直方图画出, 其 MLE 和拟合出的 PDF, 如图 4.1.

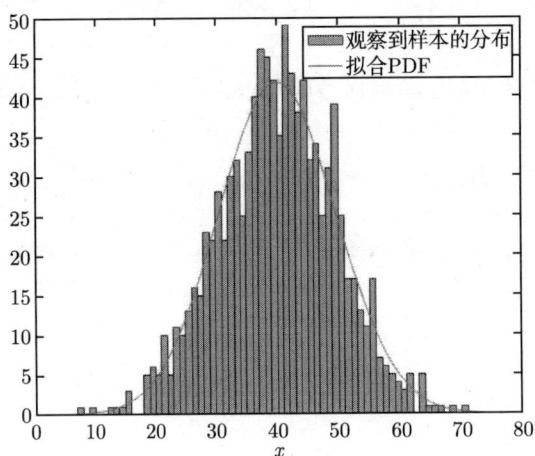

图 4.1 正态分布的 MLE 和频率分布直方图

```
trueMean = 40;
trueSigma= 10;
x = linspace(0,80,81);
X = normrnd(trueMean, trueSigma, [1000,1]);
[mu,sigma] = normalMLE(X);
Y = normpdf(x, mu, sigma);
histogram(X,x) % 对于Matlab R2016a 适用
hold on;
plot(x,1000*Y)
```

得到的回归结果如下:

μ	σ
40.4365	10.1091

4.4 指数分布的 MLE 及 MATLAB 实现

注意到指数分布的 PDF 是

$$f(x;\lambda) = \lambda e^{-\lambda x}, \quad x \geqslant 0. \tag{4.11}$$

很容易证明, 对于 n 个独立同分布于指数分布的 MLE 随机变量 $x_1, x_2, \cdots, x_n$, 其极大似然分布参数估计值为

$$\hat{\lambda} = \frac{\sum_{i=1}^{n} x_i}{n}. \tag{4.12}$$

同样地, 我们产生 1000 个参数为 5 的指数分布样本, 画出其频率分布直方图和拟合出的 PDF, 如图 4.2.

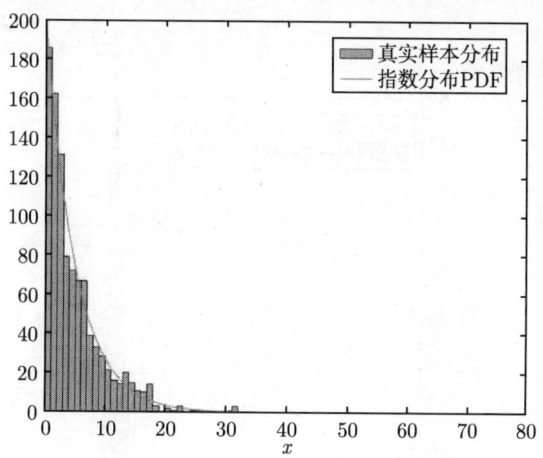

图 4.2 指数分布 MLE 和频率分布直方图

具体代码为

```
function [lambda] = expMLE(X)
    lambda = sum(X)/length(X);
end
```

```
trueLambda = 5;
x = linspace(0,80,81);
X = exprnd(trueLambda, [1000,1]);
[lambda] = expMLE(X);
Y = exppdf(x, trueLambda);
histogram(X,x);
hold on;
plot(x,1000*Y);
```

得到的回归结果为 $\lambda = 4.7229$.

4.5 案例研究——日回报的正态分布拟合

本节尝试研究工商银行的日回报率的分布,运行代码为

```
[~,~,~,~, close,~,~,~] = traderGetKData('SSE', ...
    '601398', 'day', 1, 20160101, 20170228,false, 'FWard');
dayReturn = close(2:end)./close(1:end-1) - 1;
[mu, sigma] = normalMLE(dayReturn);
x = linspace(-0.1,.1,100);
Y = normpdf(x, mu, sigma);
axis([-1 1 0 200])
plot(x,Y,'r');
hold on;
hist(dayReturn, x)
```

得到的日回报率结果为图 4.3.

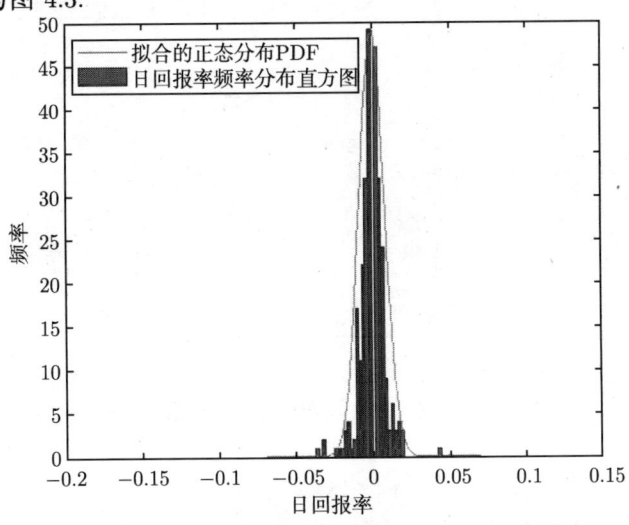

图 4.3 工商银行日回报率的正态分布 MLE 拟合

回归得到参数的估计值 $\mu = 0.00041, \sigma = 0.00814$. 从中我们看出在一定时间范围内,该股票的日回报率服从正态分布.

4.6 极大似然估计注意事项

在前文中,我们介绍了什么是极大似然估计,推导了一维正态分布的极大似然估计,并将其应用于股票日回报率的拟合中. 接下来,我们还要给出关于极大似然估计使用的一些注意事项,读者有兴趣可以自行学习.

- 极大似然估计的方法是求解似然函数的最大值,我们需要注意,对于离散随机变量,不能对似然函数进行求导时,需要从定义出发,求出其似然函数的最大值.
- 根据定义,一个似然函数可能会对应多个 MLE,也有可能不存在 MLE.

第 4 章 极大似然估计 >>>>

- MLE 是最大后验估计 (maximize a posterior estimation, MAP) 在先验估计是均匀分布时的特殊情形.
- 在应用导数求解 MLE 过程中, 一阶导数为 0 给出的可能是驻点, 需要进一步分析是否是似然函数最大值对应的点.

回到本章一开始的问题, 用极大似然估计来解释, 就是利用已知的样本结果信息, 反推最具有可能 (最大概率) 导致这些样本结果出现的模型参数值, 即最像是神枪手完成的射击. 如需进一步了解关于极大似然估计的系统性知识, 请参考王岩、王爱青的《数理统计与 MATLAB 工程数据分析》.

CHAPTER 5
第 5 章　置信区间与假设检验

在我们用样本去估计总体的时候,总体的参数是未知的,为了估计它,我们要构造统计量,注意它是一个随机变量. 通过这样一个随机变量去对总体参数进行估计,总会有一定的偏差,所以这里引入置信区间 (confidence interval) 的概念.

首先介绍一下置信区间的由来. 20 世纪的某一天, 剑桥的统计学家 Ronald Fisher 正在悠闲地和同事朋友一起喝下午茶. 英国人喝的是奶茶, 也就是牛奶和茶的混合物, 但先倒奶还是先倒茶则不大讲究. 喝茶中, 有位女士突然说自己可以分辨一杯奶茶究竟是先倒的奶还是先倒的茶, Fisher 和其他人自然不信. 然后 Fisher 让她分辨一下自己杯子里的奶茶是什么情况, 结果她说对了. Fisher 还是不相信, 因为她随口一说都有 50% 的正确率. 于是他们做了个实验, 冲八杯配方完全一致的奶茶, 其中四杯先倒奶, 四杯先倒茶, 然后请这个女士分辨, 结果她依然完全正确. 在这种情况下, 这个女士依然有可能是碰巧蒙对的, 但八杯茶比一杯茶要更有说服力. 八杯茶的说服力有多少? 我们是否应该相信她有分辨力呢?

统计学家 Fisher 心想, 假设八杯茶她蒙对的概率是 x, 也就是说她有 $(1-x)$ 的概率是真的能分辨而不是瞎蒙的. 如果能用更多的茶杯做试验, 那我们就有更大的概率确定她的确有分辨的能力. 而这个概率 $(1-x)$ 就是 "传说中" 的置信区间.

5.1　置　信　区　间

统计推断是基于相对较少的样本来对更多的数据组进行推断, 通常分为两类: 估计和假设检验. 估计方法对我们感兴趣的东西提供估值, 例如均值和方差 (在给定置信区间的情况下). 置信区间给定了一个区域, 我们对变量的估计一般处于这个区域中, 这是由于估计量几乎不可能是一个准确的值. 置信区间通过设定数值来控制这个区域大小. 显然, 如果我们想要达到更大的置信程度, 则需要更大的置信区间.

例如, 我们对样本估计得其均值为 100, 置信区间为 $[90, 110]$, 置信度为 95%. 这并不意味着这个分布的真实均值有 0.95 的概率落在 90 和 100 之间. 事实上这个分布的真实平均值是一个固定值, 这个概率应该是 0 或者 1, 但我们无法知道是哪一个. 95% 表达的意思是, 在潜在假设不变的情况下, 通过重复计算 95% 置信水平下的样本均值, 有大约 95% 的样本的真实均值处于这个区间.

需要注意的是, 有可能多个不同的样本给出了相同的均值, 但是某些样本内部的波动非常大, 显然我们不能说这些样本的分布是类似的, 因此仅仅从均值角度评价是错误的, 我们需要引入样本标准差.

计算样本标准差 (standard deviation) 时, 我们实际上假设样本是无偏的 (unbiased), 数据符合独立正态分布. 在金融应用中, 很多数据并不符合这些条件, 因此直接计算样本标准差可能带来偏差, 故我们有相应的方法来检测和纠正这些错误. 定义样本误差 (standard error) 为

$$\text{SE} = \frac{\sigma}{\sqrt{n}}. \tag{5.1}$$

其中 σ 是标准差 (standard deviation), n 是样本数量.

假设检验 (hypothesis testing) 是一种估计统计模型参数的办法, 目标是选取能够最大化似然函数的参数, 将其作为参数的估计值 (我们不知道真实分布的参数).

需要注意的是, 统计检验适用于所有的前置条件都为真的情况下, 假设检验给出的结论是, 我们在一定的概率下会获得关于数据的正确答案. 当我们接受假设为真的情形时, 并不意味着我们的结论一定是正确的, 这只代表着我们知道了我们错误的概率.

5.2 原假设和备择假设

首先介绍原假设 (null hypothesis), 通常记作 H_0. 原假设是默认情形, 即一般情况下接受的情形, 备择假设 (alternative hypothesis) 是我们需要检测的假设, 通常记作 H_A.

5.2.1 例子

- 原假设 H_0: 你拥有不超过 10 双鞋; 备择假设 H_A: 你拥有超过 10 双鞋.
- 原假设 H_0: 吃比萨和糖尿病有关; 备择假设 H_A: 吃比萨和糖尿病无关.
- 原假设 H_0: 工商银行的平均回报为正; 备择假设 H_A: 工商银行的平均回报不为正.

从上例我们可以看出, 原假设和备择假设构成了一个完备的结果空间.

5.2.2 假设的可测试性

所有的假设不能模糊, 否则将无法被测试. 例如: 动量交易是盈利的一种好方式. 这就是一个不可测试的假设, 因为我们没有定义什么是 "好", 即所有的假设必须要十分具体清晰.

5.3 假设检验的步骤

1. 确定原假设和备择假设;
2. 挑选恰当的统计和它的分布, 确保数据符合条件: 稳定性, 归一化等;
3. 确定显著性水平 α;
4. 从显著性水平 α 计算临界值;
5. 收集数据计算检验统计量;
6. 比较检验统计量和临界值, 决定接受假设 (接受 H_0) 还是拒绝假设 (即接受 H_A).

首先, 我们需要陈述假设, 即确定原假设 H_0 和备择假设 H_A.

例如, 我们想要检测工商银行的股票回报是否是正值, 将要测试的参数记作 θ_0, 在这种情形下, 令 $\theta_0 = 0$. 此时有以下三种方式来形成假设:

- $H_0 : \theta = \theta_0, H_A : \theta \neq \theta_0.$
- $H_0 : \theta \leqslant \theta_0, H_A : \theta > \theta_0.$
- $H_0 : \theta \geqslant \theta_0, H_A : \theta < \theta_0.$

在以上情形中，我们测试的是工商银行股票的平均回报，即 $\theta = \mu$. 由于我们测试的是平均回报率是否为正，因此我们将 θ_0 设为 0. 第一种假设的构造方式是双边假设检验 (two-sided hypothesis test)(等于和不等于), 第二、三种是单边检验 (one-sided hypothesis test). 在单边检验过程中，我们只在数据分别表明 θ 显著大于 (假设 2) 或小于 (假设 1) θ_0 的情形下拒绝原假设. 双边检验过程中，只要 θ 满足大于或者小于 θ_0 的情形，我们就可以拒绝原假设.

因此，我们针对工商银行股票的回报率，有以下假设:

$$H_0 : \mu = 0, H_A : \mu \neq 0, \tag{5.2}$$

其中 μ 是回报率. 再次强调，假设检验中的原假设和备择假设需要构成一个完整的结果空间.

5.4 案例研究 1——工商银行的日回报率的假设检验

5.4.1 确定原假设和备择假设

在前文中我们完成了第一步，定义了原假设和备择假设.

5.4.2 挑选适当的统计量

在本案例中，我们首先画出工商银行股票的价格走势. 这里使用了 MATLAB 中的 datetick 函数将时间轴设为坐标轴，然后计算其日回报率并作图.

```
[~,~,~,~, close,~,~,~] = traderGetKData('SSE', ...
    '601398', 'day', 1, 20160101, 20170228,false, 'FWard');
startDate = datenum('01-01-2016');
endDate = datenum('02-28-2017');
xData = linspace(startDate, endDate, length(close));
plot(xData, close)
datetick('x', 'mm-yy', 'keeplimits')

dayReturn = close(2:end)./close(1:end-1) - 1;
axis('auto')
plot(xData, dayReturn)
```

结果如图 5.1 和图 5.2 所示.

第 5 章 置信区间与假设检验 >>>>

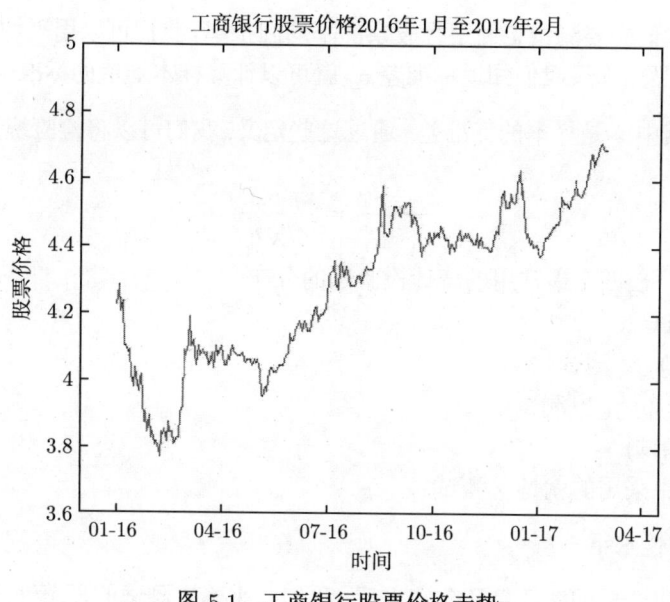

图 5.1 工商银行股票价格走势

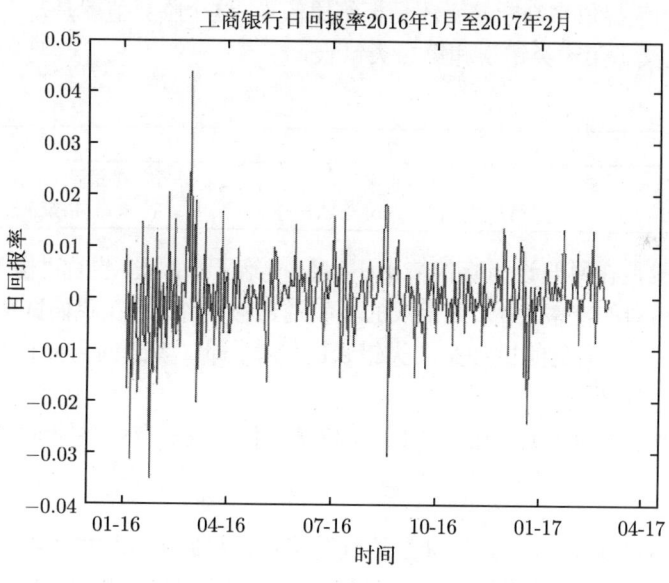

图 5.2 工商银行日回报率

到这里可能会有一个疑问:为什么我们不能对工商银行的日回报率取平均值,然后看是否大于 0?因为我们看不到日回报背后的产生过程(即工商银行股票每秒甚至 tick 级别的波动情况),我们仅能对有限的时间段的回报率采样.由于我们观察到的是样本,而不是整体,因此样本有可能反映的不是整体背后的真实状态.正是由于这种不确定性,我们需要采用统计检验的方法.接下来,我们来找出合适的统计量和它的分布.一个检验统计量通常采用以下表达形式:

$$\text{检验统计量} = \frac{\text{样本统计量} - \text{在原假设下的参数值}}{\text{样本统计的标准差}}. \tag{5.3}$$

一个检验统计量是基于样本数据计算的,通过与它的概率分布来比较决定接受还是拒绝原假设. 而由于我们想要测试工商银行股票的平均回报率, 我们可以用平均值 $\overline{X}_\mu$ 作为我们的样本统计量. 此外, 如果我们知道标准差 σ, 就可以计算样本均值的标准差 $\sigma_{\bar{x}} = \frac{s}{\sqrt{n}}$, 或者写作 $s_{\bar{x}} = \frac{s}{\sqrt{n}}$, 其中 s 是样本的标准差. 通过这些定义, 我们可以将检验统计量写成

$$\frac{\bar{x}_\mu - \theta_0}{s_{\bar{x}}} = \frac{\bar{x}_\mu - 0}{s/\sqrt{n}}. \tag{5.4}$$

下面我们列举出四个最常用的统计检验量的分布:
- t-分布 (t 测试).
- 标准正态分布 (z 测试).
- 卡方 (χ^2) 分布 (卡方测试).
- F-分布 (F 测试).

在当前例子中采用的就是 z 测试.

5.4.3 确定显著性水平

在我们挑选出合适的统计量和分布之后, 我们要来确定测试的显著性水平 α. 我们通过比较测试统计量和临界值来判断接受还是拒绝原假设, 这个临界值就是基于显著性水平 α 来确定的. 表 5.1 定义了第一类错误和第二类错误:

表 5.1

决策	H_0 为真	H_0 为假
不拒绝 H_0	决策正确	第二类错误 (Type II Error)
拒绝 H_0(接受 H_A)	第一类错误 (Type I Error)	决策正确

第一类错误就是在原假设为真的情形下我们拒绝了原假设, 也称 "假阳性". 显著性水平也就是第一类错误的概率. 第二类错误的概率通常被记作 β. 在我们试图降低第一类错误发生的概率时, 会不可避免的增加第二类错误的概率, 即二者之间需要权衡 (类似地有 bias 和 variance 之间的权衡).

常见的显著性水平有 0.1, 0.05, 0.01, α 的减小, 代表我们有更强的证据说明原假设错误.

5.4.4 临界值

下一步就是确定临界值. 测试统计量的临界值是指我们用于与检验统计量的值相比较的数值, 以此来决定是否拒绝原假设. 如果拒绝原假设, 那么说明结果是统计显著的 (statiscally significant). 如果不能拒绝原假设, 则说明结果统计不显著.

在该案例中, 不妨假设统计值 $\alpha = 0.05$. 在使用单边 z 测试时, 有两种不同的方式来看临界值:
- 如果在 $\alpha = 0.05$ 时检测 $H_0 : \theta \leqslant \theta_0, H_A : \theta > \theta_0$, 临界值就是 $z_{0.05} = 1.645$. 如果算出的 $z > z_\alpha = z_{0.05} = 1.645$, 我们就拒绝原假设.
- 如果在 $\alpha = 0.05$ 时检测 $H_0 : \theta \geqslant \theta_0, H_A : \theta < \theta_0$, 临界值就是 $z_{0.05} = 1.645$. 如果算出的 $z < z_\alpha = z_{-0.05} = -1.645$, 我们就拒绝原假设.

对于一个双边测试, 情况有所不同. 由于是双边假设, 就有正负两个拒绝点. 例如, 这里仍然将 α 设为 0.05, 根据定义, 第一类错误发生的概率为 0.05, 因此我们将 0.05 均分为两部

分, 两个拒绝点分别为 $z_{-0.025} = -1.96$、$z_{0.025} = 1.96$, 即当 $z < -1.96$ 或者 $z > 1.96$ 时拒绝原假设.

此外, 我们还可以用 p 值来进行假设检验, 详情见第 6 章内容.

接下来我们画出一个标准正态分布在 $\alpha = 0.05$ 时的拒绝域 (图 5.3), 代码如下:

```
x = linspace(-3, 3, 100);
y = normpdf(x);
plot(x, y,'b')
hold on
xLeft = x(find(x < -1.96));
xRight = x(find(x > 1.96));
fill1 = area(xLeft,normpdf(xLeft),0);
set(fill1, 'FaceColor', [0.7 1 0])
hold on
area(xRight,normpdf(xRight));
```

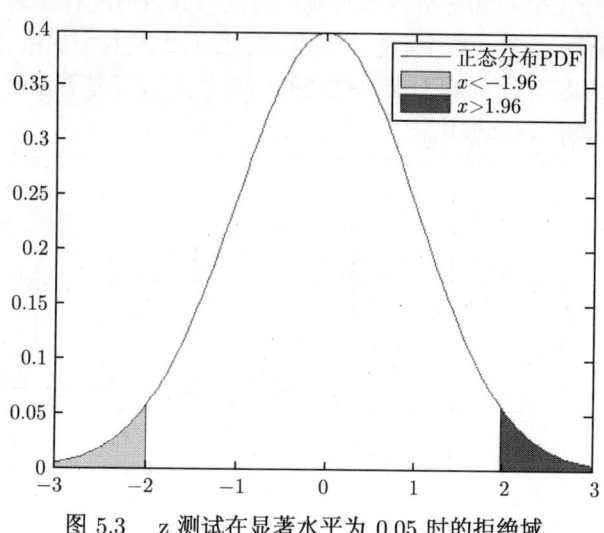

图 5.3　z 测试在显著水平为 0.05 时的拒绝域

5.4.5　计算统计量

现在我们已经准备好用于假设检验的数据并且计算了在显著性水平为 5% 时的双边统计量. 需要注意的是我们的测试可能存在很多的偏差: 例如取数据的时间范围有偏差, 我们需要确保不会取到未来数据. 接下来, 本节给出计算工商银行的日回报率的代码, 我们对统计量进行 t 测试, 采用 MATLAB 的 t 测试函数.

```
% 假设检验
[H, pval,CI, stats] = ttest(dayReturn);
fprintf('t测试结果为 %f\n',stats.tstat)
fprintf('假设检验结果为 %d\n',H) %0代表拒绝原假设
fprintf('p值为 %f\n',pval)
```

计算结果为

```
>> icbc
t测试结果为  0.837041
假设检验结果为  0
p值为  0.403289
```

计算出的 p 值大于 0.05, 我们因此拒绝原假设.

5.5 案例研究 2 ——假设检验用于平均值

z 分布又称标准正态分布, 是金融中必要的一个概率分布, 因为它的许多特征点符合正态分布. 尽管如此, 许多基本方法要求数据的归一化, 导致很多情形 z 分布并不适合我们的数据. 我们很少能够知道数据的真实参数, 如平均值、方差. 在这种情形下, 我们应该考虑 t 分布, t 分布对于样本量更小的数据容忍性更好, 我们可以采用样本均值和样本方差来代替真实均值和真实方差. t 分布和 z 分布都对数据的正态分布情况有要求, 对于金融数据这一点很容易被满足. 因此, 在测试单个样本的均值时, 我们比较两个均值之间的差别也是合理的. 我们可以用假设检验来判断若干组数据之间的均值是否有显著性差异. 我们用沪深 300 指数和工商银行的平均回报来做比较.

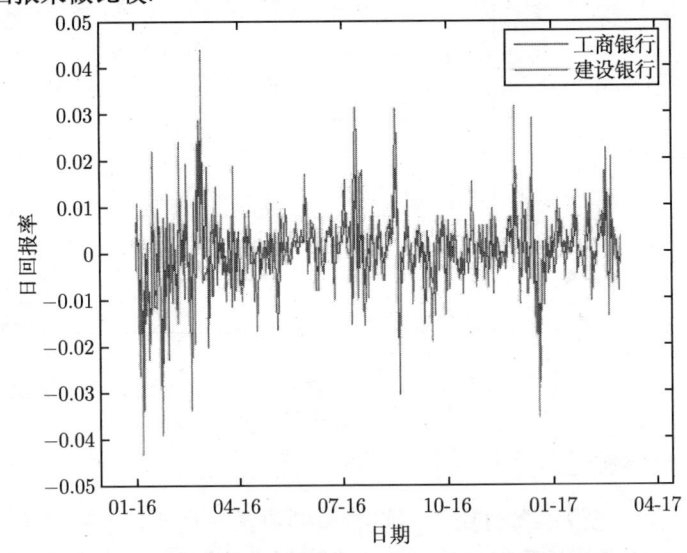

图 5.4 工商银行和建设银行日回报率

```
clear;clc;
[~,~,~,~, close1,~,~,~] = traderGetKData('SSE', ...
    '601398', 'day', 1, 20160101, 20170228, false, 'FWard');
[~,~,~,~, close2,~,~,~] = traderGetKData('SSE', ...
    '601939', 'day', 1, 20160101, 20170228, false, 'FWard');
size(close1)
```

第 5 章 置信区间与假设检验 ················ >>>>

```
close = [close1 close2];
size(close)
startDate = datenum('01-01-2016');
endDate = datenum('02-28-2017');
xData = linspace(startDate, endDate, length(close));
dayReturn1 = close(2:end,1)./close(1:end-1,1) - 1;
dayReturn2 = close(2:end,2)./close(1:end-1,2) - 1;
plot(xData(2:end), dayReturn1 ,xData(2:end), dayReturn2);
datetick('x', 'mm-yy', 'keeplimits')
```

即使在图中二者的回报率极其相似,我们仍然没有足够的证据说明二者回报率相同,因此,我们采用假设检验来审视这个结论. 在比较两个平均值的时候,我们采用以下假设:

- $H_0: \mu_1 - \mu_2 = \theta_0$, $H_A: \mu_1 - \mu_2 \neq \theta_0$.
- $H_0: \mu_1 - \mu_2 \leqslant \theta_0$, $H_A: \mu_1 - \mu_2 > \theta_0$.
- $H_0: \mu_1 - \mu_2 \geqslant \theta_0$, $H_A: \mu_1 - \mu_2 < \theta_0$.

其中 μ_1, μ_2 分别是工商银行和建设银行的平均回报, θ_0 是我们要测试的参数. 我们采用第一个假设来测试二者的平均回报是否相同. 如果我们假设样本的方差相同,我们的检验统计量可以使用如下计算:

$$t = \frac{(\overline{X}_1 - \overline{X}_2) - (\mu_1 - \mu_2)}{\left(\frac{s_p^2}{n_1} + \frac{s_p^2}{n_2}\right)^{1/2}} = \frac{\overline{X}_1 - \overline{X}_2}{\left(\frac{s_p^2}{n_1} + \frac{s_p^2}{n_2}\right)^{1/2}}, \tag{5.5}$$

其中 $s_p^2 = \dfrac{(n_1-1)s_1^2 + (n_2-1)s_2^2}{n_1 + n_2 - 2}$ 是对二者方差的估计, $n_1 + n_2 - 2$ 是自由度. 一个典型的针对平均值的 t 测试暗含所有涉及的方差均是正态分布,如果不服从,我们采用以下的统计量:

$$t = \frac{(\overline{X}_1 - \overline{X}_2) - (\mu_1 - \mu_2)}{\left(\frac{s_1^2}{n_1} + \frac{s_2^2}{n_2}\right)^{1/2}} = \frac{\overline{X}_1 - \overline{X}_2}{\left(\frac{s_p^2}{n_1} + \frac{s_p^2}{n_2}\right)^{1/2}}. \tag{5.6}$$

此时的自由度 (degree of freedom) 为

$$\mathrm{d}f = \frac{\left(\frac{s_p^2}{n_1} + \frac{s_p^2}{n_2}\right)^2}{(s_1^2/n_1)^2(n_1-1) + (s_2^2/n_2)^2(n_2-1)}. \tag{5.7}$$

这样我们可以在数据方差不一样时保证数据的归一化. 这是 t 测试的一个特例,叫做 Welch 不等方差 t 检验. 下面我们给出一个具体的例子,我们采用 $\alpha = 0.05$,即计算一个置信度为 95% 的假设检验,代码如下:

```
function meanDiffTTest(return1, return2)
    mu1 = mean(return1);
    mu2 = mean(return2);
    std1 = std(return1);
    std2 = std(return2);
    size1 = length(return1);
    size2 = length(return2);
    testStat = ((mu1-mu2) - 0) / ...(std1^2/size1 + std2^2/size2) ^ .5;
    df = (std1^2/size1 + std2^2/size2)^2 / ...
        ((std1^2/size1)^2 / (size1-1) + (std2^2/size2)^2 / (size2-1));
    pval = tcdf(testStat, df); % 双边测试
    fprintf('t检验统计量为: %f\n', testStat)
    fprintf('自由度为: %f\n', df)
    fprintf('p值为: %f\n',  pval)
end
```

我们运行这个函数, 得到结果如下:

```
>> meanDiffTTest(dayReturn1, dayReturn2)
t检验统计量为: -0.057373
自由度为: 528.789537
p值为: 0.477135
```

因此我们得到结论, p 值大于 0.05, 我们不能拒绝原假设, 即接受原假设, 两只股票的平均日回报率之间没有显著差别.

5.6 案例研究 3——假设检验用于方差研究

如果我们想要研究人口方差, 需要采用不同于 t 分布或者 z 分布的其他分布. 在金融领域中, 风险通常用标准差和方差来衡量, 因此, 接下来我们介绍用于研究单个方差假设检验的 χ^2 分布和用于方差比较的 F 分布.

5.6.1 χ^2 分布

χ^2 分布是一簇具有不同形式的分布, 由其自由度 k 决定. 为了举例分析 χ^2 分布, 我们首先给出下列假设:

- $H_0: \sigma^2 = \sigma_0^2$, $H_A: \sigma^2 \neq \sigma_0^2$.
- $H_0: \sigma^2 \leqslant \sigma_0^2$, $H_A: \sigma^2 > \sigma_0^2$.
- $H_0: \sigma^2 \geqslant \sigma_0^2$, $H_A: \sigma^2 < \sigma_0^2$.

接着我们画出几个不同自由度下的 χ^2 分布, 代码和结果如下 (图 5.5):

```
x = linspace(0, 8, 100);
df = [1 2 3 4 6 9];
plot(x, chi2pdf(x,1), x, chi2pdf(x,2), x, chi2pdf(x,3), x,
```

```
chi2pdf(x,4), x, chi2pdf(x,6), x, chi2pdf(x,9) );
```

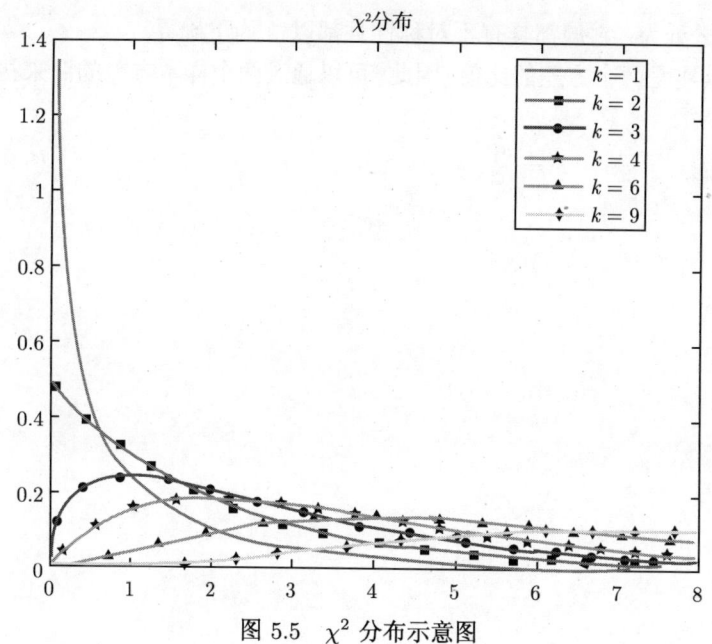

图 5.5 χ^2 分布示意图

定义 χ^2 检验统计量为

$$\chi^2 = \frac{(n-1)s^2}{\sigma_0^2}, \tag{5.8}$$

其中 s^2 是样本方差,n 是样本的容量,$n-1$ 是自由度.

现在我们用 χ^2 统计来检验工商银行股票回报率的方差. 不妨设 $\alpha = 0.01$, 试图测试方差是否小于或等于 0.0001,即有 $H_0: \sigma^2 \leqslant 0.0001, H_A: \sigma^2 > 0.0001$. 程序代码如下:

```
testStat = (length(dayReturn1) -1)*std(dayReturn1)^2 / 0.0001;
fprintf('Chi-square测试检验量为 %f\n', testStat);
df = length(dayReturn1)-1;
critValue = chi2cdf(0.99, df);
fprintf('alpha=0.05时自由度为%d的临界值为: %f\n', df, critValue);
```

运行结果为

```
>> chitest
Chi-square测试检验量为 184.690002
alpha=0.05时自由度为278的临界值为: 0.000000
```

5.6.2 F 分布

我们也可用 F 分布来比较两组数据之间的方差, 通常有以下三种假设形式:

- $H_0: \sigma_1^2 = \sigma_2^2, H_A: \sigma_1^2 \neq \sigma_2^2$.

- $H_0: \sigma_1^2 \leqslant \sigma_2^2, H_A: \sigma_1^2 > \sigma_2^2.$
- $H_0: \sigma_1^2 \geqslant \sigma_2^2, H_A: \sigma_1^2 < \sigma_2^2.$

F 分布和 χ^2 分布的相似之处为：它们都具有不对称性且都以 0 为下确界.

服从 F 分布的随机变量其实是两个方差的比值. 因此, 可以通过两个样本方差的商来构建 F 检验统计量, 即

$$F = \frac{s_1^2}{s_2^2}. \tag{5.9}$$

CHAPTER 6
第 6 章　p 值和多重比较偏差

多重比较偏差 (multiple comparison bias) 是在统计学、数据科学中普遍存在的一个问题. 简单来说, 我们运行测试的次数越多, 就越有可能得到我们想要的结果. 如果我们忽略了多次测试中的隐性结果, 显然就可能错误解读数据.

很多人并没有意识到: 生活中我们做的每一个决定, 都暗含着相应的假设, 在做决定时假设就被检验了, 在无意中我们就对假设进行了多次测试. 举个例子, 在决定吃哪一种药对治疗感冒有效时, 许多人会吃多种药试图来去除感冒症状, 可能我们认为至少其中一种药是有效的, 但实际上可能是感冒症状随着时间流逝逐渐消失了. 在这里我们想强调的是, 统计测试和 p 值可以帮助意识到这个问题, 它们给我们提供了更多的信息.

6.1　p　值

6.1.1　概念

在假设检验中, p 值是对于一个给定的统计模型, 在原假设为真的时候, 检验统计量取比观察到的结果更为极端的数值的概率. p 值应用在原假设的环境下以定量评估统计显著性. 用数学语言来描述的话, 例如我们以平均值作为统计结果, 对于"右尾", p 值可以为 $P(X \geqslant x | H_0)$. 关于 p 值的解释, 见图 6.1.

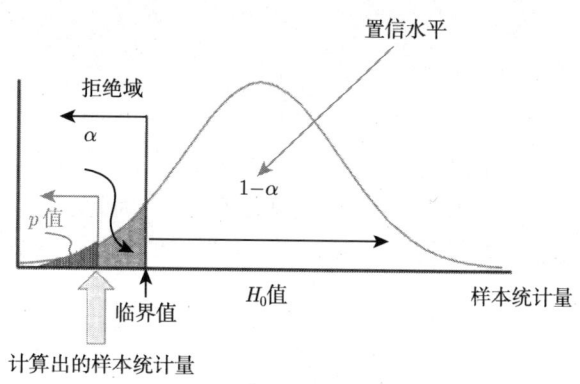

图 6.1　p 值

需要注意的是，p 值不同于在观察到的样本中假设为真的概率！换句话说，p 值是一个依赖于样本的统计量，描述的是原假设为真的前提下，出现与样本相同或者更极端情况的概率.二者不应该直接划等号. 在应用 p 值时，需要预设截断值，即显著性水平. 一个更低的截断值代表通过检验具有更高的置信度.

6.1.2　p-hacking

p-hacking 从字面意思来说是 p 值篡改，其实指 p 值的滥用，即在数据挖掘中，人们没有任何对数据的假设，通过穷尽所有的假设，得到一个相对较小的 p 值，在科研中可能无意识地产生了这些问题. 在此我们也提醒读者，在金融工程的研究中要尽力避免类似问题，例如通过调整数据的分布假设得到两组数据相关性十分显著的结论.

6.2　案例研究——多次测试

我们通过一个案例来感受一下 p 值. 通过产生 20 组长为 100 的标准正态随机分布数据，研究 20 组数据之间的 Spearman 秩相关性 (在本章不会对 "Spearman 秩相关性" 进行详细介绍，详情见第 7 章内容. 简单来说，Spearman 秩相关性是用来描述两组数据之间走势的相关性，这对我们处理不常见的分布或离散点是非常有用的)，当 p 值小于截断时，即统计显著.

```matlab
function [significantPairs] = pvalue(cutoff)
    N = 20;
    T = 100;
    X = randn(T, N);
    significantPairs = [];
    for i = 1:N
        for j = i+1:N
            [~, pval] = corr(X(:,i), X(:,j));
            if pval < cutoff
                significantPairs = [significantPairs; i j];
            end
        end
    end
end
```

在看运行结果之前，我们先来计算下会有多少组统计显著的数据对. 显然，我们有 190 组数据对，由于是随机产生的数据，数据对之间没有关系，因此应该有 $190 \times 0.05 = 9.5$ 对符合显著统计. 我们将以上函数重复计算 1000 次，取平均值，程序代码如下：

```matlab
M = 1000;
cutoff = 0.05;
result = zeros(M,1);
for i = 1:M
    signPairs = pvalue(cutoff);
```

```
    result(i) = size(signPairs,1);
end
fprintf('%d次重复试验下显著对数量平均值为%f\n', M, mean(result));
```

运行结果为

```
>> pvalueRun
1000次重复试验下显著对数量平均值为9.580000
```

可以看出 1000 次模拟运行的结果和计算出来的结果十分相似. 此处读者可尝试多次模拟运行结果, 但一定会发现, 得到的结果始终与 9.5 很接近.

我们分别取 10 组和 50 组数据, 将 p 值的分布画成直方图, 如图 6.2 和图 6.3 所示.

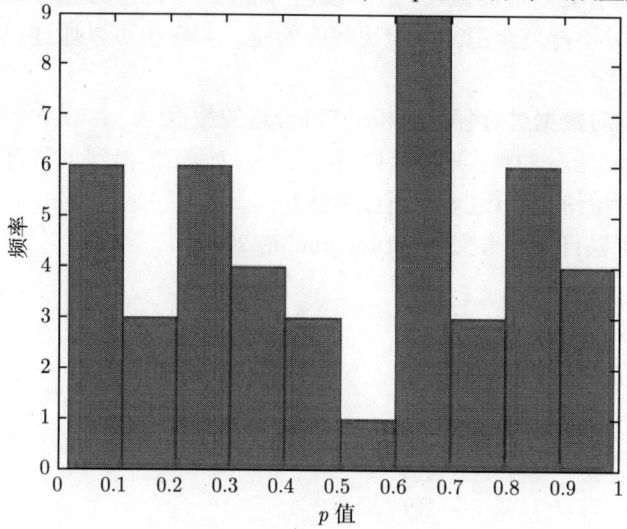

图 6.2　10 组数据的 p 值分布

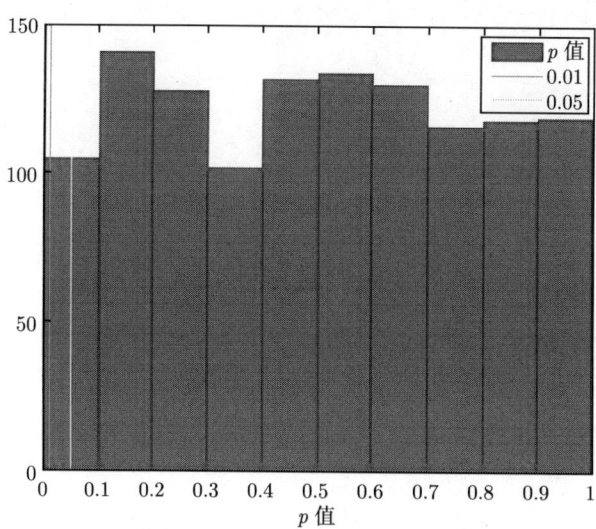

图 6.3　50 组数据的 p 值分布

在 50 组数据中,我们画出 p 值为 0.01 和 0.05 的直线,显然当我们的截断值越小时,出现的假阳性情况也就越少. 我们用代码来验证显著相关的平均数据对的数量,仍然取 20 组数据,仅将截断值改为 0.01.

```
>> pvalueRun
1000次重复试验下显著对数量平均值为1.916000
```

这与 $190 \times 0.01 = 1.90$ 相符.

6.3 敏感性和专一性的权衡

从以上例子中也可以看出,随着截断值的减小,假阳性也可能减小,但也可能导致失去发现显著相关的情形. 所以,我们并不能完全消除多重比较的偏差. 但是,也可以通过一些手段来减小影响.

- 运行更少的检验: 这要求我们对数据进行仔细分析,找到合适的假设.
- Bon Ferroni 纠正:其背后思想十分简单,即当我们运行了 m 个测试,得到了显著性水平为 α,然后我们用 α/m 作为新的截断值来判断显著性.

更多关于 p 值的介绍,读者可以自行参考文献 (studenmund, 2006).

CHAPTER 7
第 7 章 Spearman 秩相关性

在本章中，我们将介绍 Spearman 秩相关系数 (Spearman rank correlation coefficient). Spearman 秩相关系数用于判断两组数据之间走势的相关性：一组数据是否随着另一组数据的增加或减少而同步增加或减少，这比线性关系的范围更广。例如，$y = e^x$ 是一个单调函数，但不是线性的。因此，在实际计算中，我们不去比较原始数据的值而是比较数据的排序。

这种方式的优势在于，即使原始数据采取不同的计量单位导致非线性相关 (例如一块正方形土地的价格和它的边长非线性相关，因为价格通常和土地面积线性相关)，我们仍然可以使用。另外，这也适用于某些数据集不适用假设检验所要求的情形，例如 t 检验中要求的是正态分布的数据集。从以上两个角度看，Spearman 秩相关性具有更广阔的适用空间。

7.1 Spearman 秩相关性

Spearman 秩相关性会忽略两个变量之间的关系，只关注数据排序之间的关系。

先给出相关定义。

对于两组长度为 n 的数据集 X 和 Y，我们对每组数据从小到大排序，相同大小的数据取它们排序的均值。定义 Spearman 秩相关系数为

$$r_s = 1 - \frac{6 \sum_{i=1}^n d_i^2}{n(n^2 - 1)}, \tag{7.1}$$

其中 d_i 是第 i 组数据 X_i 和 Y_i 之间排序的差值。显然，所有的相关系数在 -1 到 1 之间，这符合我们对于相关系数的认知。正的 Spearman 秩相关系数表示正相关关系，0 表示单调关系的缺失，但是，这并不意味着两组数据间没有关系。下面我们构造这样一个序列，让 Y 的每一个元素都滞后 X 两步，我们使用 MATLAB 统计工具箱中的 corr 函数来计算：

```
% Spearman Rank Correlation
X = rand(1000,1);
Y = zeros(1000,1);
Y(3:1000) = X(1:998);
[rho, ~] = corr(X,Y,'type','Spearman')
```

最后输出结果为

```
>> spearmanCorr
```

```
rho = 0.0570
```

从中我们可以注意到, Y 滞后 X 两步, 二者的 Spearman 秩相关系数接近 0, 但显然二者之间有非常明显的关系.

7.2 Spearman 案例

7.2.1 基本例子

设 X 和 ε 分别服从泊松分布 (Poisson distribution) 和标准正态分布 (用于模拟噪声), 令 $Y = \mathrm{e}^X + \varepsilon$. 接下来对 X 和 Y 进行 Spearman 秩相关性分析, 多次重复此步骤. 由于 e^X 会产生很大的值, 通过这种构造方式我们可以模拟数据中离群点 (outlier) 的存在.

```
function [rs,rc] = compareSpearRankAndCorr(n)
% 计算Spearman秩相关系数和普通相关系数
    X = poissrnd(1, [n,1]);
    Y = exp(X) + randn(n,1);
    [rc, ~] = corr(X,Y);
    [rs, ~] = corr(X,Y,'type','spearman');
end
```

结果如图 7.1 所示.

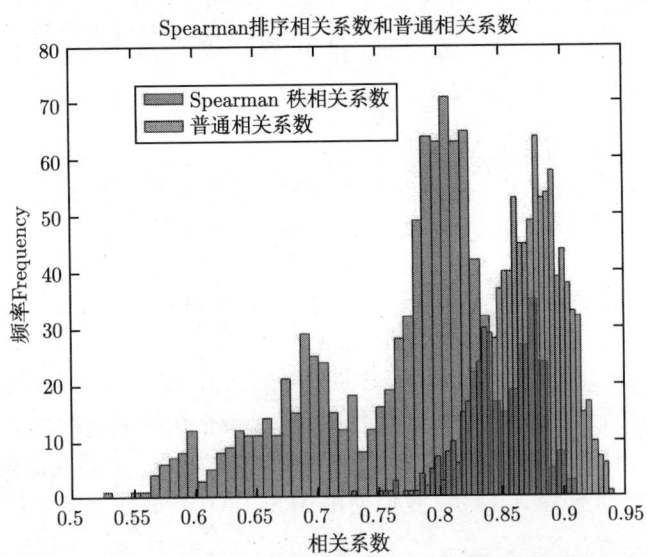

图 7.1 Spearman 秩相关系数和普通相关系数

接下来我们对此重复 1000 次, 并对两个相关系数的频率进行统计. 详细代码如下:

```
n = 1000; % 重复1000次试验
m = 100;  % 构造维度为100的数据
RS = zeros(n,1);
RC = zeros(n,1);
```

```
for i = 1:n
    [rs,rc] = compareSpearRankAndCorr(m);
    RS(i) = rs;
    RC(i) = rc;
end
histogram(RC,50)
hold on;
histogram(RS,50)
```

7.2.2 相关系数稳定性

接下来我们比较 Spearman 秩相关系数和普通相关系数二者对于增加的噪声的容忍程度, 我们在构造因变量时在噪声项之前加入系数 k, 通过调整系数 k 的大小来控制噪声: $Y = e^X + k\varepsilon$, k 也称为噪声因子. 以下是改进的计算相关系数代码.

```
function [rs,rc] = compareSpearRankAndCorr2(n,k)
% 计算Spearman秩相关系数和普通相关系数
    X = poissrnd(1, [n,1]);
    Y = exp(X) + k*randn(n,1);
    [rc, ~] = corr(X,Y);
    [rs, ~] = corr(X,Y,'type','spearman');
end
```

同样地, 为了验证稳定性, 我们重复 1000 次试验, 代码和结果如下:

```
m = 5; % k 从0到30变化
k = 0:0.1:m;
tLen = length(k);
n = 1000; % 重复1000次取平均值
RS = zeros(tLen,n);
RC = zeros(tLen,n);
for j = 1:n
    for i = 1:tLen
        [rs,rc] = compareSpearRankAndCorr2(100,k(i));
        RS(i,j) = rs;
        RC(i,j) = rc;
    end
end
scatter(k,mean(RS,2));
hold on;
scatter(k,mean(RC,2))
```

结果如图 7.2 所示.

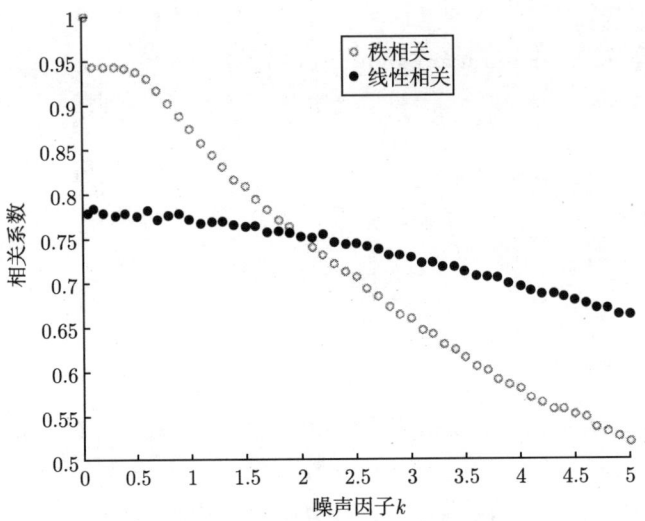

图 7.2 噪声对秩相关系数和线性相关系数的影响

显然,在噪声较小的时候(小于两倍的标准正态分布变量),Spearman 秩相关表现优于线性相关,但在噪声较大时表现较差. 值得注意的是,在真实世界中应用各种相关模型需关注数据,不存在一个适用于所有情形的相关模型.

7.3　Spearman 秩相关系数用于公募基金夏普率研究

```
% 比较公募基金Expense ratio 和 Sharpe ratio
fid = fopen('mutual_fund_data.csv');
data = textscan(fid, '%s %f %f  %*[^\n]', 'delimiter', ',');
fclose(fid);
expenseRatio = data{2};
sharpeRatio = data{3};
scatter(expenseRatio, sharpeRatio);
xlabel('Expense Ratio');
ylabel('Sharpe Ratio');
[r,pval] = corr(expenseRatio, sharpeRatio, 'type', 'spearman')
```

我们从 mutualfunddata.csv(参见 www.digquant.com——数据,文件名为"mutualfund data.csv")中读取信息若干只股票的开支比率(expense ratio)和夏普比率(Sharpe ratio),并对其进行 Spearman 秩相关分析,得出结果如下:

```
>> mutual
r = -0.2376
pval = 0.0167
```

结果如图 7.3 所示.

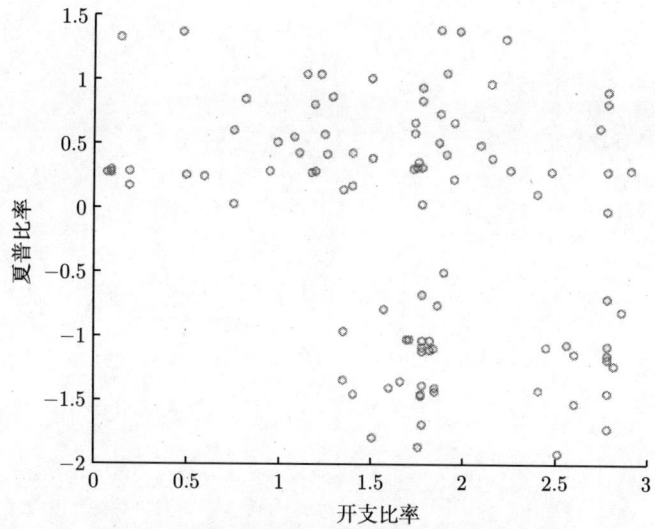

图 7.3　公募基金开支比率和夏普比率散点图

从中看出，p 值在 0.0167 的位置，小于通常设置的 0.05，故我们认为公募基金的夏普率和开支比率间存在一定的负相关关系.

第三篇

量化投资——金融建模

本篇非常重要,其核心内容是陈述用于金融计量分析所需要的基本方法和对金融衍生品市场最基本的知识汇总,由八部分组成.它们是

- 第8章 期货和期货交易策略简介
- 第9章 线性回归
- 第10章 多元线性回归
- 第11章 单整、协整和平稳性
- 第12章 违背回归模型
- 第13章 Kalman滤波
- 第14章 ARMA 模型
- 第15章 过拟合的风险

如果读者希望对金融市场的衍生品知识和计量方法有一个全面的了解,可以参见下面的经典文献:

1. Studenmund A H. Using Econometrics: A Practical Guide. 5th ed. Pearson. 2006. 中文译本为:应用计量经济学. 5版. 王少平,杨继生,刘汉中,译. 北京: 机械工业出版社, 2007.

2. Hull John. Options, Futures and Other Derivatives. 9. Pearson, 2015. 中文译本为:期权、期货及其他衍生品. 9版. 王勇,索吾林,译. 北京: 机械工业出版社, 2016.

CHAPTER 8
第 8 章　期货和期货交易策略简介

在国内，由于期货市场相比股票市场在做空制度上更健全，所以期货市场是量化投资最早的主战场. 本章将重点讲解期货市场里的一些重要品种和概念，有了这些基础知识储备，在后面的策略开发中才能尽情地实践想法.

衍生品 (derivative) 是指一个依赖于标的资产价格的金融工具，它与标的资产价格的关系可以十分简单，也可以十分复杂. 衍生品的出现为金融市场提供了更为丰富多样的风险管理工具. 期货和期权就是两个非常重要的对冲风险工具，在本章只对期货知识进行介绍，关于期权的介绍，可参见文献 (Hull, 2015).

8.1　远　期　合　约

期货合约是建立在远期合约 (forward contracts) 的基础上的，表示双方约定在未来某一特定时间点以执行价 (delivery price) K 来交易某种资产. 远期合约则属于场外衍生品 (over the counter)，通常用于对冲，可以通过使用它来锁定资产价格以中和风险，使得参与合约的双方都履行合约.

建立多头仓位 (long position) 表示同意购买标的资产，相反，建立空头仓位 (short position) 则是同意出售标的资产. 不妨设标的资产的价格为 S_i，i 代表时间，T 代表远期合约的到期日，则远期合约的多头仓位的收益为 $S_T - K$. 类似地，空头仓位的收益为 $K - S_T$，其中，S_T 是标的资产在到期日的价值，K 是合约建立之初双方约定好的价格. 在合约到期时，这部分收益以现金或者实物的方式进行交割. 我们画出到期时的收益曲线:

```
% Plot payoff diagram of long or short a forward contract
K = 50; % delievery price
S_T = linspace(-100,100,201); % Underlying price on delievery date
plot(-100:100, S_T-K)
hold on;
plot(-100:100, K-S_T)
```

结果如图 8.1 所示.

从图 8.1 中我们可以看出，多头与空头的收益曲线均随着标的资产到期价格而线性变化.

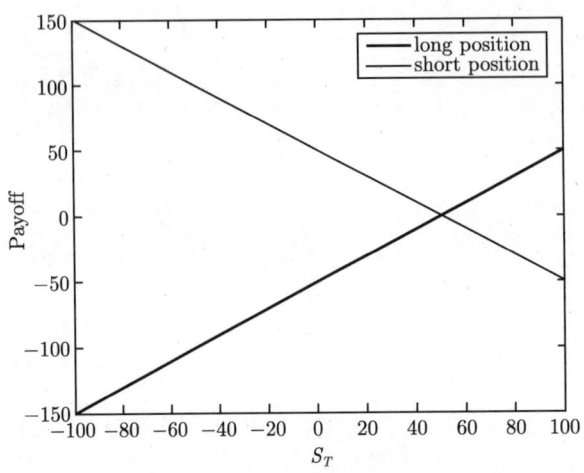

图 8.1　远期合约到期收益曲线

显然,对于多头持仓,当到期价格高于执行价时获得收益,反之,空头持仓因到期价格低于执行价而获得收益. 此外, 即使持有远期合约不能获得收益, 它也可以通过锁定执行价的方式来规避价格波动带来的损失. 作为交易者, 可以通过建立远期空头仓位来避免卖出价格的巨大跌幅.

8.2　期货合约

远期合约作为一种场外合约, 给予双方在合约制定方面有很大的自由度, 包括到期日和交割方法等. 而期货合约 (future contract) 则是作为标准化的远期合约出现在交易市场中, 针对一个标的的期货合约规定了标的的执行日期和其他事项.

8.2.1　保证金账户

期货合约中另一个重要的特征是保证金账户 (margin account) 的设立. 进入期货交易需要缴纳一定数量的现金, 这笔现金叫做初始保证金 (initial margin). 现金的数量取决于期货合约的款项. 这笔现金将被投资者所在的经纪商 (broker) 冻结. 每日, 保证金的数额根据期货价格的变动而变动, 与我们所做多或者做空的合约数量成正比. 同时, 我们也可以撤出初始保证金超出实际需要的部分, 但是需要随时保持足够的保证金在经纪商处, 即超过保证金下限 (maintenance margin). 同理, 保证金下限决定于具体的期货合约, 一旦账户中的保证金低于保证金下限, 经纪商将会下发追加保证金通知 (margin call), 客户需要立即追加保证金到账户中, 否则期货合约中的仓位将被强制平仓. 具体的保证金交易规则可以参考交易所合约条款, 简单来说, 随着到期日的临近保证金可能会上涨, 极端行情的出现也会让交易所追加保证金.

8.2.2　商品期货与金融期货

期货可按照交易的标的类别分为商品期货 (commodity futures) 和金融期货 (financial futures). 商品期货基于商品实物, 例如玉米、小麦, 而金融期货基于更为抽象的资产, 例如股

第 8 章 期货和期货交易策略简介

票指数. 通常来说, 金融期货相比商品期货具有更高的流动性. 举个例子, 接下来比较 2017 年 7 月到期的沪深 300 股指期货 IF1707 和玉米期货 C1707 二者的成交量 (图 8.2).

```
% Volume of corn future C1707 and share point index futures
IF1707
[time,~,~,~,~,volume]=traderGetKData('CFFEX', 'IF1707',...
    'day', 1, 20170522, 20170615,false, 'FWard');
[time2,~,~,~,~,volume2]=traderGetKData('DCE', 'C1707',...
    'day', 1, 20170522, 20170615,false, 'FWard');
plot(datetime(datestr(time,'yyyy-mm-dd')), volume);
hold on;
plot(datetime(datestr(time2)), volume2);
xtickformat('yyyy/MM/dd')
legend('IF1707','C1707')
xlabel('Date'); ylabel('Volume')
```

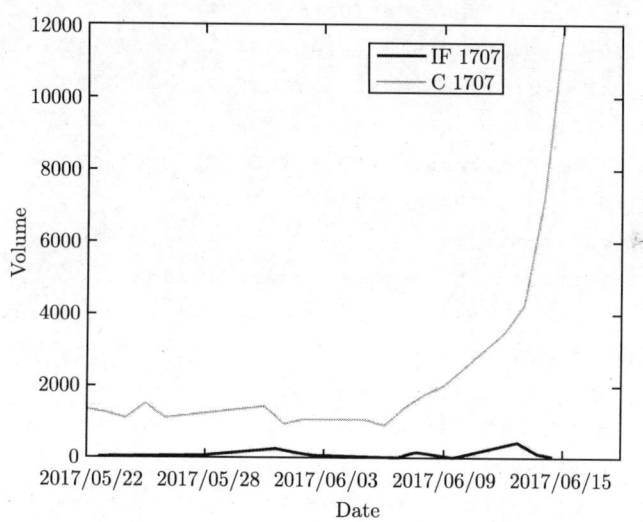

图 8.2 IF1707 和 C1707 期货合约成交量

通常来说, 商品期货的成交量小于股指期货.

8.2.3 平仓

在实际交易中, 我们会在认为合适的时机对合约进行平仓. 简单来说, 平仓就是对相同合约采取相反方向操作, 即原来多头仓位采取空头仓位, 原来空头仓位采取多头仓位. 由于期货平仓需要进行反向操作, 当临近期货到期日时, 我们需要特别注意平仓的时机, 这是由于不同期货的流动性在临近到期日时会有不同的成交量, 流动性的缺失可能导致期货合约的强制交割. 举个例子, 图 8.3 是不同到期日的三个 IF 合约的成交量.

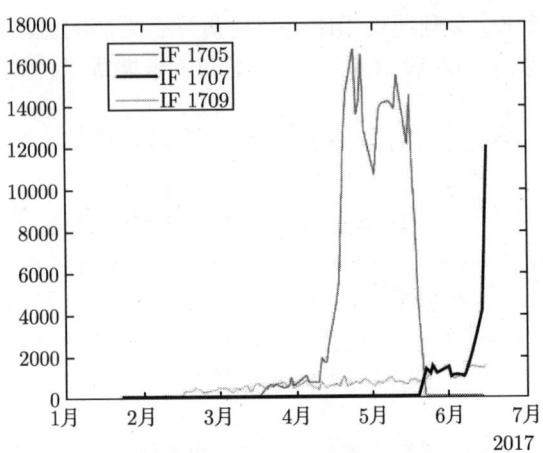

图 8.3 不同到期月期货合约成交量

具体代码如下:

```
% Plot volume of corn future IF1705, IF1707 and IF1709
[time1,~,~,~,~,volume1]=traderGetKData('CFFEX', 'IF1705',...
    'day', 1, 20170101, 20170615, false, 'NA');
[time2,~,~,~,~,volume2]=traderGetKData('CFFEX', 'IF1707',...
    'day', 1, 20170101, 20170615, false, 'NA');
[time3,~,~,~,~,volume3]=traderGetKData('CFFEX', 'IF1709',...
    'day', 1, 20170101, 20170615, false, 'NA');
time = [time1;time2;time3];
allTime = unique(time); % take all available time
allVolume = zeros(length(allTime),3); % all time and volume
    for j = 1:length(volume1)
            allVolume(find(allTime==time1(j)),1) = volume1(j);
    end
for j = 1:length(volume2)
            allVolume(find(allTime==time2(j)),2) = volume2(j);
end
for j = 1:length(volume3)
            allVolume(find(allTime==time3(j)),3) = volume3(j);
end
t1 = datetime(datestr(allTime,'yyyy-mm-dd'));
plot(t1, allVolume(:,1), t1, allVolume(:,2), t1, allVolume(:,3));
```

8.3 期货与现货的关系

8.3.1 价格对比

期货市场中有一个重要的现象:随着期货到期日的临近,期货的价格会回归到现货价格附近. 接下来, 我们以沪深 300 股指期货 IF1707 和沪深 300 指数 (简称 HS300) 为例, 研究二者之间的关系.

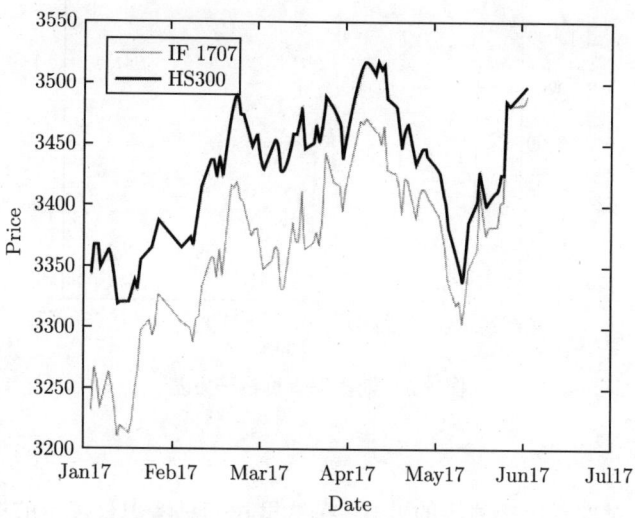

图 8.4 期货和对应现货价格对比

图 8.4 是二者的价格序列, 从中可以看出二者的价格十分接近, 但是并不能直观看出接近的程度, 因此, 我们还需要研究二者价格的平方差, 代码如下:

```
% Plot price of futures and spot
[time,~,~,~,close]=traderGetKData('CFFEX', 'IF1706', 'day',...
   1, 20170101, 20170601,false, 'NA');
[time2,~,~,~,close2]=traderGetKData('SSE', '000300', 'day',...
   1, 20170101, 20170601,false, 'NA');
figure(1);
plot(time, close);
hold on;
plot(time, close2);
legend('IF1707','HS300')
% labels = datestr(time,6); % plot all dates for x axis
datetick('x',12); % set format of datetick May26
xlabel('Date'); ylabel('Price');

% Plot square error of price difference of these 2 species
figure(2);
priceDiff = close - close2;
plot(time, priceDiff.^2);
datetick('x',12); % set format of datetick May26
xlabel('Date'); ylabel('Squared Error of Price');
```

结果如图 8.5 所示.

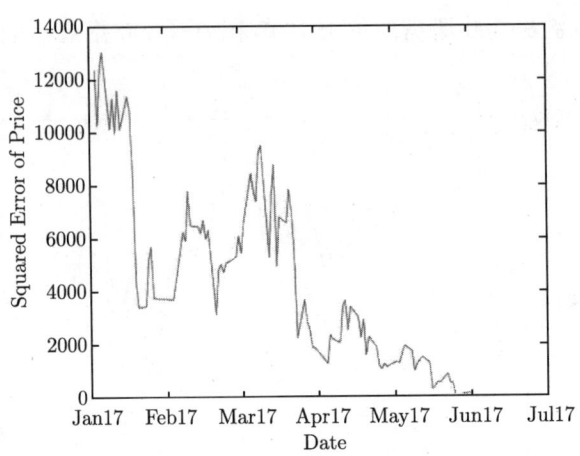

图 8.5 期货现货价格平方差

8.3.2 理论推导

我们有许多种对期货价格建模的方式, 在这里我们只考虑最基本的模型, 此模型中, 期货和现货价格通过持有成本 (cost of carry) 这一参数建立联系, 持有成本 c 其实是期货价格的一个折扣因子. 我们有以下公式:

$$F(t,T) = S(t)(1+c)^{T-t}, \tag{8.1}$$

其中 $F(t,T)$ 是到期日为 T 在时间 t 时刻的期货价格, $S(t)$ 是现货在 t 时刻的价格, 此处默认持有成本 c 是常数, 在连续复利的情况下, 式 (8.1) 变为

$$F(t,T) = S(t)\mathrm{e}^{c(T-t)}. \tag{8.2}$$

这是一个非常简单的形式, 因为实际上持有成本受多种因素影响, 如便利收益 (convenience yield: 用以描述直接持有现货比持有期货的优势程度).

持有期货的成本可以类比股票的分红, 当我们考虑针对同一个标的资产而到期日不同的期货价格, 展期更换合约时需要考虑这部分成本. 下面画出同一标的资产而到期日不同的期货合约价格走势 (图 8.6).

```
% Research on price of futures with different expiration time
[time,~,~,~,close]=traderGetKData('CFFEX', 'IF1706', 'day',...
    1, 20170501, 20170601,false, 'NA');
[time2,~,~,~,close2]=traderGetKData('CFFEX', 'IF1709', 'day',...
    1, 20170501, 20170601,false, 'NA');
[time3,~,~,~,close3]=traderGetKData('CFFEX', 'IF1712', 'day',...
    1, 20170501, 20170601,false, 'NA');
plot(time, close, time, close2, time, close3);
legend('IF1706','IF1709', 'IF1712')
datetick('x',12); % set format of datetick May26
xlabel('Date'); ylabel('Price');
```

```
legend('IF1706','IF1709','IF1712');
```

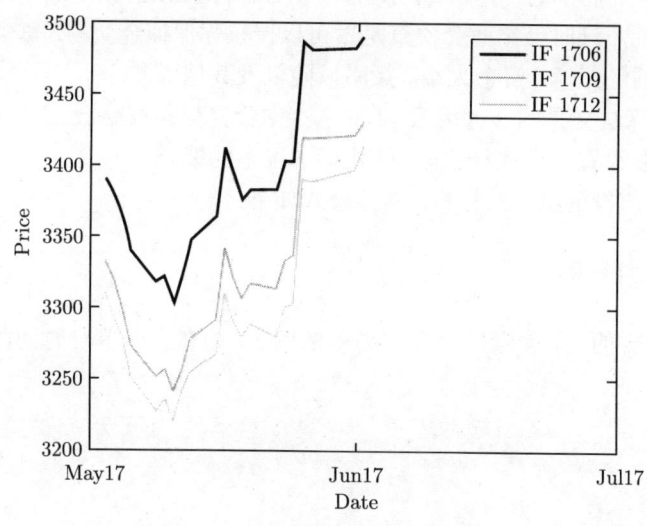

图 8.6 不同到期日同一标的的价格

从图 8.6 中看出, 距离到期日越远, 期货价格相对越高.

8.3.3 期货升水与贴水

在期货市场中, 我们一般期望期货价格高于现货价格. 在这种情况下, 我们可以推断出期货市场参与者愿意付出权益金来避免付出持有现货而带来的仓储和损耗成本. 事实上, 期货价格高于现货价格反映了期货市场参与者的正向偏差, 我们称之为期货溢价或升水 (contango), 在持有成本模型中, 大于 0 的持有成本代表期货溢价的情形. 反之, 现货价格高于期货价格则称为贴水 (backwardation).

8.4 杠 杆

最后, 重点介绍期货的杠杆性.

8.4.1 杠杆的作用

杠杆就是借钱投到交易策略中, 把初始资本相应放大数倍. 它的本质就是重新投资债务来获得更高额的投资回报. 例如, 我们将债务作为一种金融衍生品, 加入我们的投资组合中, 在前期将得到大量现金流 (贷款), 然后现金流逐渐减少. 减少的现金流多少取决于我们债务的利率, 而庞大的前期现金流大大地补充了我们初期的资本. 通过这种方法, 我们用原本的资本和后加入的杠杆共同来购买策略中所需要的资产. 在债券市场中, 有很多机构则会通过国债逆回购来买入更多的债券.

8.4.2 如何使用杠杆

在算法交易的框架之下, 我们尤其关心保证金收益和保证金交易. 保证金交易就是一种杠杆. 从你的经纪商那里借钱, 然后放入你的初始资金里面来增加策略的收益. 由于是借钱去投资, 只有当策略回报大于债务的利率时, 才能顺利使用并实现盈利. 在某些策略中, 你可能想用超过目前拥有的资金去交易, 这时经纪商会检查是否可以授权你保证金交易. 每个人的保证金都不一样, 取决于不同的经纪商、资金大小、策略风险以及其他因素.

显然, 经纪商的参与是构建算法交易的一大因素. 有时候, 你希望交易策略会自动借钱来覆盖头寸的建立, 但同时也需要设置一个杠杆上限, 防止借了过多的钱.

这里可以用杠杆率来衡量目前投资组合的杠杆. 具体公式如下:

$$杠杆比率 = \frac{债务 + 初始资产}{初始资产}. \tag{8.3}$$

杠杆究竟是怎么影响投资组合的? 下面看一个非常简单的例子. 如在一个单一时间段的模型中,

```
capital_base = 100000;
r_p = 0.05;
r_no_lvg = capital_base * r_p;
r_no_lvg
```

　　r_no_lvg = 5000

投资组合无杠杆回报为: 5000.

让我们加上债务, 给投资组合加杠杆, 回报情况会改变.

```
debt = 100000;
r_lvg = (capital_base + debt) * r_p;
r_lvg_pct = r_lvg / capital_base;
lvg_ratio = (debt + capital_base ) / capital_base;
r_lvg
r_lvg_pct
lvg_ratio
```

　　r_lvg = 10000

　　r_lvg_pct = 0.1000

　　lvg_ratio = 2

投资组合杠杆回报为 10000, 杠杆为 2, 回报率为 10%.

这是最理想的情况, 有人愿意借给你钱并且不要利息, 于是得到了两倍于无杠杆的回报. 但是在现实世界中这是不可能的, 所以接下来在模型中加一些利率条件.

```
capital_base = 100000;
debt = 50000;
i = 0.02;
r_p = 0.05;
int_pmt = i * debt;
r_lvg = (capital_base + debt) * r_p;
r_total = r_lvg - int_pmt;
```

```
r_pct_lvg = r_total / capital_base;
lvg_ratio = (capital_base + debt) / capital_base;
r_pct_lvg
lvg_ratio
```

r_total = 6500

r_pct_lvg = 0.0650

lvg_ratio = 1.5000

投资组合杠杆含利息回报为 6500, 杠杆为 1.5000, 回报率为 0.0650.

一般来说, 只要借钱就会有利息有费用. 当用杠杆或者保证金交易的时候, 这些钱都来自经纪商.

8.4.3 杠杆在算法交易中使用

在算法交易中, 使用杠杆会使问题变得十分复杂. 每次平仓或者开仓, 都会影响杠杆. 如果没有足够的现金, 就需要借钱来建立头寸. 同理, 也有可能下次开仓需要的资金很小, 因此降低了杠杆.

当使用很大波动率的策略时, 使用杠杆是十分危险的. 因为是在使用借来的钱交易, 在未来的某个时间点是需要还的. 甚至有时候, 经纪商在我们获利之前就要收回借出的钱了. 当我们接到增加保证金的电话时, 为了保持住头寸, 是需要增加保证金的. 所以, 我们需要时刻监督策略的波动, 使用可控的杠杆, 才能有效保证策略效果.

8.4.4 风险调整的回报率

只考虑投资回报率而不考虑风险是没有意义的. 有些策略的回报率很高, 但有可能是由于风险, 而不是由于策略本身的优点. 更高的风险会带来更大的回报, 我们如何评价风险和回报呢? 这里采用风险调整的回报率.

最常用的方法是夏普比率

$$夏普比率 = \frac{r_p - r_f}{\sigma_p}. \tag{8.4}$$

夏普比率本质上是将投资组合回报正态化, 给了我们一个衡量收益的标准. 更高的夏普比率表示对于风险得到更多的回报.

通常希望比较两个策略的夏普比率. 选择更高夏普比率的策略, 然后使用杠杆来增加回报和风险. 举一个简单的例子:

```
strat_A_ann_return = 0.22;
strat_A_ann_vol = 0.15;
strat_B_ann_return = 0.05;
strat_B_ann_vol = 0.02;
SharpA = strat_A_ann_return / strat_A_ann_vol
SharpB = strat_B_ann_return / strat_B_ann_vol
leverage = 3;
leverage_cost = 0.02;
SharpA =(strat_B_ann_return * leverage - leverage_cost)
```

```
           / (strat_B_ann_vol * leverage)
SharpB = strat_B_ann_return * leverage - leverage_cost
```

SharpA = 1.4667

SharpB = 2.5000

SharpA = 2.1667

SharpB = 0.1300

所以, 投资组合的再分配是一个应用杠杆的体现. 如果给一个策略分配更多的权重, 则需要增加资本, 增加回报率和波动率. 同理, 如果一个策略的风险和预期收益都很大, 则降低权重来分散波动率.

CHAPTER 9
第 9 章 线性回归

时间序列分析是根据系统观测得到的时间序列数据,通过曲线拟合和参数估计来建立数学模型的理论和方法. 主要用在国民经济宏观控制、区域综合发展规划、企业经营管理、气象预报等方面. 线性回归就是常用的一种分析时间序列的方法, 但仅应用于具有线性相关性的变量.

本章主要从简单的二元变量研究入手, 尝试对两只主观上认为有较高相关性的股票建立线性回归模型, 并判别其相关性. 得到模型之后, 也就能求出线性回归系数和相关系数, 那么这两者有什么区别? 相关系数的含义到底是什么? 我们将通过本章内容来深入理解线性回归模型.

9.1 线性回归模型的概念

线性回归模型是用于研究变量 X 和 Y 之间关系的一种模型, 我们可以通过调整 α 和 β 的值找到最合适的线性模型 $Y = \alpha + \beta X$. 通常我们使用的方法是最小二乘法 (ordinary least squares, OLS), 目标函数是

$$\sum_{i=1}^{n}(Y_i - \alpha - \beta X_i)^2. \tag{9.1}$$

这个目标函数的意义是, 对于每一个输入值 X_i, 我们根据构建的线性回归模型 $\alpha + \beta X_i$, 求出该模型的预测值与真实值 Y_i 的误差平方和, 找出最优的 α 和 β, 使得该模型对所有变量误差平方和最小.

9.2 MATLAB 实现线性回归模型

接下来我们会利用 MATLAB 来实现一个一元回归模型并将其作图. 首先介绍其数学基础, 给定两个向量

$$X = \begin{bmatrix} x_1 \\ x_2 \\ \vdots \\ x_n \end{bmatrix}, \quad Y = \begin{bmatrix} y_1 \\ y_2 \\ \vdots \\ y_n \end{bmatrix}. \tag{9.2}$$

我们试图找到 α 和 β 使得 $Y = \alpha E + \beta X$, 其中 $E = [1, 1, \cdots, 1]^{\mathrm{T}}$. 注意到

$$\begin{bmatrix} y_1 \\ y_2 \\ \vdots \\ y_n \end{bmatrix} = \begin{bmatrix} 1 \\ 1 \\ \vdots \\ 1 \end{bmatrix} \alpha + \begin{bmatrix} x_1 \\ x_2 \\ \vdots \\ x_n \end{bmatrix} \beta = \begin{bmatrix} 1 & x_1 \\ 1 & x_2 \\ \vdots & \vdots \\ 1 & x_n \end{bmatrix} \begin{bmatrix} \alpha \\ \beta \end{bmatrix}. \tag{9.3}$$

定义 $X_{(2)} = \begin{bmatrix} 1 & x_1 \\ 1 & x_2 \\ \vdots & \vdots \\ 1 & x_n \end{bmatrix}$, 我们只需解线性方程组 $Y = X_{(2)} \begin{bmatrix} \alpha \\ \beta \end{bmatrix}$. 注意到 $X_{(2)}$ 不是可逆矩阵, 我们用 MATLAB "Backslash" 求解 $\begin{bmatrix} \alpha \\ \beta \end{bmatrix} = X_{(2)} \backslash Y$, 这等价于 (详细内容可参考数值分析相关教材): $\begin{bmatrix} \alpha \\ \beta \end{bmatrix} = (X_{(2)}^{\mathrm{T}} X_{(2)})^{-1} X_{(2)}^{\mathrm{T}} Y$.

详细代码如下:

```
function [a,b,rsquared] = linReg(x,y)
    xLen = length(x);
    xNew = [ones(xLen,1) x];
    m=mldivide(xNew,y);
    a =m(1);
    b =m(2);
    scatter(x,y);
    hold on;
    yCal = b*x + a;
    tot = sum((y-mean(y)).^2);
    err = sum((yCal-y).^2);
    rsquared = 1 - err/tot; % 计算R-squared
    plot(x,yCal,'r');
end
```

以工商银行和建设银行为例, 研究这两只股票的收盘价格的相关性. 我们采用 2016 年 6 月至 2017 年 2 月两只股票的收盘价分别作为变量 X 和 Y, 数据来自 AutoTrader 客户端的 traderGetKData API.

```
clear;clc;
[~,~,~,~, close1,~,~,~] = traderGetKData('SSE', ...
    '601398', 'day', 1, 20160101, 20170228,false, 'FWard');
[~,~,~,~, close2,~,~,~] = traderGetKData('SSE', ...
    '601939', 'day', 1, 20160101, 20170228,false, 'FWard');
return1 = close1(2:end)./close1(1:end-1) - 1;
```

```
return2 = close2(2:end)./close2(1:end-1) - 1;
[a, b, rsquared] = linReg(return1,return2)
```

得到的线性回归曲线如图 9.1 所示.

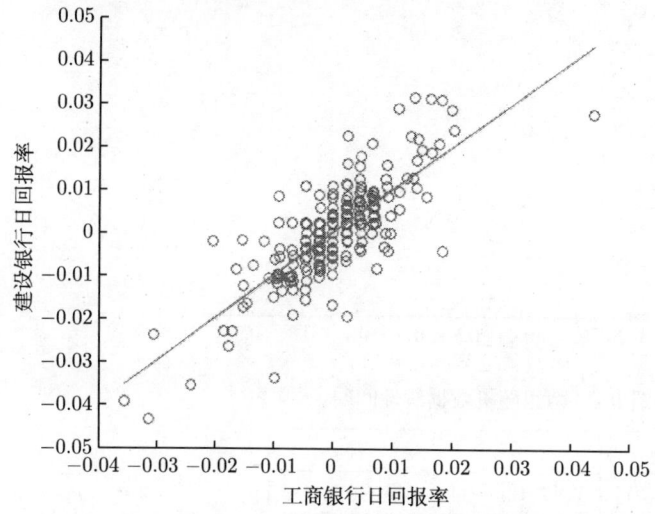

图 9.1 建设银行和工商银行日回报率线性回归

得到的回归结果为

α	β	R^2
4.7978e−05	0.99278	0.62112

图 9.1 中每一点对应同一天两只股票的回报率, 直线为回归拟合的直线, 即工商银行回报率每变动 1%, 建设银行回报率变动 0.993%, 二者相关系数为 0.621.

9.3 线性回归与相关性

从以上例子中我们可以看出两只股票日回报率有一定的相关性, 但是在量化交易中, 我们是否可以对任意的数据集做回归分析呢? 答案显然是否定, 请看以下例子:

```
x = rand(100,1);
y = rand(100,1);
[a, b, rsquared] = linReg(x,y)
```

得到的线性曲线如图 9.2 所示:

最终得到的相关系数几乎为 0, 表示两组数据之间几乎无相关性. 需要注意的是, 线性回归模型给出的 α 和 β 只是估计值, 除非知道两个序列之间的准确定量关系, 否则我们无法知道真实的值. 同样, 我们无法保证随着时间的移动, 两组数据之间是否还具有类似的相关关系. 一个有效的方法是, 我们可以利用数据集进行滚动线性回归, 然后平行比较这些回归模型的方差. 同时, 在给出回归系数的时候, 我们需要给出置信区间.

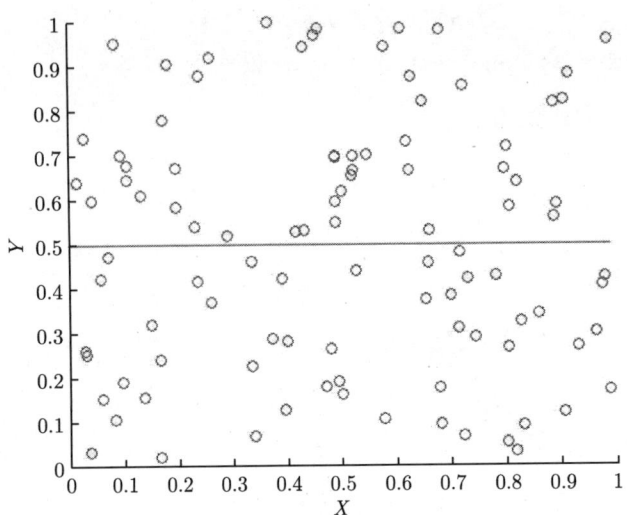

图 9.2 两组随机数据线性回归

α	β	R^2
0.49708	7.47109e−04	6.01962e−07

关于线性回归和相关系数的区别,我们需要注意以下几点:
- 线性回归提供了一个具体的线性模型,但是仅能应用于具有线性相关性的变量.
- 相关系数适用于线性和非线性模型,但是它不能提供给我们一个具体的模型.
- 二者都是描述协方差的方法.
- 此外对于多维度的 X,线性回归模型可以提供变量 Y 与 X 的关系 (见 9.4 节).

9.4 相关系数

本模块中我们试图通过一系列例子,深化读者对于相关系数的理解. 首先我们给定 100 组均匀分布在 0 到 1 的数据点,将其进行线性回归,显然其相关系数将接近 0,接着我们将最后一组数据分别变为 $(1,1),(3,3),(10,10)$,观察这组数据相关系数的变化. 见以下代码,其中用到 MATLAB subplot 命令,读者可以自行研究.

```
x = rand(100,1);
y = rand(100,1);
X = [x x x x];
Y = [y y y y];
%将最后一个点分别替换为(1,1), (3,3), (10,10)
X(100,2:4) = [1 3 10];
Y(100,2:4) = [1 3 10];
for i = 1:4
    subplot(2,2,i)
    [~,~,correlation(i)] = linReg(X(:,i), Y(:,i));
end
```

```
disp(correlation)
```

| 0.0001 | 0.0006 | 0.1761 | 0.8368 |

从图 9.3 中可以看出相关系数随着加入一个离原点越来越远的点逐渐变大.

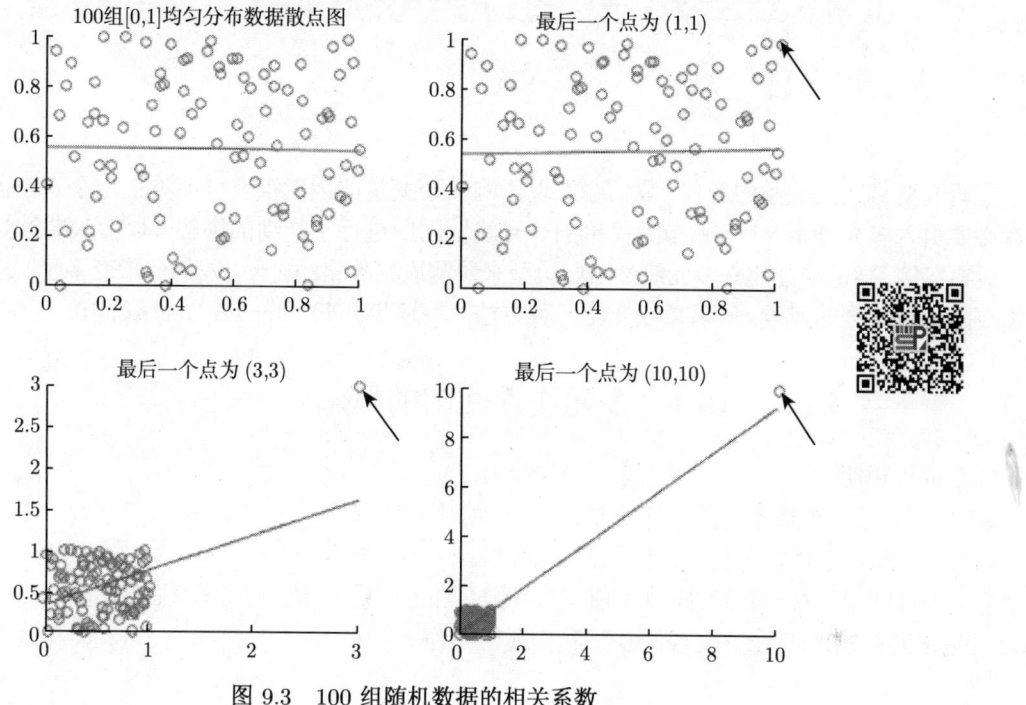

图 9.3　100 组随机数据的相关系数

我们可以尝试从几何意义上去解释这个现象, 将数据点 X, Y 视为两个维度为 n 的向量 (此处为 100), 相关系数即为两向量在高维空间内的投影夹角的余弦值, 引入的最后一组数据如果绝对值越大, 那么此向量在这一维度具有更大的模长, 使得在计算两向量夹角时具有更大的权重, 导致更大的相关系数. 从中我们也可以对相关系数在 −1 和 1 之间有更好的理解, 因为对应向量的夹角范围是 $[0, 2\pi]$.

CHAPTER 10
第 10 章 多元线性回归

在研究变量之间关系的时候,我们会发现影响一个变量的因素很有可能不止一个,这里就有必要引入多元分析. 上个章节对简单的一元线性回归进行了详细的讲解, 本章将结合实际的股票案例, 尝试通过建立多元线性回归模型来预测股票价格. 由于引入的变量变多了, 这里需要防止过拟合的风险, 所以重点介绍一种方法——逐步回归 (stepwise regression).

10.1 多元线性回归的概念

本章记号说明:
- X_{ij}——第 i 个样本的第 j 个变量.
- Y_i——第 i 个样本因变量.

多元线性回归是对一元线性回归的推广, 我们允许因变量 Y_i 依赖于多个独立变量 $X_{i1}, \cdots, X_{ik}$, 且是它们的线性函数. 在金融领域, 我们通常写作

$$Y_i = \alpha + \sum_{j=1}^{n} \beta_j X_{ij} + \varepsilon = \alpha + \beta^{\mathrm{T}} X + \varepsilon, \tag{10.1}$$

其中 ε 是误差. 对于样本点 $1, \cdots, n$, 我们试图找到最合适的超平面, 使得所有样本点到这个超平面的距离平方和最小, 这也就是最小二乘法: $\min \sum_{i=1}^{n} \varepsilon^2$. 通过这种方式, 我们可以均等地对待正负误差, 并保持大的误差具有较大的权重. 同时这种误差描述方式也符合最大似然估计的思想.

一旦得到了线性回归模型, 就可以用新观测到的 X 来预测 Y 的值, 每一个系数 β_j 表示因变量 Y 在 X_j 变化一个单位的情况下相应变化多少, 即 β_j 表示不同因素的影响程度, 当然这样做的前提是线性回归模型适用于此.

10.2 多元线性回归模型示例

我们直接调用 MATLAB 内置函数 regress 来计算多元线性回归, 不妨设

$$X_2 = X_1 + X_1^{1.5},$$
$$Y = X_1 + X_2.$$

第 10 章 多元线性回归 >>>>

```
X1 = linspace(1,100);
X1 = X1';
X2 = X1.^1.5 + X1;
Y = X1 + X2;
figure; hold on;
p1 = plot(X1,X1); m1 = 'X_1';
p2 = plot(X1,X2); m2 = 'X_2';
p3 = plot(X1,Y);  m3 = 'Y';
legend([p1;p2;p3],m1,m2,m3)
X = [X1 X2];
beta = regress(Y,X);
```

得到 $\beta_1 = 1, \beta_2 = 1$,需要注意的是,这里 β_1 的意义是,在 X_2 保持不变的情形下, X_1 变动对于 Y 的影响,虽然我们有

$$\begin{aligned}Y &= X_1 + X_2 \\ &= X_1 + X_1 + X_1^{\frac{3}{2}} \\ &= 2X_1 + X_1^{\frac{3}{2}}.\end{aligned}$$

但是这仍是一个线性模型,所谓线性模型,是指相对于参数 β 是线性的,而非自变量 X_i. 图 10.1 是变量 Y 与 X_1, X_2 之间的关系图.

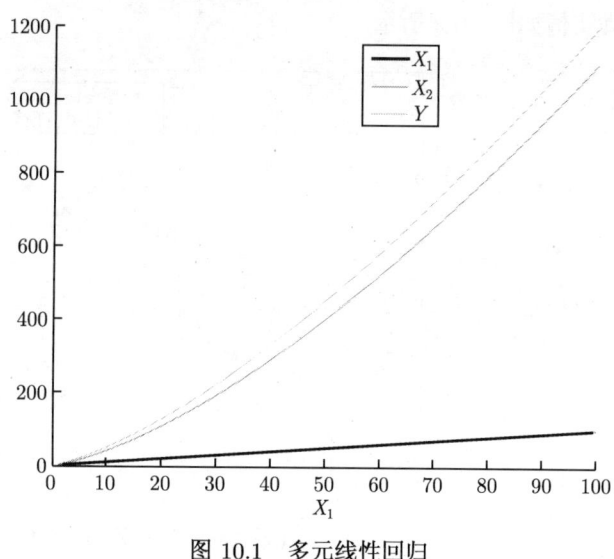

图 10.1　多元线性回归

显然有 $\beta_1 = 1.0, \beta_2 = 1.0$,因为我们定义了 $Y = X_1 + X_2$.

10.3　多元线性回归预测建设银行股票价格

第 9 章中我们研究了工商银行和建设银行两只股票日回报率的相关性,现在我们引入

沪深 300 收盘价，试图通过工商银行收盘价和沪深 300 指数来预测建设银行收盘价，代码如下：

```
clear;clc;
[~,~,~,~, close1,~,~,~] =traderGetKData('SSE',...
    '601398', 'day', 1, 20160101, 20170228,false, 'FWard');
[~,~,~,~, close2,~,~,~] =traderGetKData('SSE',...
    '601939', 'day', 1, 20160101, 20170228,false, 'FWard');
[~,~,~,~, close3,~,~,~] =traderGetKData('SSE',...
    '000300', 'day', 1, 20160101, 20170228,false, 'FWard');

[coeff, ~, ~, ~, STATS] = regress(close2, [close1, close3]);
prediction = coeff(1)*close1 + coeff(2)*close3;

tDay = length(close1);
plot(1:tDay, close2, 'b')
xlabel('天数')
ylabel('收盘价')
hold on
plot(1:tDay, prediction,'r')
legend('建设银行实际收盘价','建设银行预测收盘价');
```

其预测结果与真实值如图 10.2 所示.

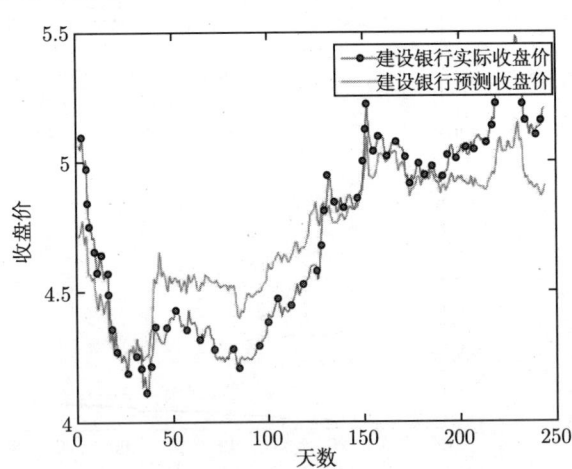

图 10.2　建设银行实际和预测收盘价

在以上代码中我们以建设银行收盘价作为因变量，将工商银行和沪深 300 指数的收盘价作为二元变量，进行多元线性回归得到的回归结果见下表.

β_1	β_2	R^2
1.1371	3.5727e−05	0.7756

10.4 模型选择

影响建模的变量那么多, 到底该如何选择模型? 这里我们试图通过一些例子来揭示模型选择的重要性. 其中有两个概念非常重要: 过拟合与欠拟合, 进而提出逐步回归的概念.

对于一个因变量, 如果我们采用过多的自变量, 就会有过拟合的风险. 解决这个问题的方法叫做逐步回归. 逐步回归的思想是, 通过不断地加入和移除自变量, 找到最合适的一组自变量, 进行线性回归. 具体来说, 我们首先预设一个显著水平 α_E 来决定是否需要加入一个新的预测变量 (predictor), 这个 α_R 值也叫做 alpha-to-enter 显著性水平, 相似地, 有一个 alpha-to-remove 显著性水平来决定是否需要移除预测变量. 通常我们设置 $\alpha_E = \alpha_R = 0.015$. 以下是逐步回归的详细步骤:

- 确定显著性水平后, 分别对所有自变量做一元线性回归, 从中找出最小 t 检验的 p 值对应的自变量, 作为第一个预测变量, 否则结束.
- 不妨假设在上一步中我们找到 X_1 作为第一个预测变量, 然后开始做二元线性回归, 逐渐增加其他自变量, 找出最小的 t 检验 p 值对应的二元变量作为新的预测变量. 不妨假设我们找到了这样的变量 X_1, X_2, 这时我们需要对新加入的 X_2 来判断其对于 X_1 的显著性影响, 即判断显著性水平对于 β_1 的影响, 检验 $\beta_1 = 0$ 的 t 检验 p 值是否大于 α_R, 如果符合, 将 X_1 从预测变量中移除.
- 仿照以上步骤, 找到最合适的多元变量回归模型, 直到加入新的预测变量不会使得 t 检验的 p 值超过 0.15 为止.

关于逐步回归模型, 我们通过以下例子来加深理解. 定义 X_1, X_2, X_3, X_4 四个自变量和因变量 Y 如下:

```
X1 = (1:100)';
X2 = X1.^2 - X1;
X3 = log(X1) + X2;
X4 = 5*X1;
Y = 2*X1 + 0.5*X2 + 10*X3 + X4;
plot(X1,X1,X1,X2,X1,X3,X1,X4,X1,Y);
```

MATLAB 中已经集成了逐步回归的函数 stepwisefit, 将预测变量 Y 和自变量 X 作为模型输入, 得到的结果如图 10.3 所示.

```
stepwisefit(X,Y)
Initial columns included: none
Step 1, added column 3, p=5.4663e-276
Step 2, added column 4, p=3.29448e-256
Step 3, added column 2, p=0
Final columns included:  2 3 4
      'Coeff'                  'Std.Err.'        'Status'       'P'
    [                 0]      [          0]      'Out'          [NaN]
    [ 0.499999999973387]      [          0]      'In'           [  0]
```

```
       [10.000000000026624]      [       0]    'In'     [    0]
       [ 1.399999999999597]      [       0]    'In'     [    0]

ans =

                      0
      0.499999999973387
     10.000000000026624
      1.399999999999597
```

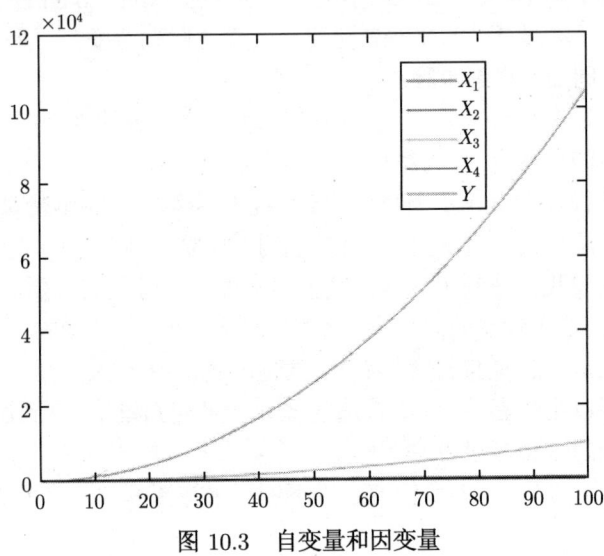

图 10.3　自变量和因变量

CHAPTER 11
第 11 章 单整、协整和平稳性

在计量经济学中，对时间序列数据的处理是一个热点和难点问题. 在针对时间序列数据进行建模的时候，往往使用不随时间变化而变化的模型参数，这样的回归模型得到的结果很多时候都是伪回归，没有很好地体现时间序列数据之间的真正的关系.

实际上，很多建模过程包含了这样的一个前提或者假设：时间序列数据是平稳的，即时间序列数据的统计特征不随时间的平移而变化. 例如，均值和方差不随选取时间段的位置而改变，只随选取时间段的长度而改变. 因此要确立两个时间序列变量之间的长期关系，就要用到协整理论. 该理论是由 Granger 在 1981 年最早提出的，后来由 Engle 和 Granger 一道于 1987 年提出严谨的定理证明及具体的可操作性框架. 本章就单整、协整和平稳性三个概念展开讨论.

11.1 平稳性和非平稳性

在时间序列分析中，我们通常未经检测就假设序列是平稳的. 其实，只有当序列的本质特征不随时间发生变化，才能认为它是平稳的. 举个例子，有两个序列分别为 A 和 B，序列 A 是由一个带有固定变量的平稳过程产生的，序列 B 由一些随着时间变化的变量组成的.

序列 A：

```
valueA = randn(1,100);
plot(valueA)
xlabel('Time')
ylabel('Value')
legend('Series A');
```

序列 B：

```
valueB = zeros(100,1);
for i = 1:100
valueB(i) =0.1 * i + randn(1);
end
plot(valueB)
xlabel('Time')
ylabel('Value')
```

```
legend('Series B');
```

通过图 11.1 和图 11.2, 我们可以看出序列 A 是平稳的, 序列 B 是非平稳的.

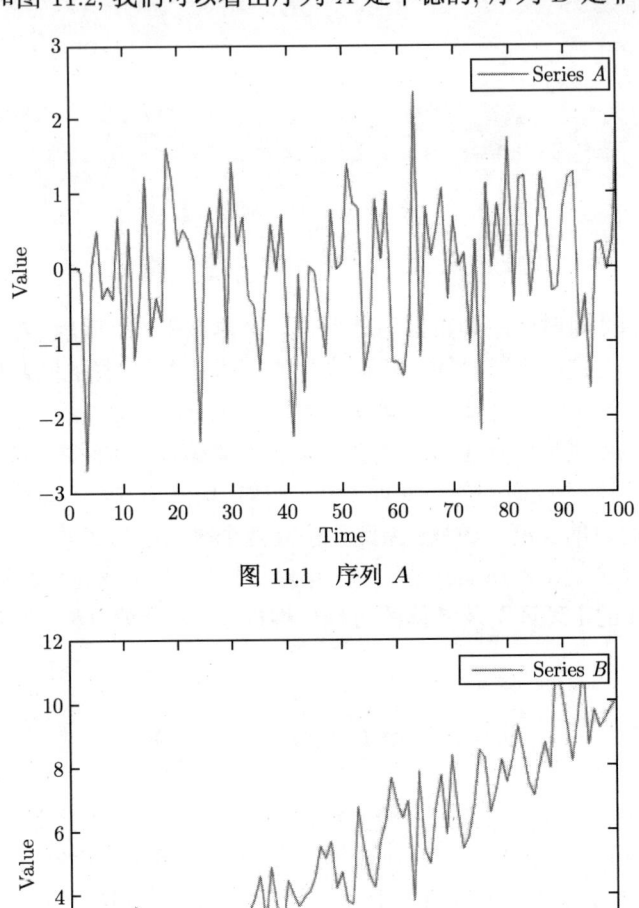

图 11.1　序列 A

图 11.2　序列 B

11.1.1　非平稳性的危险性

统计检验中, 在许多假设的背后, 本质上都要求被检测的序列是平稳的. 所以, 如果随便用一些统计量在一组非平稳的数据, 将会得到没用的结果. 举个例子, 我们对非平稳序列 B 取平均值.

```
valueB = zeros(100,1);
for i = 1:100
```

第 11 章 单整、协整和平稳性 >>>>

```
valueB(i) =0.1 * i + randn(1);
end
plot(valueB)
hold on
m = mean(valueB)
means = repmat(m,1,100)
plot(means)
xlabel('Time')
ylabel('Value')
legend('Series B','Mean','location','Northwest');
```

结果如图 11.3 所示.

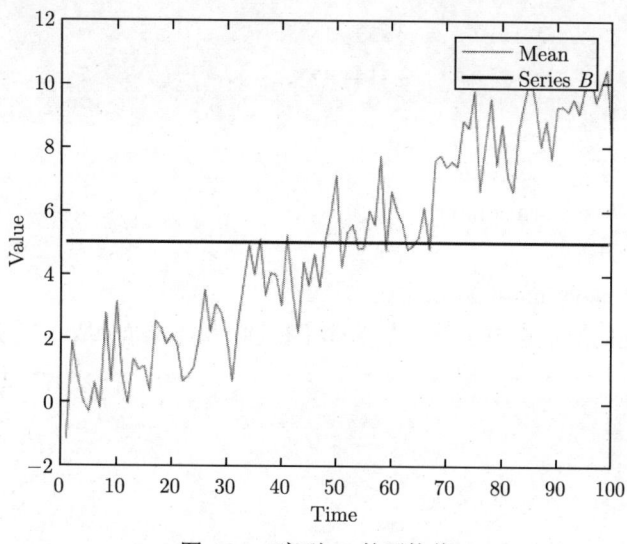

图 11.3 序列 B 的平均值

这个值表示的是现有数据的平均值,但对预测未来的状态根本没用,所以在选取一个具体时间点来比较一堆在不同时间表现不同特征的数据是没有意义的. 这只是一个简单的例子,它清晰地展示了为什么非平稳性能扰乱数据,在实际的操作中其实会暴露更多敏感的问题.

11.1.2 平稳性检验

现在我们要用一个统计检验来检测一下平稳性.

```
valueA = randn(1,100);
valueB = zeros(100,1);
for i = 1:100
valueB(i) =0.1 * i + randn(1);
end
[h,pValueA,~,~,~] = adftest(valueA);
[h,pValueB,~,~,~] = adftest(valueB);
```

```
if pValueA < 0.01
disp(['pvalue = ',num2str(pValueA),\\\
' The series A is likely stationary.'])
else
disp(['pvalue = ',num2str(pValueA),' \\\
The series A is likely non-stationary.'])
end

if pValueB < 0.01
disp(['pvalue = ',num2str(pValueB),'\\\
  The series B is likely stationary.'])
else
disp(['pvalue = ',num2str(pValueB),'\\\
  The series B is likely non-stationary.'])
end
```

pvalue = 0.001

The series A is likely stationary.

pvalue = 0.39189

The series B is likely non-stationary.

果然, 不断变化的均值造成了该序列的非平稳性. 接下来看如果均值是周期波动的情况.

```
datas = 1 : 100;
value = sin(datas);
valueC = zeros(100,1);
for i = 1 : 100
valueC(i) = value(i) + randn(1);
end
plot(valueC)
xlabel('Time')
ylabel('Value')
legend(['Series C']);
[h,pValueC,~,~,~] = adftest(valueC);
if pValueC < 0.01
disp(['p-value = ',num2str(pValueC),\\\
' The series C is likely stationary.'])
else
disp(['p-value = ',num2str(pValueC),' \\\
The series C is likely non-stationary.'])
end
```

pvalue = 0.001

The series C is likely stationary(图 11.4).

第 11 章 单整、协整和平稳性 >>>>

除了随机噪声,周期波动的均值很难说明别的问题. 实际上对于噪声数据和有限的样本容量来说,很难去确定一个序列是否平稳,或者任意的一个移动是随机噪声还是一个趋势的一部分. 对于每个案例,这种检验都有可能伴随着类似微妙的影响.

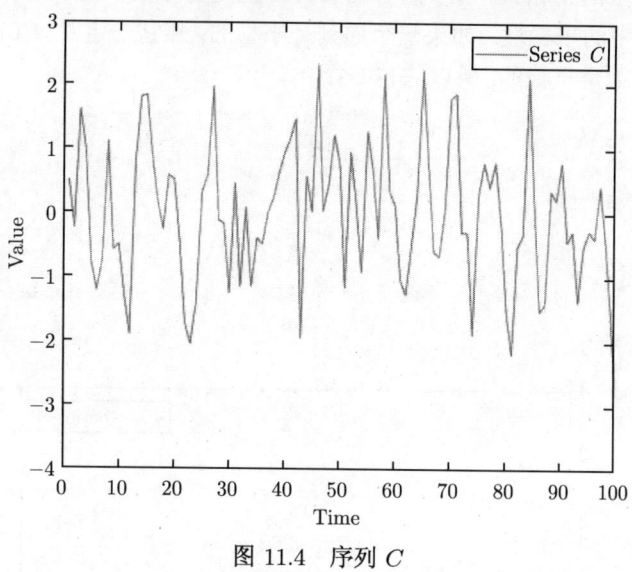

图 11.4 序列 C

11.2 单　整

11.2.1 移动平均表示法 (沃尔表示定理)

移动平均表示法在时间序列分析中是一个很重要的概念. 这个等式表示对于任意时间序列 Y_t,

$$Y_t = \sum_{j=0}^{\infty} b_j \varepsilon_{t-j} + \eta_t, \tag{11.1}$$

其中 η 是一个确定性序列,b_j 是新息的移动平均权重,ε 是新息序列.

这里的关键在于 η 是确定性的. 例如是一个正弦波,新息过程是随机的,它能随着时间的推移模拟新的信息. 具体地说,$\varepsilon_t = \hat{Y}_t - Y_t$,其中 $\hat{Y}_t$ 是 Y_t 用仅有的 t 时刻之前的信息进行的最优化预测. 换句话说,在 $t-1$ 时刻能做的最好的预测不会导致 ε 的随机性. 每一个 b_j 只表示多少个 ε 的先前值影响了 Y_t.

11.2.2 单整的概念

我们标记单整阶——i 为 $I(i)$. 如果在一个移动平均表达式里下面的条件能成立,那么这个时间序列被认为是 $I(0)$. 序列的自回归会快速衰退.

$$\sum_{k=0}^{\infty} \|b_k\|^2 < \infty. \tag{11.2}$$

这个特性对所有的平稳序列都成立,但是不足以证明平稳性. 这说明平稳性能说明 $I(0)$,但 $I(0)$ 不能说明平稳性. 关于更多单整阶数的内容,请参考文献 (Studenmund, 2006).

11.2.3 $I(0)$ 的检验

实际上, 我们会检验自回归的和是否无穷大. 这在数学推导中是有可能的, 但如果是一组有限的数据和有限的自相关估计, 两者的和肯定也是有限的. 鉴于这种困难, $I(0)$ 的检验取决于隐藏在特征中的平稳性. 如果一个序列是平稳的, 那它一定是 $I(0)$. 我们提取一下原始的序列 A. 因为 A 是平稳的, 所以它也是 $I(0)$.

```
valueA = randn(1,100);
plot(valueA)
xlabel('Time')
ylabel('Value')
legend('Series A');
```

结果如图 11.5 所示.

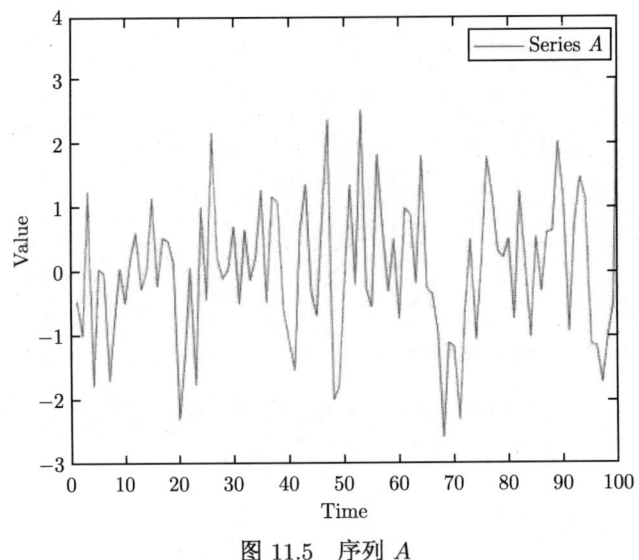

图 11.5 序列 A

11.2.4 归纳建立单整阶数

对于一个 $I(0)$ 序列, 我们对它做累加求和 (离散积分), 会得到新序列 $I(1)$. 注意这是怎么联系到单整的积分概念. 同样的关系也适用于一般情况, 对一个 $I(0)$ 取 n 次迭代累加求和就能得到 $I(1)$.

现在我们对 A 做累加求和得到一个 $I(1)$ 序列.

```
valueA = randn(1,100);
A1 = cumsum(valueA);
plot(A1);
xlabel('Time')
ylabel('Value')
legend(['Series A1']);
```

结果如图 11.6 所示.

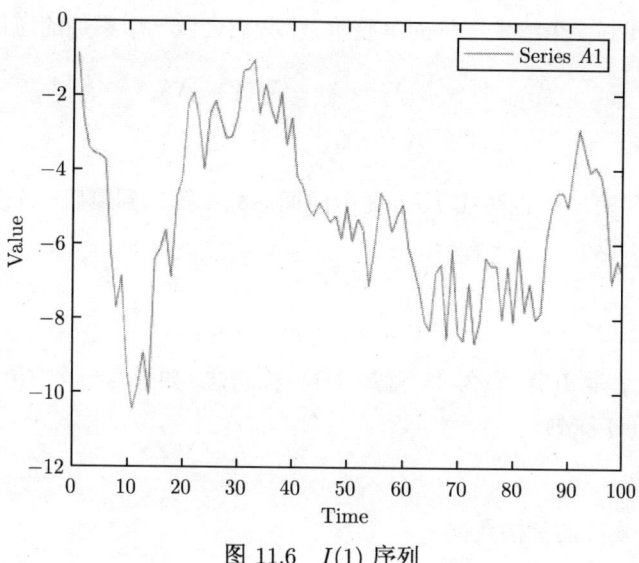

图 11.6　$I(1)$ 序列

现在我们再累加求和一次得到 $I(2)$.

```
valueA = randn(1,100);
A1 = cumsum(valueA)
A2 = cumsum(A1)
plot(A2)
xlabel('Time')
ylabel('Value')
legend(['Series A2']);
```

结果如图 11.7 所示.

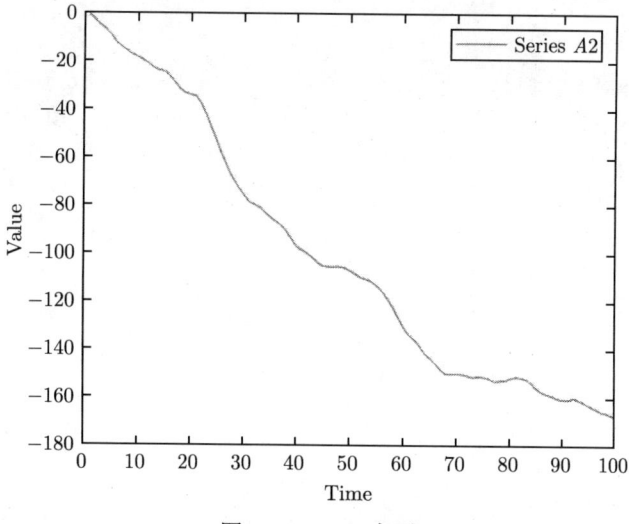

图 11.7　$I(2)$ 序列

11.2.5 分解单整的阶

相反,如果要找到一个给定序列的单整阶数,我们会做一个累加的逆过程,具体如下:

$$(1-L)X_t = X_t - X_{t-1} = \Delta X,$$
$$(1-L)^d = X_t, \tag{11.3}$$

这里 L 是滞后算子,有时候也写成 B. L 是取时间序列中第二到最后一个元素, L^k 是取第 K 到最后一个元素. 所以

$$LX_t = X_{t-1},$$
$$(1-L)X_t = X_t - X_{t-1}. \tag{11.4}$$

如果 $Y_t - Y_{t-1}$ 是 $I(0)$,那么 Y_t 就是 $I(1)$. 换言之,如果对一个 $I(0)$ 序列做累加求和,那么将得到一个 $I(1)$ 序列.

11.2.6 实际案例

我们来试一些实际的价格数据.

```
%回测函数
clear all;
clc;
begintime = 20140401;    %起止时间段
endtime = 20160401;
codes = {'000001'};
for i = 1:length(codes)
targetList(i).Code =codes{i};
targetList(i).Market = 'szse';
end
Freq = 1;
% len = 1:255;
AccountList(1) = {'StockBackReplay'};
traderRunBacktestV2('fig4',@fig4,{Freq,begintime,endtime},
AccountList,targetList,'day',Freq,begintime,endtime,'FWard');

%策略函数
function fig4(bInit,bDayBegin,cellPar)%
global g_idxK;           %获取的注册数据index
global numbers;
global Tdays;
global tlens;
Freq =cellPar{1};         %回测频率
begintime = cellPar{2};   %开始时间
endtime = cellPar{3};     %结束时间
if bInit
```

第 11 章　单整、协整和平稳性 >>>>

```
g_idxK = traderRegKData('day',Freq);  %注册数据，获得index
numbers = 0;
Days = traderGetTradingDays(begintime,endtime);   %交易时间段
tlens = length(Days);
else
if numbers < tlens-1
numbers = numbers + 1;
return
end
begindatas = traderGetRegKData(g_idxK,tlens,false);
close1 = begindatas(5,:);
[h,pValueD,~,~,~] = adftest(close1);
if pValueD < 0.01
disp(['p-value = ',num2str(pValueD),' The series 000001 is
likely stationary.'])
else
disp(['p-value = ',num2str(pValueD),'The series 000001 is
likely non-stationary.'])
plot(close1)
xlabel('Time');
ylabel('Price');
legend('000001');
end
end
end
```

　　pvalue = 0.68513

　　The series 000001 is likely non-stationary.

　　这么看来，已经出现了一个信号说明这是一个不平稳的序列.

　　我们对序列做一阶差分，得到的是每日收益，我们来看看它是否平稳.

回测函数
```
clear all;
clc;
begintime = 20140401;    %起止时间段
endtime = 20160401;
codes = {'000001'};
for i = 1:length(codes)
targetList(i).Code =codes{i};
targetList(i).Market = 'szse';
end
Freq = 1;
% len = 1:255;
```

```matlab
AccountList(1) = {'StockBackReplay'};
traderRunBacktestV2('fig4',@fig4,{Freq,begintime,endtime},...
AccountList,targetList,'day',Freq,begintime,endtime,'FWard');
策略函数
function fig4(bInit,bDayBegin,cellPar)%
global g_idxK;      %获取的注册数据index
global numbers;
global Tdays;
global tlens;
global money;
Freq =cellPar{1};           %回测频率
begintime = cellPar{2};     %开始时间
endtime = cellPar{3};       %结束时间
if bInit
g_idxK = traderRegKData('day',Freq);         %注册数据,获得index
numbers = 0;
Days = traderGetTradingDays(begintime,endtime);  %交易时间段
tlens = length(Days);
else
if numbers < tlens-1
numbers = numbers + 1;
return
end
begindatas = traderGetRegKData(g_idxK,tlens,false);
close1 = begindatas(5,:);
X1 = diff(close1);
[h,pValueE,~,~,~] = adftest(X1);
if pValueE < 0.01
disp(['pvalue = ',num2str(pValueE),' The series E is likely stationary.'])
else
disp(['pvalue = ',num2str(pValueE),'The series E is likely non-stationary.'])
end
plot(X1);
xlabel('Times')
ylabel('Additive Returns')
legend('000001 Additive Returns');
end
end
```

pvalue = 0.001 The series E is likely stationary.

结果如图 11.8 和图 11.9 所示.

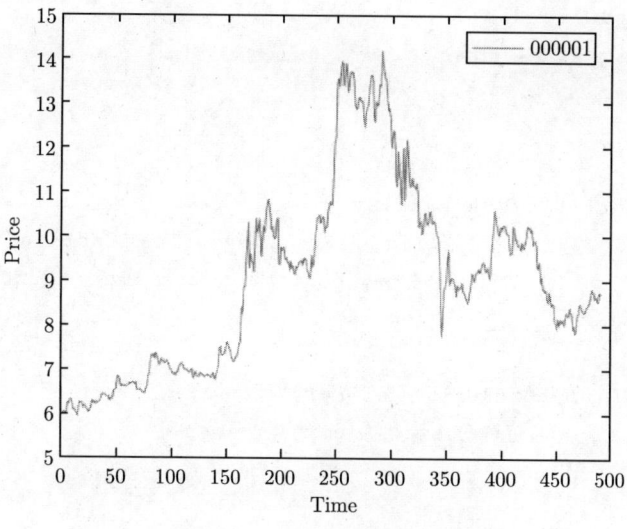

图 11.8　实际股票价格序列

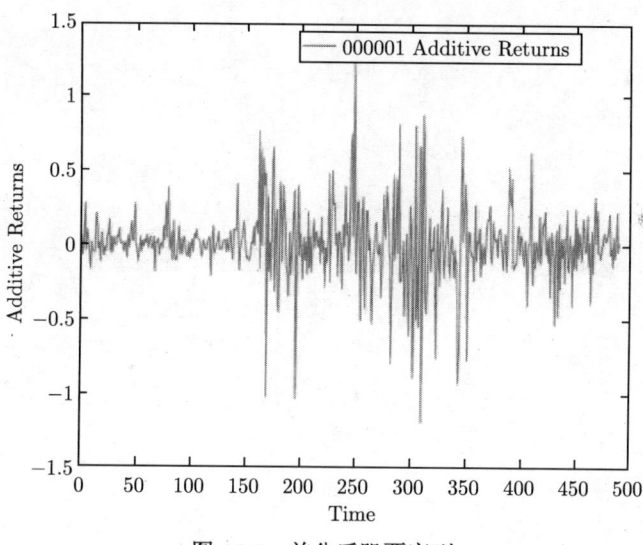

图 11.9　差分后股票序列

我们发现 2014 年每日收益的序列是平稳的. 这意味着我们对收益建模会比直接对价格建模更好, 也意味着价格是 $I(1)$.

接下来看看收益率情况.

回测函数
```
clear all;
clc;
begintime = 20140401;    %起止时间段
endtime = 20160401;
codes = {'000001'};
```

```matlab
for i = 1:length(codes)
targetList(i).Code =codes{i};
targetList(i).Market = 'szse';
end
Freq = 1;
% len = 1:255;
AccountList(1) = {'StockBackReplay'};
traderRunBacktestV2('fig4',@fig4,{Freq,begintime,endtime},
AccountList,targetList,'day',Freq,begintime,endtime,'FWard');
```

策略函数
```matlab
function fig4(bInit,bDayBegin,cellPar)%
global g_idxK;          %获取的注册数据index
global numbers;
global Tdays;
global tlens;

global money;
Freq =cellPar{1};        %回测频率
begintime = cellPar{2};  %开始时间
endtime = cellPar{3};    %结束时间

if bInit
g_idxK = traderRegKData('day',Freq); %注册数据,获得index

numbers = 0;
Days = traderGetTradingDays(begintime,endtime);   %交易时间段
tlens = length(Days);
else
if numbers < tlens-1
numbers = numbers + 1;
return
end

begindatas = traderGetRegKData(g_idxK,tlens,false);
close1 = begindatas(5,:);
lens = length(close1);

X1 = diff(close1);
closes = close1(1:end-1);
X2 = X1 ./ closes;
[h,pValueE,~,~,~] = adftest(X2);
```

第 11 章 单整、协整和平稳性

```
if pValueE < 0.01
disp(['pvalue = ',num2str(pValueE),' The series F is
likely stationary.'])
else
disp(['pvalue = ',num2str(pValueE),'The series F is
likely non-stationary.'])
end

plot(X2);
xlabel('Times')
ylabel('Multiplicative Returns')
legend('000001 Multiplicative Returns');
end
end
```

pvalue = 0.001 The series F is likely stationary.

结果如图 11.10 所示.

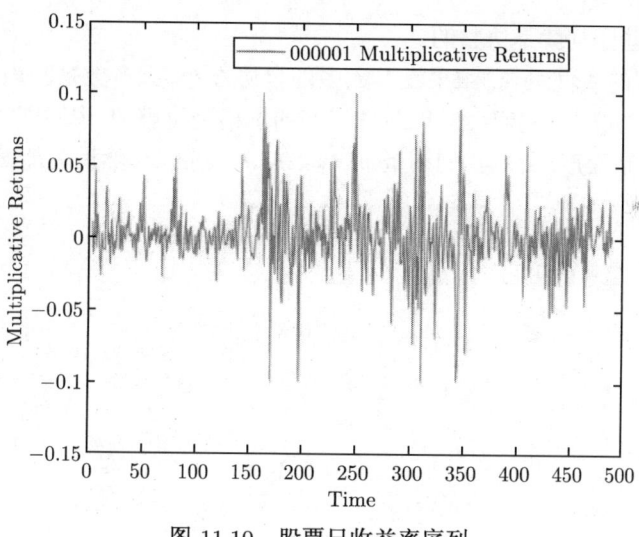

图 11.10 股票日收益率序列

看起来收益率也是平稳的. 我们从日收益率和日收益都能得到类似的信息, 所以不难发现它们都是平稳的. 实际上, 情况也不总是这样. 通常来说, 不能认为一个序列在过去平稳那么它在将来也是平稳的. 检验平稳的一致性是很有必要的, 比如交叉检验. 这对任何统计特性来说都是对的, 我们只是在这里重申一下. 根据时间和采样频率的不同, 其返回值可能是平稳的, 也可能是不平稳的.

11.2.7 收益分析

收益通常用于计量金融的建模, 因为它们比价格更具平稳性, 所以可以更容易地建模和预测. 预测价格很难, 因为 $I(1)$ 单整会导致很多趋势. 即使用收益预测模型来预测价格也很棘手,因为随着时间的推移,任何错误都将在收益预测中被放大.

11.3 协整

介绍完平稳性和单整,最后介绍关于协整的内容.

11.3.1 定义:线性组合

时间序列 Y 是由任意一组实数 $(X_1, X_2, \cdots, X_k)$ 表示的线性组合.

$$Y = b_1 X_1 + b_2 X_2 + \cdots + b_k X_k. \tag{11.5}$$

11.3.2 定义:协整

对于一些时间序列 $(X_1, X_2, \cdots, X_k)$,如果所有的序列都是 $I(1)$,它们中的一些线性组合是 $I(0)$,那么就称这些序列集是协整的.

11.3.3 例子

如果 X_1,X_2 和 X_3 全都是 $I(1)$,那么有 $2X_1 + X_2 + 0X_3 = 2X_1 + X_2$,以上组合即 $I(0)$. 在这种情况下,这些序列就是协整的.

对于一些序列的线性组合,结果没有太多的自协方差,大多数是噪声. 这对于配对交易是有用的,在这种情况下,我们会发现两种资产的价格是协整的. 因为它们价格组合的线性组合 $b_1 A_1 + b_2 A_2$ 是噪声,所以我们期望 $b_1 A_1 + b_2 A_2$ 会回归,然后就能做相应的交易了.

11.3.4 示例

我们用一些数据来证明它.

```
N = 100;
valueA = randn(1,N);
X1 = cumsum(valueA);
X2 = X1 + randn(1,N);
plot(X1);
hold on
plot(X2);
xlabel('Time');
ylabel('Series Value');
legend('X1','X2','location','North');
```

结果看起来不错. 现在需要找到由 X_1 和 X_2 构成的平稳的线性组合,这里用 $X_2 - X_1$,剩下的就是构建平稳噪声. 我们来检验一下:

```
N = 100;
valueA = randn(1,N);
X1 = cumsum(valueA);
X2 = X1 + randn(1,N);
```

```
Z = diff(X2);
[h,pValueA,~,~,~] = adftest(Z);
if pValueA < 0.01
disp(['pvalue = ',num2str(pValueA),' The series Z is
likely stationary.'])
else
disp(['pvalue = ',num2str(pValueA),' The series Z is
likely non-stationary.'])
end

plot(Z)
xlabel('Time')
ylabel('Series Value')
legend(['Z']);
```

pvalue = 0.001.

The series Z is likely stationary.

结果如图 11.11 和图 11.12 所示.

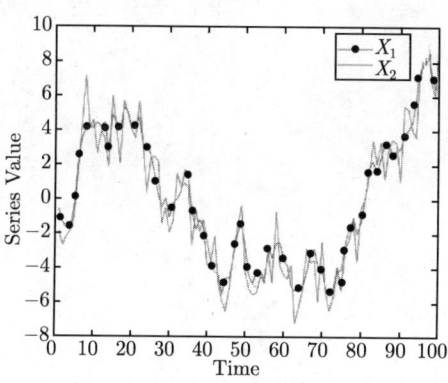

图 11.11　X_1 和 X_2 序列

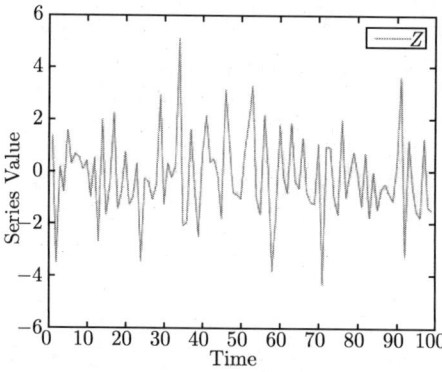

图 11.12　序列 Z

11.3.5 协整检验

有很多方法可以检验协整. 一般会选择解除系数 $b_1, \cdots, b_k$, 然后产生一个 $I(0)$ 线性组合. 如果我们对这些系数的原假设是没有通过平稳性检验, 那我们就能拒绝原假设并说明这个集是协整的. 这可能会造成假设检验中的第二类错误 (即弃真, 原来正确的错误却被拒绝了), 因为我们无法对所有的系数组合进行详尽的测试. 然而, 第二类错误在这里通常是可以接受的, 因为它不会让我们做错误的预测.

实际上, 对于一组序列, 通常我们会使用线性回归来估计下面的模型中的 β:

$$X_2 = \alpha + \beta X_1 + \varepsilon. \tag{11.6}$$

如果这两个序列是协整的, 就能去掉关联在 X_2 上的 X_1, 只留下平稳噪声, 那么这个组合

$$X_2 - \beta X_1 = \alpha + \varepsilon \tag{11.7}$$

就是平稳的.

11.3.6 示例

我们用实际数据来看看, 获取价格并画图 11.13.

```
回测函数
clear all;
clc;
begintime = 20120401;    %起止时间段
endtime = 20130401;
codes = {'000008','000009'};
for i = 1 :length(codes)
targetList(i).Code =codes{i};
targetList(i).Market = 'szse';
end
Freq = 1;
% len = 1 : 255;
AccountList(1) = {'StockBackReplay'};
traderRunBacktestV2('fig4',@fig4,{Freq,begintime,endtime},
AccountList,targetList,'day',Freq,begintime,endtime,'FWard');

策略函数
function fig4(bInit,bDayBegin,cellPar)%
global g_idxK;           % 获取的注册数据index
global numbers;
global Tdays;
global tlens;
global money;
Freq =cellPar{1};        %回测频率
```

```
begintime = cellPar{2};    %开始时间
endtime = cellPar{3};      %结束时间
if bInit
g_idxK = traderRegKData('day',Freq);  %注册数据，获得index
numbers = 0;
Days = traderGetTradingDays(begintime,endtime);   %交易时间段
tlens = length(Days);
else
if numbers < tlens-1
numbers = numbers + 1;
return
end
begindatas = traderGetRegKData(g_idxK,tlens,false);
close1 = begindatas(5,:);
close2 = begindatas(13,:);
lens = length(close1);
plot(close1);
hold on
plot(close2);
xlabel('Time')
ylabel('Series Value')
legend('X1','X2');
end
end
```

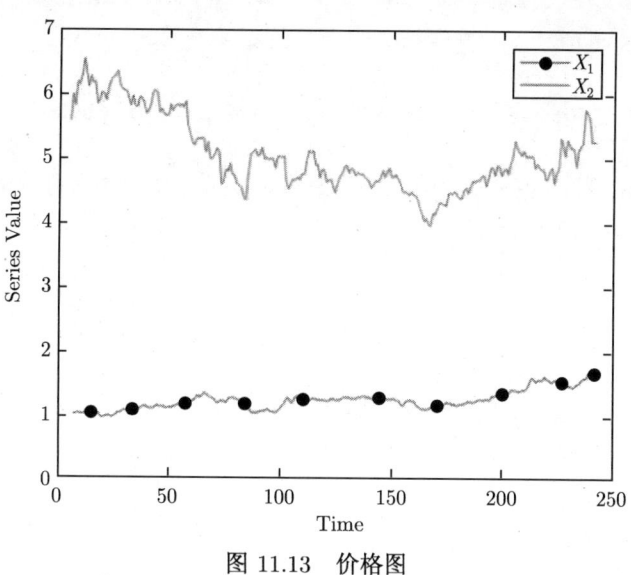

图 11.13 价格图

现在用线性回归来计算 β,

回测函数

```matlab
lear all;
clc;
begintime = 20120401;    %起止时间段
endtime = 20130401;
codes = {'000008','000009'};
for i = 1 :length(codes)
targetList(i).Code =codes{i};
targetList(i).Market = 'szse';
end
Freq = 1;
% len = 1 : 255;
AccountList(1) = {'StockBackReplay'};
traderRunBacktestV2('fig4',@fig4,{Freq,begintime,endtime},
AccountList,targetList,'day',Freq,begintime,endtime,'FWard');
```

策略函数

```matlab
function fig4(bInit,bDayBegin,cellPar)%
global g_idxK;           %获取的注册数据index
global numbers;
global Tdays;
global tlens;
global money;
Freq =cellPar{1};        %回测频率
begintime = cellPar{2};  %开始时间
endtime = cellPar{3};    %结束时间
if bInit
g_idxK = traderRegKData('day',Freq);    %注册数据,获得index
numbers = 0;
Days = traderGetTradingDays(begintime,endtime);  %交易时间段
tlens = length(Days);
else
if numbers < tlens-1
numbers = numbers + 1;
return
end
begindatas = traderGetRegKData(g_idxK,tlens,false);
close1 = begindatas(5,:)';
x2 = begindatas(13,:)';
close1 = close1(8:end);
x2 = x2(8:end);
lens = length(close1);
```

```
x1 = ones(lens,1);
x1 = [x1,close1];
[b,bint,r,rint,stats] = regress(x2,x1,0.05);
z = x2 - b(1)
plot(z)
xlabel('Time')
ylabel('Series Value')
legend('z');
[h,pValueA,~,~,~] = adftest(z);
if pValueA < 0.01
disp(['pvalue = ',num2str(pValueA),' The series Z is
likely stationary.'])
else
disp(['pvalue = ',num2str(pValueA),' The series Z is
likely non-stationary.'])
end
end
end
```

pvalue = 0.11073.

The series Z is likely non-stationary.

结果如图 11.14 所示.

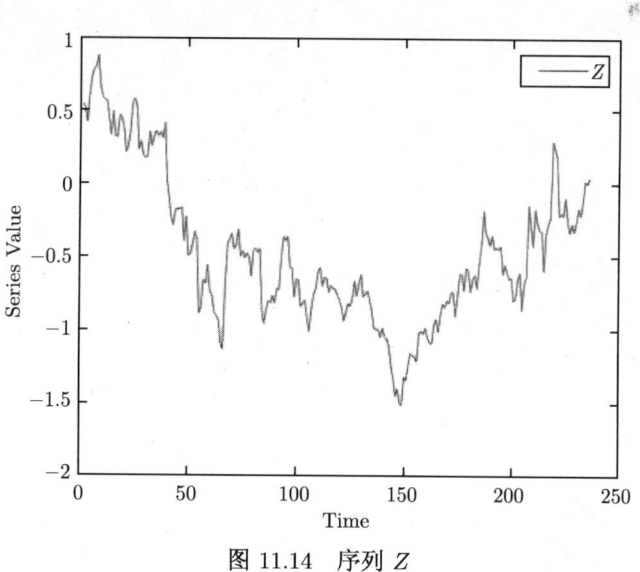

图 11.14　序列 Z

在观察的时间段内, 很可能是平稳的, 所以接受两个资产在相同时期内是协整的假设.

11.4 总　　结

　　记住，我们不能轻易去做假设，因为一些资产组合从过去来看已经通过了协整的检验，它们会继续保持协整．对于任何一个模型，我们需要用不同的验证方法去证明一致性．

　　在金融市场中最经常做的是许多独立的假设．一个量化交易员会发现他们假设的多个资产组合是协整的，并将钱平均分配到他们的假设上，这只需要超过一半的资产组合在策略中保持协整．

CHAPTER 12
第 12 章　违背回归模型

在使用回归模型拟合数据的时候, 我们必须检查是否满足回归分析的假设, 这关系到参数拟合的准确性. 我们希望拟合的参数具有以下性质:
- 无偏性 (unbiased): 参数的期望值等于真实值.
- 一致性 (consistent): 随着样本数量的增加, 参数收敛于真实值.
- 有效性 (efficient): 方差最小.

接下来, 我们探讨这些假设可能被违背的方式以及违背之后可能对回归模型产生的影响. 为了简化讨论, 我们都采用单变量回归模型, 读者可以依此类推用于其他模型. 此外, 我们假设模型选择正确, 即模型的函数形式选择正确, 关于模型选择不正确的部分, 我们在其他章节中有涉及.

12.1　残　　差

在建模过程中, 除了关注模型的构建, 我们也能从残差 (residual) 中获取很多的有效信息. 即使模型非常复杂 (导致不能对模型具体分析), 但是只要模型能给出预测值, 通过预测值和真实值的比较, 我们就可以计算残差, 最后进行统计测试. 如果残差的值不符合一个模型给定的分布 (通常是正态分布, 但也可能是其他形式, 依赖于具体模型), 那么我们就知道建模过程中可能出错了, 需要调整我们预测的模型.

12.1.1　非正态分布的残差

如果残差项不符合正态分布, 那么对于统计显著性的检验就会偏离. 幸运的是, 中心极限定理告诉我们 (central limit theorem, 以下用 CLT 代替), 对于足够大的样本, 即使残差项不是正态分布, 数据本身分布也将会趋于正态分布, 因此, 对于大量数据, 我们的分析仍然成立.

12.1.2　Jarque-Bera 检验

检验残差正态性的一个很好的方法是 Jarque-Bera 测试, 我们采用 MATLAB 内置函数 jbtest 来进行, 请看以下示例:

```
residual1 = randn(100,1);
residual2 = poissrnd(1,100,1);
```

```
[~,pvalue1] = jbtest(residual1);
[~,pvalue2] = jbtest(residual2);
```

在这段代码中,我们分别产生 100 个正态分布和泊松分布的序列,进行 Jarque-Bera 检验,得到的 p 值如下:

```
pvalue1 = 0.2303
pvalue2 = 0.0086
```

结果显示,正态分布的残差在 Jarque-Bera 显著性水平为 0.05 时,p 值为 0.2303,泊松分布的 p 值为 0.0086,因此我们可以接受第一组残差是正态分布的假设,而拒绝第二组残差是正态分布的假设. 由于样本量较小,每次运行的结果偏差较大,一般来说,Jarque-Bera 检验应用于样本量较大的情形 ($\geqslant 2000$),此处仅仅起到示例作用.

12.2 异 方 差

异方差 (heteroscedasticity) 指对于一组随机变量,不同的子集间具有不同的方差,直观来说,它们的方差会随着样本观察而变化. 对于时间序列来说,即可在时间轴上观察到不同的方差. 接下来通过构造两组数据来进行对比,直观地感受一下. 我们给第一组数据加上 5 倍标准正态分布的方差,而第二组数据中,随着 x 的增大,其噪声也随之增大,代码如下:

```
m = 100;  %样本数量
x = linspace(1,m);x = x';
y1 = x + 5 * randn(m,1);      %在数据中添加噪声
y2 = x + 0.2*randn(m,1).*x; %添加第二种噪声
%回归分析
X = [ones(m,1) x];
[coeff1,~,~] = regress(y1,X);
[coeff2,~,~] = regress(y2,X);
%作图,数据可视化
figure();
scatter(x,y1);
y1Fit = coeff1(1) + coeff1(2)*x;
hold on;
plot(x,y1Fit,'r-');
hold off;
figure();
scatter(x,y2);
y2Fit = coeff2(1) + coeff2(2)*x;
hold on;
plot(x,y2Fit,'r');
hold off;
%给出线性回归结果
```

```
lm1 = fitlm(x,y1)
lm2 = fitlm(x,y2)
```

结果如图 12.1 所示.

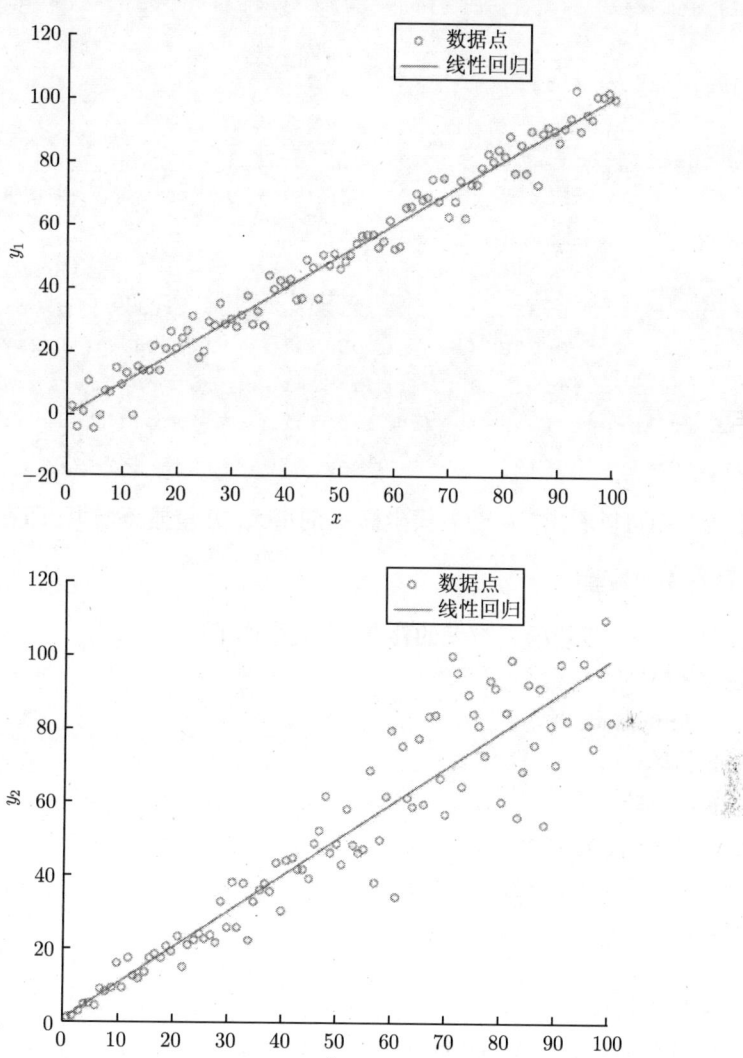

图 12.1 稳定方差与异方差对比

线性回归得到的结果如下:

```
Linear regression model:
    y~1 +x1
Estimated Coefficients:
                    Estimate        SE          tStat        pValue
                    --------     -------     -------     ----------
    (Intercept)     0.14432       0.991       0.14563      0.88451
```

```
              x1             0.98696          0.01691          58.367        6.2147e-78
Number of observations: 100, Error degrees of freedom: 98 Root
Mean Squared Error: 4.88 R-squared: 0.972,  Adjusted R-Squared
0.972 F-statistic vs. constant model: 3.41e+03, p-value = 6.21e-78

Linear regression model:
    y~1 +x1
Estimated Coefficients:
                    Estimate         SE            tStat         pValue
                    --------        --------       ------        ----------

    (Intercept)     9.3598          2.2232         4.2101        5.6673e-05
         x1         0.7989          0.036367       21.968        1.2178e-39
Number of observations: 100, Error degrees of freedom: 98 Root
Mean Squared Error: 12 R-squared: 0.831,  Adjusted R-Squared 0.829
F-statistic vs. constant model: 483, pvalue = 1.22e-39
```

从图 12.1 中可以看出, y_2 随着横坐标 x 的增大, 方差显著增大, 即存在异方差现象.

12.2.1 异方差的检验

有许多种方法可以检验异方差的存在性, 列举如下:
- Levene 检验
- Goldfild-Quandt 检验
- Park 检验
- Glejser 检验
- Brown-Forsythe 检验
- Harrison-McCabe 检验
- Breusch-Pagan 检验
- White 检验
- Cook-Weisberg 检验

在这里, 我们主要介绍 Breusch-Pagan 检验. Breusch-Pagan 检验是由 Trevor Breusch 和 Adrian Pagan 在 1979 年发表的, 应用于线性模型的检验异方差的方法.

12.2.2 用 MATLAB 实现 Breusch-Pagan 和 White 检验的 MATLAB 检验

```
function pVal = TestHet(Res, X, Whichtest, Yhat)
% TESTHET Tests wether heteroskedasticity affects data.
  Need 'regstats' and 'chi2cdf' (Stat TB).
%
%    PVAL = TESTHET(RES, X, WHICHTEST, YHAT)
%    Inputs:
%    - Res: residuals obtained by regressing Y on x1, x2 etc...
```

```
(1) It can be a numeric 'n-by-1' vector or a 'n-by-p' matrix with 'p' residuals obtained from different regressions.
The # of obs. is 'n'.
%    - X: predictors suspected of causing heteroskedasticity. Not necessarily all those in (1). Same format as
%         Res.
%    - Whichtest: test chosen in format string.
%        a. Breush-Pagan, Koenker modification    -->  -BPK   (Breush-Pagan 1979; Koenker 1981)
%        b. White                                 -->  -W    (White 1980b)
%        c. White, Wooldridge special case        -->  -Ws   (White 1980b; Wooldridge 2006, p.286)
%    [OPTIONAL]
%    - Yhat: only for '-Ws' test. Fitted values from (1). Same format as Res.
%    Output:
%    A '1-by-p' array with pvalues.
%    EXAMPLE:
%    1. Regress Y on x1, x2 --> regstats(Y, [x1 x2], 'linear', {'r', 'yhat'})
%    2. Test with -Ws:
%                TestHet(r,[x1, x2], '-Ws', yhat)
% See also REGSTATS, CHI2CDF, X2FX
% Author: Oleg Komarov (oleg.komarov@hotmail.it)
% Date: 11/07/2009 vers. 1.00 - Last modified: --
% For general econometric reference:
% [1] Greene, W.H. (2003-5th ed.) Econometric Analysis. Prentice Hall.
% [2] Wooldridge, J.M. (2006-3rd ed.). Introductory Econometrics: A Modern Approach. Thomson-South West.
% [3] Kennedy, P. (2008-6th ed.). A Guide to Econometrics. Blackwell Publishing.
% --------------------------
% CHECK part
% --------------------------
% Ninputs
error(nargchk(3,4,nargin))
% Yhat (for White simpified case)
if strcmp(Whichtest, '-Ws')
```

```matlab
    if nargin == 3
        error('TestHet:YhatMissing','Can''t perform -
        Ws test without Yhat.')
    end
elseif nargin == 4;
    warning('TestHet:InpOverSpec', 'Performing -W test.
    Yhat not required.')
else
    Yhat = ones(size(Res,1)); % for check purposes
end
% Numeric format
if ~isnumeric(X) || ~isnumeric(Res) || ~isnumeric(Yhat)
    error('TestHet:NumericFormat', 'Res, X and Yhat
    (if specified) must be numeric.')
end
% Whichtest
if ischar(Whichtest)
    if all(~strcmp(Whichtest, {'-BPK','-W','-Ws'}))
        error('TestHet:WhichtestNotAllowed','Whichtest:
        choose among those allowed.')
    end
else
    error('TestHet:WhichtestNotString',
    'Whichtest must be a string.')
end
% Nobservations
if any(diff(cellfun(@(x) size(x,1), {Res,X,Yhat})))
    error('TestHet:NumberObservations','Res, X and Yhat
    (if specified must have the same number
    of observations')
end


% ------------------------------
% ENGINE part
% ------------------------------

% STEP1: inputs manipulation
% ------------------------------
Res2 = Res.^2;
% Squared residuals
if nargin == 4;
```

第 12 章 违背回归模型

```matlab
        Yhat2 = Yhat.^2;
    % Squared Yhat (for -Ws test only)
end
Nseries = size(Res,2);
% # of series to test
pVal = NaN(1,Nseries);
% Preallocation

% STEP2: settings
%----------------
model = 'linear'; Regressors = X;
% Default settings

switch Whichtest
% Specific settings
    % [-BPK] Breush-Pagan
    case '-BPK'
        df = size(X,2); % degrees of freedom
    % [-WH] White
    case '-W'
        model = 'quadratic';
        % For degrees of freedom don't take the "constant".
        % Reference on the interaction form : 'x2fx'.
        df = size(X,2)*2 + max(cumsum(1:size(X,2))) - size(X,2);
    % [-Ws] White special case
    case '-Ws'
        % Degrees of freedom fixed; the terms are always
        Yhat and Yhat^2.
        df = 2;
end

% STEP 3: p-values
% ----------------
% [1] LOOP for Nseries
for s = 1:Nseries
    % [2a] CONDITION if Ws test, 'Regressors' are
    combined matrixes
    if strcmpi(Whichtest, '-Ws'); Regressors = [Yhat(:,s),
    Yhat2(:,s)]; end; %[2a]
    % [2b] CONDITION Regressors+1 must be < Nobserv
    if df+1 < sum(~isnan(any(Regressors,2)+ Res2(:,s)))
        % 1. R^2res^2: res^2 on the regression terms
```

```
            Temp = regstats(Res2(:,s), Regressors, model,
            {'rsquare'});
            % 2. pVal = 1-cdf(LM statistic, df) from a Chi^2
            distribution.
            %   Where LM statistic = R^2res^2 * #obs
            pVal(1,s) = 1-chi2cdf(Temp.rsquare*nnz(~isnan
            (Res2(:,s))),df);
        end % [2b]

end % [1]

end
```

12.2.3 示例

我们用上面实现的函数应用于之前构造的两个序列,通过 p 值来判断是否存在异方差.

```
m = 100; %样本数量
x = linspace(1,m);x = x';
y1 = x + 5 * randn(m,1); %在数据中添加噪声
y2 = x + 0.2*randn(m,1).*x; %添加第二种噪声
%回归分析
X = [ones(m,1) x];
[coeff1,~,~] = regress(y1,X);
[coeff2,~,~] = regress(y2,X);
%作图,数据可视化
figure();
scatter(x,y1);
y1Fit = coeff1(1) + coeff1(2)*x;
hold on;
plot(x,y1Fit,'r'-);
hold off;
figure();
scatter(x,y2);
y2Fit = coeff2(1) + coeff2(2)*x;
hold on;
plot(x,y2Fit,'r');
hold off; %给出线性回归结果
lm1 = fitlm(x,y1);
lm2 = fitlm(x,y2);
pVal1 = TestHet(y1Fit - y1, x, '-BPK', y1Fit)
pVal2 = TestHet(y2Fit - y2, x, '-BPK', y2Fit)
```

得到的 p 值如下:

```
pVal = 0.4907
pVal = 7.4e-6
```

12.2.4 异方差的解决方案

解决异方差的常用方法有以下三种:
- 采用对数数据: 非对数的数据在随着数据指数增长时通常表现出逐渐增大的方差 (其背后的原因是我们采用的 MLE 通常是最小二乘法估计量, 其通常是样本均值, 而估计量的样本分布通常是 Cauchy 分布, 而 Cauchy 分布没有方差, 导致估计量的方差不能收敛到一个固定的值).
- 采用新模型: 例如采取对于自变量 x 的非线性组合.
- 采用加权最小二乘法.

12.3 残差的序列相关性

一个常见且严重的错误是残差项之间有序列相关性 (serial correlation), 即在整个时间序列中, 残差可能和之前的残差项相关 (又称为自回归). 在具有周期性变化的时间序列中经常会出现这种现象. 当其中一个独立变量依赖于之前的某一个变量时, 例如: 由于周期性和之前一个变量相等, 或者是不正确的模型导致自回归, 对于相关系数的估计就不具有一致性, 因而无效. 或者, 参数估计有效但统计量则会偏离. 例如, 如果相关系数为正, t 检验和 F 检验的值就会暴涨. 如果异方差存在, 我们就可以采用 Durbin-Watson 检验.

12.3.1 Durbin-Watson 检验

Durbin-Watson 检验是一种检测自回归的方法. 如果 e_t 是 t 时刻对应观察量的残差, 对应的检验统计量为

$$d = \frac{\sum_{t=2}^{T}(e_t - e_{t-1})^2}{\sum_{t=1}^{T} e_t^2}, \tag{12.1}$$

其中 T 是观察到的样本容量. 当样本容量很大的时候, Durbin-Watson 检验统计量和 Pearson 系数之间存在线性映射. 注意到 d 约等于 $2(1-r)$, 其中 r 是残差的自回归系数, 因此, d 的取值范围为 1 至 4, $d = 2$ 表示不存在自回归.

具体有以下两种检测自回归的方法:

1. 正自相关性

给定显著性水平 α, 可以计算出上下临界值 $d_{L,\alpha}$ 和 $d_{U,\alpha}$, 得到以下结论:
- $d < d_{L,\alpha}$: 统计显著地表现出正自相关.
- $d > d_{U,\alpha}$: 没有表现出统计显著的正自相关性.
- $d_{L,\alpha} < d < d_{U,\alpha}$: 检验未给出有效结果.

2. 负自相关性

相似地，检测负自相关性时，我们采用的检验统计量为 $4-d$，同样根据显著性水平 α 来确定上下临界值 $d_{L,\alpha}$ 和 $d_{U,\alpha}$，得到以下结论：

- $4-d < d_{L,\alpha}$：统计显著地表现出负自相关。
- $4-d > d_{U,\alpha}$：没有表现出统计显著的负自相关性。
- $d_{L,\alpha} < 4-d < d_{U,\alpha}$：检验未给出有效结果。

需要注意的是，临界值 $d_{L,\alpha}$ 和 $d_{U,\alpha}$ 依赖于显著性水平 α、样本量以及回归方程中回归量的数量，其推导过于复杂，超出本书的范畴。在实际应用中，可以直接采用 MATLAB 中的 dwtest 函数来进行自相关性的检验。

12.3.2 序列相关性示例

我们采用工商银行一年的收盘价，用 dwtest 函数检测线性回归残差之间的相关性，代码如下：

```
[~,~,~,~, close,~,~,~] =traderGetKData('SSE','601398','day',...
1, 20160101, 20170101,false, 'FWard');
x =(1:length(close))';
X = [ones(length(close),1) x];
lm = fitlm(x,close) coeff = regress(close,X);
closeFit = coeff(1) + coeff(2)*x;
scatter(x,close) hold on;
plot(x,closeFit,'r');
hold off;
%计算残差 residual = closeFit - close;
[pvalue,d] = dwtest(residual, X)
```

运行后 Durbin-Watson 检验给出的结果为

```
Linear regression model: y~1 +x1
Estimated Coefficients: Estimate SE tStat pValue
-------- ---------- ------ -----------
(Intercept) 3.9096 0.013265 294.72 2.5583e-311
x1 0.002662 9.3877e-05 28.356 6.954e-79
Number of observations: 244, Error degrees of freedom: 242
Root Mean Squared Error: 0.103
R-squared: 0.769, Adjusted R-Squared 0.768
F-statistic vs. constant model: 804, p-value = 6.95e-79
pvalue =
1.6039e-118
d =
0.1201
```

12.4 Newey-West

Newey-West 是一种考虑了自回归的计算方差的方法. 在简单的方差计算中, 自回归的存在会导致偏差. 我们可以尝试改变回归方程来消除序列回归现象, 一个简单的方法就是通过合适的方式来矫正标准差, 并且用矫正后的方差值来判断显著性.

12.4.1 仅考虑异方差 Newey-West 估计量

在做线性回归时, 对于不存在异方差的数据, 我们有

$$E[e_i^2] = \sigma^2, \quad E[e_i e_j] = 0, \quad \forall i \neq j. \tag{12.2}$$

即我们假设独立并且具有齐方差 (homoscedasticity) 的数据, 在此假设下, 回归系数 β 的方差为

$$\begin{aligned}\operatorname{Var}(\hat{\beta}|X) &= \operatorname{Var}(\hat{\beta} - \beta|X) \\ &= \operatorname{Var}((X^{\mathrm{T}}X)^{-1}X^{\mathrm{T}}\varepsilon|X) \\ &= (X^{\mathrm{T}}X)^{-1}X^{\mathrm{T}}\operatorname{Var}(\varepsilon|X)X(X^{\mathrm{T}}X)^{-1}.\end{aligned} \tag{12.3}$$

此外, 我们在此假设下有

$$\operatorname{Var}(\varepsilon|X) = \sigma^2 I. \tag{12.4}$$

因此

$$\operatorname{Var}(\hat{\beta}|X) = \sigma^2 (X^{\mathrm{T}}X)^{-1}. \tag{12.5}$$

但对于存在异方差的数据, 我们只有

$$\begin{aligned}\operatorname{Var}(\hat{\beta}|X) &= \operatorname{Var}(\hat{\beta} - \beta|X) \\ &= \operatorname{Var}((X^{\mathrm{T}}X)^{-1}X^{\mathrm{T}}\varepsilon|X) \\ &= (X^{\mathrm{T}}X)^{-1}\operatorname{Var}(X^{\mathrm{T}}\varepsilon|X)(X^{\mathrm{T}}X)^{-1}.\end{aligned} \tag{12.6}$$

在这里, 采用不同的方法来处理 $\operatorname{Var}(X^{\mathrm{T}}\varepsilon|X)$, 由于我们认为残差项有异方差存在, 但仍然保持变量的独立性, 因此有

$$\hat{\operatorname{Var}}(X^{\mathrm{T}}\varepsilon|X) = \sum_{i=1}^{n} \hat{\varepsilon}_i^2 \prod x_i x_i^{\mathrm{T}}. \tag{12.7}$$

对于回归系数 β 的方差的估计则变成

$$\hat{\operatorname{Var}}(\hat{\beta}|X) = (X^{\mathrm{T}}X)^{-1} \left(\sum_{i=1}^{n} \hat{\varepsilon}_i^2 \dot{x}_i x_i^{\mathrm{T}} \right) (X^{\mathrm{T}}X)^{-1}. \tag{12.8}$$

12.4.2 考虑残差之间的相关性和异方差的 Newey-West 估计

如果同时怀疑残差之间的相关性, 就要对 $\hat{\operatorname{Var}}(X^{\mathrm{T}}\varepsilon|X)$ 进一步修正:

$$\hat{\operatorname{Var}}(X^{\mathrm{T}}\varepsilon|X) = \sum_{j=-k}^{k} \frac{k-|j|}{k} \left(\sum_{t=1}^{n} \hat{\varepsilon}_i \hat{\varepsilon}_{i+j} \prod x_i x_{i+j}^{\mathrm{T}} \right). \tag{12.9}$$

12.5 多重共线性

在回归时如果具有多个独立变量,则需要检查变量之间的关系,即检查变量与变量之间的线性关系.如果模型中存在多重共线性,即变量之间存在线性相关关系时,我们很难从模型中提取出单个变量对于预测变量的影响程度,导致得到的 β 系数不准确,并且严重影响分析结果.

独立变量之间高度的线性相关性则表示多重共线性的存在.此外,我们还需要判断一个变量和其他变量之间的线性组合关系.通常来说,R^2 很大而 t 统计量很小,我们就会怀疑有多重共线性.为了解决这个问题,我们可以去掉线性关系中的一个独立变量.

例如,采用两个股票指数极易导致多重共线性,在以下的例子中,我们可以看到移除其中一个变量能够有效提升 t 统计量并且不会显著改变 R^2,请看以下代码.

```
% 分读取工商银行,沪深300指数和中证500指数2016年的日收盘数据
[~,~,~,~, close1,~,~,~]=traderGetKData('SSE','601398','day',...
1,20160101,20170101,true,'FWard');
[~,~,~,~, close2,~,~,~]=traderGetKData('SSE','000300','day',...
1,20160101,20170101,true,'FWard');
[~,~,~,~, close3,~,~,~]=traderGetKData('SSE','000905','day',...
1,20160101,20170101,true,'FWard');
x1 = [ones(length(close1),1) close2 close3];
y = close1;
[coeff1,~,~,~,~] = regress(y,x1);
lm1 = fitlm(x1,y)
yFit1 = coeff1(1)+coeff1(2)*close2+coeff1(3)*close3;
f1 = figure('Name','Two index'); plot(x,close1,x,yFit1);
f2 = figure('Name','Remove CSI Smallcap 500 index');
x2 = x1(:,1:2); % Remove CSI Smallcap 500 Index
[coeff2,~,~,~,~] = regress(y,x2);
lm2 = fitlm(x2,y)
12
yFit2 = coeff2(1) + coeff2(2)*close2; plot(x,close1,x,yFit2);
```

考虑沪深 300 指数和中证 500 指数的线性模型结果如下:

```
Linear regression model: y ~ 1 + x1 + x2 + x3
Estimated Coefficients: Estimate SE tStat pValue
---------- ---------- -------- ----------
(Intercept) 0 0 NaN NaN x1 0.096029 0.17422 0.5512 0.58201
x2 0.0012799 0.00014369 8.9074 1.3277e-16
x3 1.3488e-06 6.2536e-05 0.021569 0.98281
Number of observations: 244, Error degrees of freedom: 241
Root Mean Squared Error: 0.115
```

```
R-squared: 0.716, Adjusted R-Squared 0.714
F-statistic vs. constant model: 304, p-value = 1.36e-66
```

我们去除掉模型中中证 500 这一变量,再进行线性回归,结果如下:

```
Linear regression model: y ~ 1 + x1 + x2
Estimated Coefficients: Estimate SE tStat pValue
---------- ---------- ------- ----------

(Intercept) 0 0 NaN NaN
x1 0.095047 0.16781 0.56638 0.57166
x2 0.0012828 5.1942e-05 24.698 5.7559e-68
Number of observations: 244, Error degrees of freedom: 242
Root Mean Squared Error: 0.114
R-squared: 0.716, Adjusted R-Squared 0.715
F-statistic vs. constant model: 610, p-value = 4.38e-68
```

结果如图 12.2 所示.

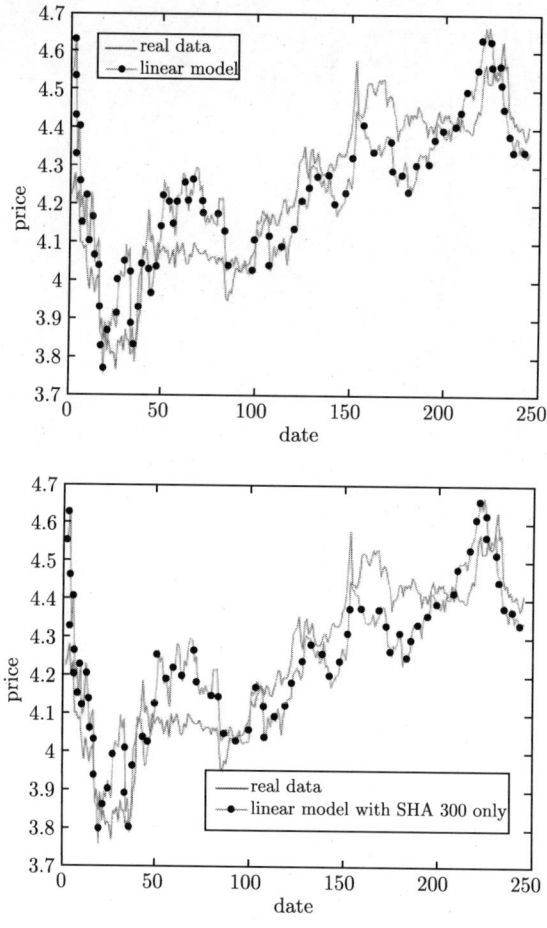

图 12.2 去除多重共线性前后的工商银行价格序列预测

由于 t 统计量是针对线性回归系数的统计量,我们可以看到,去除中证 500 指数后,变量 x_1 和 x_2 的 t 值分别由 0.5512 和 8.9074 提升到 0.56638 和 24.698,而 R^2 仍然是 0.716. 图 12.2 的两张图是关于线性模型预测结果,恰好也验证了这一点,去除掉一个回归变量后,结果并没有发生太大的变化.

如需了解更多关于违背模型假设的系统性内容,请参考文献 (Studenmund, 2006).

第 13 章　Kalman 滤波

现实中存在一种问题, 系统的真实状态是隐藏变量, 不能直接获得, 可以通过观察该状态下某些特征来反估真实状态. Kalman 滤波是一种对动态系统状态的最优估计方法. 即便是观测到的系统状态参数含有噪声、观测值不准确, Kalman 滤波也能够完成对状态真实值的最优估计. 它的核心是预测和测量反馈. 解析示例如下:

- 动态系统指系统的状态在动态变化: 如炼钢炉炉内的温度、平板电脑上指尖触碰屏幕的位置等.
- 观测值指的是某个状态下对某一特征的测量值. 观察值不准确指的是观察值也会有一部分随机的干扰.
- 系统状态噪声, 指的是状态在变化的过程会有随机因素的影响.

13.1　理论基础

13.1.1　方差和标准差

方差和标准差用于衡量序列内各个数据与其均值的偏离程度. 方差的定义

$$D(X) = E[(X_i - \mu)^2] = \sigma^2, \quad \mu = E[x_i]. \tag{13.1}$$

既然有方差来描述变量与均值的偏离程度, 那又用标准差干什么呢?

事实上, 方差与要处理的数据的量纲是不一致的, 虽然能很好地描述数据与均值的偏离程度, 但是处理结果是不符合我们的直观思维的. 举个例子: 一个班级里有 60 个学生, 平均成绩是 70 分, 标准差是 9, 方差是 81, 成绩服从正态分布, 那么我们通过方差不能直观地确定班级学生与均值到底偏离了多少分, 通过标准差我们就很直观地得到学生成绩分布在 [61,79] 范围的概率为 0.6826, 即与图 13.1 中的 34.2%×2 接近.

1. 无偏估计

由于不知道总体的统计参数, 我们需要通过样本, 给出 σ^2 的估计. 设被估计的参数为 θ, 估计值为 $\hat{\theta}$, $E[(\hat{\theta} - \theta)]$ 称为估计偏差. 假定变量 X 的随机期望为 μ 已知, 根据定义 $E[(X_i - \mu)^2] = \sigma^2$, 可知 σ^2 的无偏估计为

$$\hat{\sigma}^2 = \frac{1}{N} \sum_{I=1}^{n} (X_i - \mu)^2. \tag{13.2}$$

注意式中的分母正好是 N, 这个结果符合直觉, 在数学上也是显而易见的.

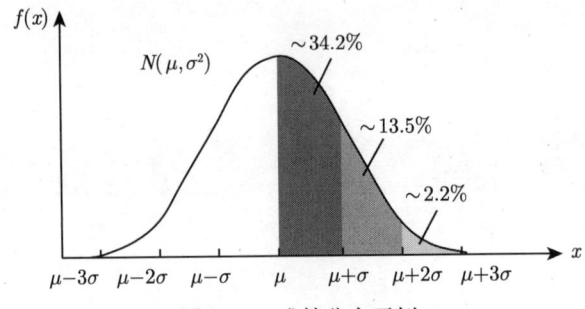

图 13.1 成绩分布示例

现在, 我们考虑随机变量 X 的数学期望 μ 是未知的情形. 这时, 我们会倾向于直接用样本均值 $\overline{X}$ 替换掉上面式子中的 μ. 这样做有什么后果呢? 后果就是, 直接这样替换会低估方差. 这是因为

$$\begin{aligned}
\frac{1}{N}\sum_{i=1}^{N}(X_i - \overline{X})^2 &= \frac{1}{N}\sum_{i=1}^{N}[(X_i - \mu) + (\mu - \overline{X})]^2 \\
&= \frac{1}{N}\sum_{i=1}^{N}[(X_i - \mu)^2 + 2(X_i - \mu)(\mu - \overline{X}) + (\mu - \overline{X})^2] \\
&= \frac{1}{N}\sum_{i=1}^{N}[(X_i - \mu)^2 + 2(\overline{X} - \mu)(\mu - \overline{X}) + (\mu - \overline{X})^2] \\
&= \frac{1}{N}\sum_{i=1}^{N}[(X_i - \mu)^2 - (\mu - \overline{X})^2].
\end{aligned} \tag{13.3}$$

换言之, 除非每次抽样中 $\overline{X}$ 都能恰好和 μ 相同, 否则一定有

$$E\left[\frac{1}{N}\sum_{i=1}^{N}(X_i - \overline{X})^2\right] < E\left[\frac{1}{N}\sum_{i=1}^{N}[(X_i - \mu)^2]\right] - \sigma^2, \tag{13.4}$$

即存在偏差. 因此, 我们不能直接替换式 (13.2) 得到无偏估计. 而令 $E[(\mu - \overline{X})^2] = D(\overline{X}) = D\left(\frac{1}{N}\sum_{i=1}^{N}X_i\right) = \frac{1}{N^2}\sum_{i=1}^{N}D(X_i) = \frac{\sigma^2}{N}$, σ^2 真实的无偏估计可以简单被证明为

$$\hat{\sigma}^2 = \frac{1}{N-1}\sum_{i=1}^{N}(X_i - \overline{X})^2. \tag{13.5}$$

2. 极大似然估计

那么什么时候我们采取 $\frac{1}{N}\sum_{i=1}^{N}(X_i - \overline{X})^2$ 作为估计呢? 在某些情况下, 通过极大似然估计便会得到这样的一个估计值.

极大似然估计就是求极大似然函数最大值. 它的意义简单的说, 就是在某种分布假设和参数选择下, 样本内所有数据一起出现的联合概率最大, 即极大似然估计参数满足

$$\text{lik}(\theta) = f_D(X_1, X_2, \cdots, X_N|\theta), \quad \partial_\theta \text{lik}(\theta) = 0. \tag{13.6}$$

第 13 章 Kalman 滤波

例如，在高斯分布的假设下，极大似然函数为

$$\text{lik}(\mu,\sigma) = \left(\frac{1}{2\pi\sigma^2}\right)^{N/2} \exp\left(-\frac{\sum_{i=1}^{N}(X_i-\mu)^2}{2\sigma^2}\right)$$

$$= \left(\frac{1}{2\pi\sigma^2}\right)^{N/2} \exp\left(-\frac{\sum_{i=1}^{N}[(X_i-\overline{X})^2 + n(\overline{X}-\mu)^2]}{2\sigma^2}\right). \tag{13.7}$$

利用 $\partial_\mu \text{lik}(\mu,\sigma)=0$，$\partial_\sigma \text{lik}(\mu,\sigma)=0$，得到高斯分布的假设下极大似然估计为

$$\hat{\mu} = \frac{\sum_{i=1}^{N} X_i}{N}, \quad \hat{\sigma}^2 = \frac{\sum_i (X_i - \hat{\mu})^2}{N}. \tag{13.8}$$

3. MATLAB 实现：std 函数

设 x 为一维数组，MATLAB 提供了 std 函数用于计算标准差，其中

$$\text{std}(x) = \text{std}(x,0) = \sqrt{\frac{\sum_{i=1}^{N}(x_i-\overline{x})^2}{N-1}}. \tag{13.9}$$

$$\text{std}(x,1) = \sqrt{\frac{\sum_{i=1}^{N}(x_i-\overline{x})^2}{N}}. \tag{13.10}$$

如果 x 是一个多维数组，则 $\text{std}(x)$ 会沿大小不等于 1 的第一个数组维度计算，并将这些元素视为矢量。

```
>> x = rand(100000,2);
>> std(x) %
ans =
    1.0005    0.9999
```

13.1.2 协方差和相关系数

两个变量在变化过程中是同方向变化，还是反方向变化？同向或反向程度如何？这时便需要计算协方差和相关系数。

协方差为

$$\text{Cov}(X,Y) = E[(X-\mu)(Y-v)]. \tag{13.11}$$

相关系数为

$$\rho(X,Y) = \frac{\text{Cov}(X,Y)}{\sigma_X \sigma_Y}. \tag{13.12}$$

对于协方差和相关系数, 其形象的理解有

- 如果把 (X,Y) 看作一个二维平面坐标, 协方差的几何含义是一个变量在另一个变量上的投影.
- 相关系数可以看作去量纲归一化后的协方差, 反映了两个向量在方向上的重叠度.
- 协方差是一个对称矩阵, 协方差特征值越大, 那么在其特征向量方向, 数据越集中.

1. 多元正态分布

对于 $X = [x_1, x_2, \cdots, x_d]^\mathrm{T}$, 其满足多元高斯分布函数

$$P(X) = \frac{1}{(2\pi)^{d/2}|\Sigma|^{1/2}} \exp\left[-\frac{1}{2}(X-\mu)^\mathrm{T}\Sigma^{-1}(X-\mu)\right]. \tag{13.13}$$

容易证明

$$\mu = E[X], \quad \Sigma = E[(X-\mu)(X-\mu)^\mathrm{T}]. \tag{13.14}$$

为了更深刻地理解协方差和相关系数及其具体的应用, 我们举例来说明: 假设 $X = [x_1, x_2]$, $\mu = [0, 0]$, 而协方差矩阵分别为

1. $\Sigma = [1.9; 0.91]$, 最大特征值 1.9, 对应特征向量 $[1, 1]$; 而从图 13.2 中可以看到数据集中在 [1,1] 上, 且数据取值更集中.

2. $\Sigma = [1.9; 0.91]$, 最大特征值 1.9, 对应特征向量 $[-1, 1]$.

3. $\Sigma = [1.5; 0.51]$, 最大特征值 1.5, 对应特征向量 $[-1, 1]$; 但最大特征值较小, 数据集中程度下降.

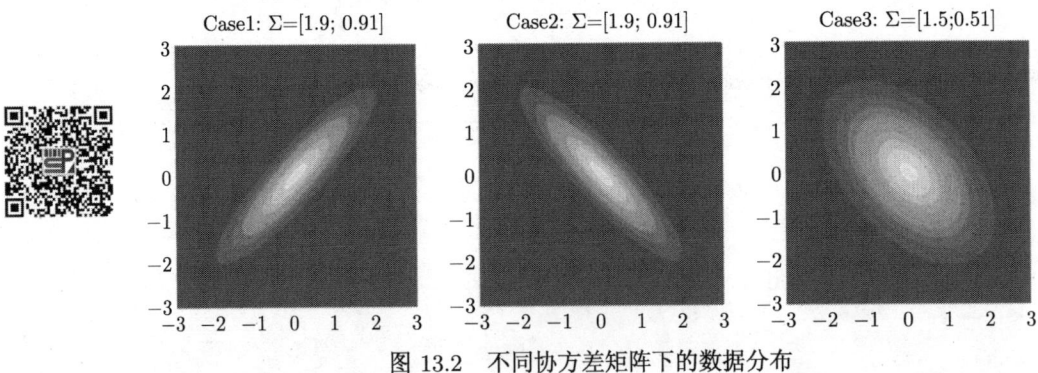

图 13.2 不同协方差矩阵下的数据分布

2. MATLAB 实现

```
mu = [0 0]; Sigma = [1 0.9; 0.9 1];
[X1,X2] = meshgrid(linspace(-3,3,125)', linspace(-3,3,125)');
X = [X1(:) X2(:)];
p = mvnpdf(X, mu, Sigma);
subplot(1,3,1)
contourf(X1,X2,reshape(p,125,125),'LineStyle','none');
title('Case1: \Sigma =  [1 0.9; 0.9 1]')
```

```
mu = [0 0]; Sigma = [1 -0.9; -0.9 1];
[X1,X2] = meshgrid(linspace(-3,3,125)', linspace(-3,3,125)');
X = [X1(:) X2(:)];
p = mvnpdf(X, mu, Sigma);
subplot(1,3,2)
contourf(X1,X2,reshape(p,125,125),'LineStyle','none');
title('Case2: \Sigma =   [1 -0.9; -0.9 1]')

mu = [0 0]; Sigma = [1 -0.5; -0.5 1];
[X1,X2] = meshgrid(linspace(-3,3,125)', linspace(-3,3,125)');
X = [X1(:) X2(:)];
p = mvnpdf(X, mu, Sigma);
subplot(1,3,3)
contourf(X1,X2,reshape(p,125,125),'LineStyle','none');
title('Case3: \Sigma =   [1 -0.5; -0.5 1]')
```

13.1.3 均方差

设 $\mathcal{F} = \{p(x;\theta) : \theta \in \Theta\}$ 是参数分布簇, $g(\theta)$ 是待估参数. 我们在实际应用中, 常常需要从 $p(x;\theta)$ 的一个样本中, 按照某种特性 (如无偏特性), 寻找出对 $g(\theta)$ 的一个估计. 设样本为 $\tilde{X} = (X_1, X_2, X_3, \cdots, X_n)$, $\hat{g} = \hat{g}(\tilde{X})$ 是 $g(\theta)$ 的估计, 称

$$\text{MSE} = E_\theta(\hat{g}(\tilde{X}) - g(\theta))^2 = \text{Var}(\hat{g}(\tilde{X})) + (\text{bias}(\hat{g}(\tilde{X})))^2 \tag{13.15}$$

为 $\hat{g}$ 的均方误差. 其中, $\text{bar}(\hat{g}(\tilde{X})) = E(\hat{g}(\tilde{X})) - g(\theta)$, 称为偏差.

实际上, 只在均方差意义下不存在最优估计. 直接等于实际参数的估计是均方差为 0 的估计, 即仅考虑均方差的最优估计. 但样本数量有限且任意变化时, 信息不能每次都被完整反映.

13.2 Kalman 滤波模型

13.2.1 系统模型

Kalman 滤波模型假设 k 时刻的真实状态是从 $k1$ 时刻的状态演化而来, 符合下式:

$$\theta_k = A_k \theta_{k-1} + B_k u_k + w_k, \tag{13.16}$$

其中, A_k 是作用在 θ_{k-1} 上的状态变换模型; B_k 是作用在控制器向量 u_k 上的输入-控制模型; w_k 是过程噪声, 我们假定其符合均值为零, 协方差矩阵为 Q_k 的多元正态分布. 对于参数的估计, θ_k 是待估状态, 不能确定; A_k, B_k, u_k 取决于模型的选择, 也是已知参数.

Kalman 滤波模型解决的是线性系统状态的估计问题, 但是对于复杂的系统我们可以在 $k-1$ 附近泰勒展开保留微小项, 同样可以视作线性系统.

13.2.2 观察模型

观察一些特征与系统状态之间的关系有

$$y_k = x_k^T \theta_k + v_k, \tag{13.17}$$

其中 x_k^T 是观测模型,它把真实状态空间映射成观测空间,v_k 是观测噪声,其服从均值为零的正态分布,协方差矩阵为 R_k.

13.2.3 估计模型

假设在 $k-1$ 时刻,我们对系统状态的最优估计为 θ_{k-1}^+,在我们没有得到其下一时刻特征的观察值时,可以通过系统模型预估下一时刻的状态变量为

$$\theta_k^- = A_k \theta_{k-1}^+ + B_k u_k. \tag{13.18}$$

这样的估计称为先验估计. 在先验估计下, 特征观察值先验估计的取值应为

$$y_k^- = x_k^T \theta_k^-. \tag{13.19}$$

但实际的观察值为 y_k. 然后,我们定义 $y_k - y_k^- = y_k - x_k^T \theta_k^-$ 称为残差,也就是先验预测和实际的观察值之间的差距. Kalman 滤波,是利用残差再来优化先验估计,也就是它的核心: 预测和测量反馈.

在 Kalman 滤波中,会假设最优估计是先验估计和残差的某种线性组合 (注: 在其他滤波的方法中会选取其他的组合方法),即有

$$\begin{aligned} \theta_k^+ &= \theta_k^- + K_k(y_k - x_k^T \theta_k^-) \\ &= (I - K_k x_k^T)\theta_k^- + K_k x_k^T \theta_k + K_k v_k, \end{aligned} \tag{13.20}$$

而对 K_k 的选择方法是利用最小均方差法.

13.2.4 均方差意义下的 K_k 最优选取

下面的计算中选取了一种简单情况, 即不存在外部控制变量.

均方差的表达式为

$$P_k = E[e_k e_k^T] = E[(\theta_k - \theta_k^+)(\theta_k - \theta_k^+)^T], \tag{13.21}$$

其中 θ_k 为真实状态, θ_k^+ 为最优估计状态. 由于

$$\theta_k - \theta_k^+ = (1 - K_k x_k^T)(\theta_k - \theta_k^-) - K_k v_k, \tag{13.22}$$

则

$$\begin{aligned} P_k &= (I - K_k x_k^T)P_k'(1 - K_k x_k^T)^T + K_k E[v_k v_k^T]K_k^T \\ &= (I - K_k x_k^T)P_k'(1 - K_k x_k^T)^T + K_k R_k K_k^T, \end{aligned} \tag{13.23}$$

其中 P'_k 称作先验估计均方差,具体表达式如下:

$$\begin{aligned} P'_k &= E[e'_k e'^{\mathrm{T}}_k] = E[(\theta_k - \theta^-_k)(\theta_k - \theta^-_k)] \\ &= E[(A_k\theta_{k-1} + w_k - A_k\theta^+_{k-1})(A_k\theta_{k-1} + w_k - A_k\theta^+_{k-1})^{\mathrm{T}}] \\ &= E[(A_k\theta_{k-1} - A_k\theta^+_{k-1})(A_k\theta_{k-1} - A_k\theta^+_{k-1})^{\mathrm{T}} + w_k w^{\mathrm{T}}_k] \\ &= A_k P_{k-1} A^{\mathrm{T}}_k + Q_k. \end{aligned} \tag{13.24}$$

要使均方差最小,即要求

$$\frac{\mathrm{d}P_k}{\mathrm{d}K_k} = 0. \tag{13.25}$$

根据矩阵求导法则,$\dfrac{\partial (aX+b)^{\mathrm{T}} c(dX+e)}{\partial X} = a^{\mathrm{T}} c(dX+e) + d^{\mathrm{T}} c^{\mathrm{T}}(aX+b)$,要使 P_k 最小化,即要求

$$K_k = \frac{P'_k x_k}{x^{\mathrm{T}}_k P'_k x_k + R_k}. \tag{13.26}$$

此时均方差的表达式为

$$P_k = (I - K_k x^{\mathrm{T}}_k) P'_k. \tag{13.27}$$

其状态为

$$\theta^+_k = A_k \theta^+_{k-1} + K_k(y_k - x^{\mathrm{T}}_k A_k \theta^+_{k-1}). \tag{13.28}$$

在递推运算中,还需要设定参数 θ^+_0,P_0. 一般的方法是取 θ^+_0 为某一估计值,取 P_0 较大,从而利用转移矩阵使得最开始的估计中,观察值反馈的影响更大.

13.2.5 Q, R 的选择

上面的 Kalman 滤波模型假设了影响过程的噪声服从高斯分布. 而实际问题中,对模型参数的确定依赖于对 Q, R 的选择.

Q, R 的大小本质上是衡量模型误差与测量误差,是反映对模型预测值与测量值的加权. 举例而言,R 固定,Q 越大代表越信任测量值,Q 无穷大代表只用测量值;反之,Q 越小代表越信任模型预测值,Q 为零则是只用模型预测.

为了使 Q, R 的选择更好,一般有两种思路:一是在某些稳定的过程可以假定它是固定的矩阵,通过寻找最优的 Q, R 值使滤波器获得更好的性能,这是调整滤波器参数的主要手段,Q, R 一般是对角阵,且对角线上的值很小,便于快速收敛;二是在自适应 Kalman 滤波 (AKF) 中,Q, R 矩阵是随时间变化的.

13.3 Kalman 滤波与迭代线性回归

13.3.1 动态系统的迭代线性回归

1. 线性回归

线性回归研究的是回归因子 y_i 与回归变量 $x_i = (x_{i1}, x_{i2}, \cdots, x_{ip})^{\mathrm{T}}$ 之间的关系,模型为 $y_i = \sum_j x_{ij} \theta_j + \epsilon_i = x^{\mathrm{T}}_i \theta + \epsilon_i$,其中 θ 的求法为最小化残差平方和

$$V(\theta,t) = \sum_{i=1}^{t}(y_i - x_i^{\mathrm{T}}\theta)^2 = \sum_{i=1}^{t}\epsilon_i^2. \tag{13.29}$$

求最小化残差平方和时，要对 t 时刻之前所有的样本进行线性回归. 设

$$Y_t = (y_1, y_2, \cdots, y_t)^{\mathrm{T}}, \tag{13.30}$$

$$\Phi_t = \begin{pmatrix} x_1^{\mathrm{T}} \\ x_2^{\mathrm{T}} \\ \vdots \\ x_t^{\mathrm{T}} \end{pmatrix}, \tag{13.31}$$

$$P_t = (\Phi_t^{\mathrm{T}}\Phi_t)^{-1} = \left(\sum_i x_i x_i^{\mathrm{T}}\right)^{-1}. \tag{13.32}$$

注意：P_t 是对称矩阵. 此时

$$\begin{aligned}V(\theta,t) &= (Y - \Phi\theta)^{\mathrm{T}}(Y - \Phi\theta) \\ &= Y^{\mathrm{T}}Y - Y^{\mathrm{T}}\Phi\theta - \theta^{\mathrm{T}}\Phi^{\mathrm{T}}Y + \theta^{\mathrm{T}}\Phi^{\mathrm{T}}\Phi\theta \\ &= Y^{\mathrm{T}}Y - Y^{\mathrm{T}}\Phi\theta - \theta^{\mathrm{T}}\Phi^{\mathrm{T}}Y + \theta^{\mathrm{T}}\Phi^{\mathrm{T}}\Phi\theta + (Y^{\mathrm{T}}\Phi(\Phi^{\mathrm{T}}\Phi)^{-1}\Phi^{\mathrm{T}}Y - Y^{\mathrm{T}}\Phi(\Phi^{\mathrm{T}}\Phi)^{-1}\Phi^{\mathrm{T}}Y) \\ &= Y^{\mathrm{T}}(I - \Phi(\Phi^{\mathrm{T}}\Phi)^{-1}\Phi^{\mathrm{T}})Y + (\theta - (\Phi^{\mathrm{T}}\Phi)^{-1}\Phi^{\mathrm{T}}Y)^{\mathrm{T}}\Phi^{\mathrm{T}}\Phi(\theta - (\Phi^{\mathrm{T}}\Phi)^{-1}\Phi^{\mathrm{T}}Y). \end{aligned} \tag{13.33}$$

由式 (13.33) 看出，只有第二项和 θ 有关，求残差平方和最小值时类似上一节取导数为 0，得出

$$\theta = (\Phi^{\mathrm{T}}\Phi)^{-1}\Phi^{\mathrm{T}}Y = P_t\left(\sum_{i=1}^{t}x_i y_i\right). \tag{13.34}$$

2. 迭代方法

当我们计算了 θ_{t-1}，可以根据定义通过一个简单的递推关系得到新的 θ_t，而不需要重复计算.

首先，

$$P_t^{-1} = \sum_{i=1}^{t-1}x_i x_i^{\mathrm{T}} + x_t x_t^{\mathrm{T}} = P_{t-1}^{-1} + x_t x_t^{\mathrm{T}}, \tag{13.35}$$

$$\theta_{t-1} = P_{t-1}\sum_{i=1}^{t-1}x_i y_i, \tag{13.36}$$

$$\sum_{i=1}^{t-1}x_i y_i = P_{t-1}^{-1}\theta_{t-1} = P_t^{-1}\theta_{t-1} - x_t x_t^{\mathrm{T}}\theta_{t-1}. \tag{13.37}$$

所以得出

$$\theta_t = P_t\left(\sum_{i=1}^{t}x_i y_i\right) = P_t\left(\sum_{i=1}^{t-1}x_i y_i + x_t y_t\right) = \theta_{t-1} + K_t\epsilon_t. \tag{13.38}$$

其中 $K_t = P_t x_t, \epsilon_t = y_t - x_t^{\mathrm{T}} \theta_{t-1}$.

根据 $(A+BC)^{-1} = A^{-1} - A^{-1}B(I+CA^{-1}B)^{-1}CA^{-1}$, 可知

$$P_t = (P_{t-1}^{-1} + x_t x_t^{\mathrm{T}})^{-1} = P_{t-1} - P_{t-1} x_t (I + x_t^{\mathrm{T}} P_{t-1} x_t)^{-1} x_t P_{t-1}. \tag{13.39}$$

从而有

$$K_t = P_t x_t = P_{t-1} x_t (I + x_t^{\mathrm{T}} P_{t-1} x_t)^{-1}. \tag{13.40}$$

到这里我们可以综合所有的递推关系, 公式如下：

$$\begin{aligned}
\Theta_t &= \Theta_{t-1} + K_t(y_t - x_t^{\mathrm{T}} \Theta_{t-1}), \\
K_t &= P_{t-1} x_t (I + x_t^{\mathrm{T}} P_{t-1} x_t)^{-1}, \\
P_t &= P_{t-1} - P_{t-1} x_t (I + x_t^{\mathrm{T}} P_{t-1} x_t)^{-1} x_t P_{t-1} = (1 - K_t x_t^{\mathrm{T}}) P_{t-1}.
\end{aligned} \tag{13.41}$$

3. 加入遗忘因子的动态线性回归

如果我们在最小化残差平方和时加入遗忘因子, 得到

$$V(\theta, t) = \sum_{i=1}^{t} \lambda^{t-i} (y_i - x_i^{\mathrm{T}} \theta)^2. \tag{13.42}$$

类似上面的推导可以得到

$$\begin{aligned}
\Theta_t &= \Theta_{t-1} + K_t(y_t - x_t^{\mathrm{T}} \Theta_{t-1}), \\
K_t &= P_{t-1} x_t (\lambda I + x_t^{\mathrm{T}} P_{t-1} x_t)^{-1}, \\
P_t &= (1 - K_t x_t^{\mathrm{T}}) P_{t-1} / \lambda.
\end{aligned} \tag{13.43}$$

4. 实例和潜在问题

利用上面的迭代矩阵可以求出动态的线性回归系数. 但是往往在计算中, 因为精度的问题, P_t 变成了非对称矩阵, 而导致计算的误差可能越来越大.

```
function [P,theta] = dynamicLinearRegress(y,x,P,theta,lambda)
epsi = y - dot(x,theta);
K = P*x/(lambda+dot(x,P*x));
P = (eye(length(P))-K*x')*P/lambda;
theta = theta + K*epsi;
end
```

在迭代计算中 P 可能逐渐变得不对称, 从而使效果变差. 为了使 P_t 在迭代的过程始终满足对称的要求, 我们需要在每一步计算中加入

$$P_k = (P_k + P_k')/2. \tag{13.44}$$

下面给出实现该方法的 MATLAB 代码.

```
function [P,theta] = dynamicLinerRegress(y,x,P,theta,lambda)
global a;
if isempty(a)
    a =0;
end
a = a +1;
epsi = y - dot(x,theta);
K = P*x/(lambda+dot(x,P*x));
P = inv(inv(P)*lambda+x*x');
if any(P-P')
    a
end
theta = theta + K*epsi;
end
```

读者可以依据上述代码来测试动态线性回归法的效果. 注意, 该方法计算时的重要前提是要避免计算过程中的发散问题. 动态线性回归法有许多重要的应用, 具体示例见后面的章节.

13.3.2 Kalman 滤波

给定系统方程为 $\theta_t = \theta_{t-1} + v_t$, 而观察方程 $y_t = x_t^\mathrm{T} \theta_t + \epsilon_t$, 可以得到滤波方程满足

$$\begin{aligned}
\theta_t &= \theta_{t-1} + K_t(y_t - x_t^\mathrm{T}\theta_{t-1}), \\
P_t' &= P_{t-1} + Q_t, \\
K_t &= P_t' x_t (R_t + x_t^\mathrm{T} P_t' x_t)^{-1}, \\
P_t &= (I - K_t x_t^\mathrm{T}) P_t'.
\end{aligned} \quad (13.45)$$

对比动态线性回归可以发现, 这两类方法计算思路较为类似, 区别在于 Kalman 滤波中噪声的协方差未知. 但这个未知量也会带来一些便利, 我们可以故意设置某个状态或观察分量的变动较小, 使得该变量收敛更快而且变化相对于其他变量也更小. 举例来说, 在做两只股票的线性分析时, 设 $p_1^t = \beta_t p_2^t + \alpha_t = x^\mathrm{T} \theta_t$, $x = (p_2^t, 1)^\mathrm{T}$, $\theta_t = (\beta_t, \alpha_t)^\mathrm{T}$. 我们可以设定 $Q(1,1)$ 相对于 $Q(2,2)$ 更小, 从而使得 β_t 变化缓慢, 而 α_t 变化较快.

13.4 Kalman 滤波发散

在最开始, 我们讨论了均方差分为两部分, 一部分是估计值的方差、一部分是估计与真实的偏差. 而在 Kalman 滤波的计算中, 随着迭代次数的增大, 按照均方差的最小的方法仅能保证均方差会趋于一稳态值 (包括 0), 但并不保证偏差也是越来越小. 因此, 这种方法计算下的估计值可能会越来越偏离真实值, 使得滤波器失去估计作用, 我们把这种现象称为滤波器的发散.

引起滤波器发散的主要原因有两点:

1. 系统或观察模型不准确，噪声的统计模型不准确；
2. 随着步数增加，四舍五入的误差逐渐积累，使得递推运算中各矩阵的计算值失去意义.

13.4.1 一个简单的滤波发散的例子

飞机从高度 $\theta(0)$ 开始做等速地爬高，垂直速度为恒定值 μ，每隔 1s 对高度做一次测量，测量误差满足均值为 0，方差为 1 的白噪声. 设计 Kalman 滤波器时，如果误以为飞机的高度不变，系统方程会被错误地取做 $\theta_k = \theta_{k-1}$，针对此种情况我们来分析对高度的估计，过程如下.

已知模型中 $A = 1, Q_k = 0, H_k = 1, R_k = 1$，假定 $\theta_0 = 0, P_0 = \infty$，则滤波方程为

$$K_k = \frac{P_{k-1}}{P_{k-1} + 1} = \frac{1}{P_{k-1}^{-1} + 1},$$
$$P_k = (1 - K_k)P_{k-1} = \frac{1}{P_{k-1}^{-1} + 1}.$$
(13.46)

所以得到递推关系

$$P_k^{-1} = P_{k-1}^{-1} + 1 = k,$$
$$K_k = 1/k,$$
$$\theta_k = \theta_{k-1} + K_k(Z_k - \theta_{k-1}),$$
$$k\theta_k = (k-1)\theta_{k-1} + Z_k.$$
(13.47)

从而求出

$$\theta_k = \frac{1}{k}(Z_1 + Z_2 + \cdots + Z_k).$$
(13.48)

在实际情况中，真实值 $\theta_k^r = \theta_0 + ku$，而估计值为 $\theta_k^+ = \frac{1}{k}(Z_1 + Z_2 + \cdots + Z_k) = \theta_0 + \frac{u}{2}(k+1)$. 随着时间的积累，这两者的偏差将会变得越来越明显，最后显著发散.

分析此例中滤波发散的原因发现：首先是上面的估计中，模型方程是错误的；其次是 K_k 最后收敛为 0，也就是过分地依赖先验估计（相信模型）. 基于前面 2.5 节对 Q, R 意义的讨论，为了避免这种情况，一种方法是限制 K_k，使其不收敛于 0. 具体做法就是在迭代中直接截断，使得 K_k 大于等于某个数. 这种做法可以在一定程度上使得偏差减少，但此时得到的均方差不再是最小.

13.4.2 抑制滤波发散的方法一：模型问题

模型的不准确可能造成错误的不断积累. 由于模型的估计是先验估计和反馈估计的线性叠加，或者理解为不同的加权，为了抑制模型的偏差发散，我们通常选择降低早期量测值的加权系数，相应增大后期量测的影响力.

常见的抑制方法有：
1. 限定记忆法滤波，也就是仅仅通过最近的几个数据进行滤波；
2. 衰减记忆法滤波，也就是通过加入一定的指数衰减因子使得距离越远的数据对当下的影响越小.

下面介绍衰减记忆法滤波.

加入一定的指数衰退因子, 得到递推关系

$$\theta_k = A\theta_{k-1} + w_k, \quad y_k = x_k^T \theta_k + v_k, \tag{13.49}$$

其中 w_k, v_k 是满足均值为 0, 方差为 Q_k, R_k 的白噪声. 初始状态的统计特性为 $E[\theta_0] = m_{\theta_0}$, $\mathrm{Var}[\theta_0] = P_0$, 其中 θ_0, w_k, v_k 三者互不相关. 可以选择特定时间噪声的统计特性, 使后面的估计所占的权重更大, 设定下标 N 表示当下时间, 即得到

$$\begin{aligned}&\theta_{k,N} = A\theta_{k-1,N} + w_{k,N}, \quad y_{k,N} = x_k^T \theta_{k,N} + v_{k,N}, \\ &Q_{k,N} = Q_k s^{N-k}, \quad R_{k,N} = R_k s^{N-k} \quad (s > 1).\end{aligned} \tag{13.50}$$

此时 $w_{k,N}, v_{k,N}$ 是满足均值为 0, 方差为 $Q_{k,N}, R_{k,N}$ 的白噪声.

此时迭代方程为

$$\begin{aligned} P_k' &= sAP_{k-1}A^T + Q_k, \\ K_k &= \frac{P_k' x_k}{x_k^T P_k' x_k + R_k}, \\ P_k &= (I - K_k x_k^T) P_k', \\ \theta_k^+ &= A\theta_{k-1}^+ + K_k(y_k - x_k^T A \theta_{k-1}^+). \end{aligned} \tag{13.51}$$

由式 (13.51) 明显得到, 当 $s>1$ 时, P_k', K_k 值会增大, 此时由估计函数得到的陈旧量测值将变低, 从而一定程度上抑制了发散.

13.4.3 抑制滤波发散的方法二: 四舍五入的误差

四舍五入的误差将导致计算过程中出现类似上面的动态线性回归的问题, 即 P_t 出现不对称的情况. 此问题的一种解决方法是: 平方根滤波.

令 $P_k = \Delta_k \Delta_k^T, P_k' = \delta_k \delta_k^T$, 其中 δ_k, Δ_k 的取法可借助各种分解方法, 并不唯一, 此处选择的方法是令 δ_k 为下三角矩阵. 在这里我们不详细介绍该方法, 最终的计算方法为在每一步加入

$$P_k = \frac{P_k + P_k'}{2}. \tag{13.52}$$

13.4.4 MATLAB 实现及与动态线性回归的对比

```
function [P,theta] = kalman1(y,x,P,theta,R,Q,s)
% x=[1;2]
% theta = [2;1]
% P = [100,0;0,100];
epsi = y - dot(x,theta);
P_ = s*P +Q;
K = P_*x/(R+dot(x,P_*x));
P = (eye(length(P))-K*x')*P_;
P = (P + P')/2;
theta = theta + K*epsi;
```

```
end
clear all;
close all;
clc;
x1 = (rand(1,50000)+4).*linspace(1,10,50000);
x =[x1;ones(1,length(x1))];
r1= sin(linspace(1,10,50000)*pi*2)*2 +15;
r2 = 100+ 5*sin(x1).*rand(1,length(x1));
y = x1.*r1+r2;
thetaT = [1;0];
P = 10000*eye(2);
R =1;
s = 1;
Q = [max(max(thetaT))*.01,0;0,max(max(thetaT))*.1];
tic;
for j = 10:length(x1)
theta= thetaT(:,end);
[P,theta]=kalman1(y(j),x(:,j),P,theta,R,Q,s);
thetaT = [thetaT,theta];
end
toc
thetaT1 = [1;0];
b1= x(:,1:9);
c1 = b1';
P = inv(b1*c1);
lambda =1/s;
tic;
for j = 10:length(x1)
theta= thetaT1(:,end);
[P,theta]=dynamicLinerRegress(y(j),x(:,j),P,theta,lambda);
thetaT1 = [thetaT1,theta];
end
toc
thetaT2 = [1;0];
b1= x(:,1:9);
c1 = b1';
P = inv(b1*c1);
lambda = .96;
tic;
for j = 10:length(x1)
theta= thetaT2(:,end);
[P,theta]=dynamicLinerRegress(y(j),x(:,j),P,theta,lambda);
```

```
thetaT2 = [thetaT2,theta];
end
toc
subplot(1,2,1);
thetaT = thetaT(:,10000:end);
thetaT1 = thetaT1(:,10000:end);
thetaT2 = thetaT2(:,10000:end);
r1= r1(10000:end);
r2= r2(10000:end);
plot(thetaT(1,:),'r.-')
hold on
plot(thetaT1(1,:),'b.-')
hold on
plot(thetaT2(1,:),'g.-')
hold on
plot(r1,'k')
title('\beta')
legend('Kalman模拟','不加遗忘因子的动态线性回归','加遗忘因子的动态线性回归',
    '实际');
subplot(1,2,2)
plot(thetaT(2,:),'r')
hold on
plot(thetaT1(2,:),'b')
hold on
plot(thetaT2(2,:),'g')
hold on
plot(r2,'k')
title('\alpha')
legend('Kalman模拟','不加遗忘因子的动态线性回归','加遗忘因子的动态线性回归',
    '实际');
```

基于以上代码,我们简单举例对比以下三种情形:Kalman 滤波不加遗忘因子,动态线性回归不加遗忘因子,动态线性回归加遗忘因子,MATLAB 运行结果如图 13.3 所示.

1. Kalman 滤波:由图看出,即便不加入遗忘因子,β 也会逐渐收敛于实际情况.
2. 不加遗忘因子的动态线性回归:从结果上可以看出 β 的模拟结果跟实际一样成周期性变化,最终收敛于实际的平均值,但极值点位置相对滞后.
3. 加遗忘因子的动态线性回归:从结果上看出 β 的模拟结果逐渐收敛于实际情况.

基于以上分析可以发现:Kalman 滤波过程从效果上基本等价于一个加遗忘因子的动态线性回归.

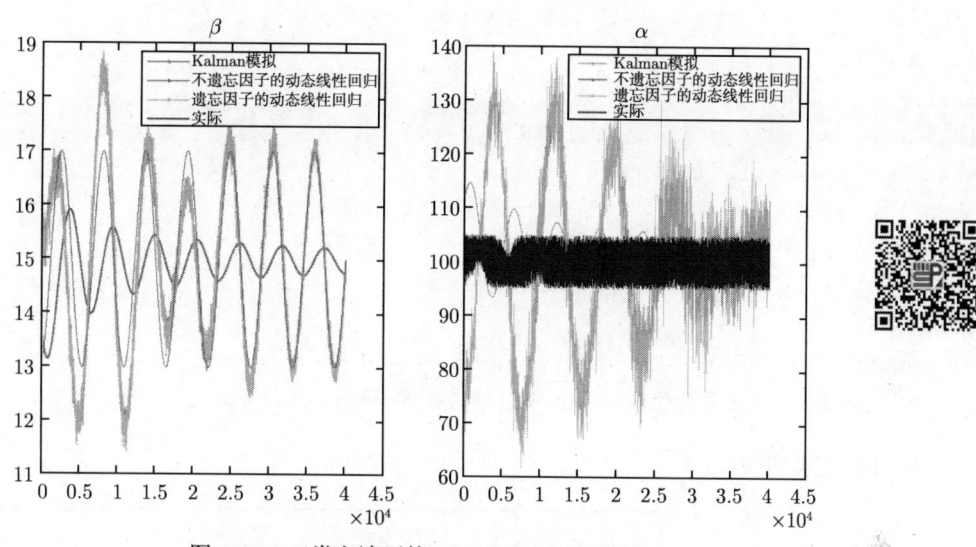

图 13.3　三类方法下的 MATLAB 运行结果

13.4.5　错误模型下加入遗忘因子的效果

为了讨论加入遗忘因子对演变方程错误的模型的影响，下面我们以加入遗忘因子的衰减滤波和无遗忘因子的情形再次分析上面的那个飞机高度的问题. MATLAB 代码如下：

```
clear all;
close all;
clc;
x =linspace(1,100,50000);
y = x;
thetaT = [0];
P = 10000;
R =1;
s = 1;
Q = 0;
tic;
for j = 10:length(x)
theta= thetaT(:,end);
[P,theta]=kalman1(y(j),1,P,theta,R,Q,s);
thetaT = [thetaT,theta];
end
toc
thetaT2 = [0];
P = 10000;
R =1;
s = 1.02;
Q = 0;
```

```
tic;
for j = 10:length(x)
theta= thetaT2(:,end);
[P,theta]=kalman1(y(j),1,P,theta,R,Q,s);
thetaT2 = [thetaT2,theta];
end
toc
plot(y,'k');hold on ;plot(thetaT,'b.-');
hold on ;
plot(thetaT2,'r.-');
legend('实际','无遗忘因子的Kalman','有遗忘因子的Kalman');
```

得到的结果如图 13.4.

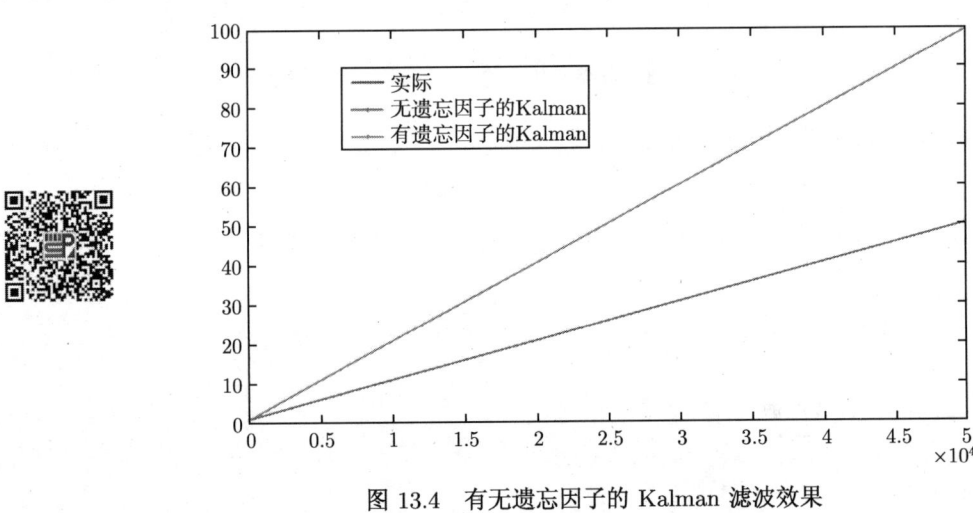

图 13.4 有无遗忘因子的 Kalman 滤波效果

通过模拟发现, 即便状态演变方程错误, 加入了遗忘因子的 Kalman 滤波在一定程度上也可以很好地估计系统的状态.

13.5 Sage-Husa 自适应滤波算法

对于噪声模型的获取, 我们是否需要机械地逐个尝试来确定呢? 答案显然是否定的. 下面我们介绍一种自适应滤波的方法, 通过历史数据和预测方法快速修改和获取噪声模型.

13.5.1 自适应滤波

给定递推关系

$$\theta_k = A\theta_{k-1} + w_k, \quad y_k = x_k^{\mathrm{T}}\theta_k + v_k, \tag{13.53}$$

其中 v_k, w_k 是相互独立的白噪声, 噪声统计量为

$$E[w_k] = q_k, \quad E[v_k] = r_k,$$
$$E[(w_k - q_k)(w_j - q_j)^{\mathrm{T}}] = Q_k \delta_{kj}, \qquad (13.54)$$
$$E[(v_k - r_k)(v_j - r_j)^{\mathrm{T}}] = R_k \delta_{kj}.$$

假设均值 q, r 和方差 Q, R 是未知的，自适应 Kalman 滤波需要解决的问题是：基于测量值 $(y_k, y_{k-1}, \cdots, y_0)$ 求噪声统计估计器和自适应 Kalman 滤波器。Sage-Husa 的极大后验 (MAP) 噪声估计器为

$$q_k = \frac{1}{k}\sum_{i=1}^{k}[\theta_i^+ - A\theta_{i-1}^+], \quad r_k = \frac{1}{k}\sum_{i}^{k}[y_i - x_i^{\mathrm{T}}\theta_i^+],$$
$$R_k = \frac{1}{k}\sum_{i=1}^{k}[y_i - x_i^{\mathrm{T}}\theta_i^+ - r_i][y_i - x_i^{\mathrm{T}}\theta_i^+ - r_i]^{\mathrm{T}}, \qquad (13.55)$$
$$Q_k = \frac{1}{k}\sum_{i=1}^{k}[\theta_i^+ - A_{i-1}\theta_{i-1}^+ - q_i][\theta_i^+ - A_{i-1}\theta_{i-1}^+ - q_i]^{\mathrm{T}}.$$

由此可以得到递推关系为

$$q_k = \left(1 - \frac{1}{k}\right)q_{k-1} + \frac{1}{k}[\theta_k^+ - A\theta_{k-1}^+], \quad r_k = \left(1 - \frac{1}{k}\right)r_{k-1} + \frac{1}{k}[y_k - x_k^{\mathrm{T}}\theta_k^-],$$
$$R_k = \left(1 - \frac{1}{k}\right)R_{k-1} + \frac{1}{k}[e_k e_k^{\mathrm{T}} - x_k^{\mathrm{T}}P_k' x_k], \qquad (13.56)$$
$$Q_k = \left(1 - \frac{1}{k}\right)Q_{k-1} + \frac{1}{k}[K_k e_k e_k^{\mathrm{T}} K_k + P_k - A_k P_{k-1} A_k^{\mathrm{T}}].$$

上面的方法被称为次优无偏递推 MAP 噪声统计估值器，式中的加权系数为 $\frac{1}{k}$，从统计的角度看是算数平均值，也可以加入遗忘因子将 $\frac{1}{k}$ 变为 $\frac{1-b}{1-b^k}$（$0 < b < 1$）。

13.5.2 MATLAB 实现

利用 MATLAB 实现上述 Sage-Husa 自适应滤波，代码如下：

```
function [P,theta,R,Q,r,q] =
    kalman20(y,x,P_pre,theta_pre,R_pre,Q_pre,r_pre,q_pre,dk,s)
% x=[1;2]
% theta = [2;1]
% P = [100,0;0,100];
theta_ = theta_pre + q_pre ;
epsi = y - dot(x,theta_) - r_pre;
P_ = s*P_pre + Q_pre;
K = P_*x/(R_pre+dot(x,P_*x));
P = (eye(length(P_pre))-K*x')*P_;
theta = theta_ + K*epsi;
q = (1-dk)*q_pre + dk*(theta - theta_pre);
```

```
r = (1-dk)*r_pre + dk*(y-dot(x,theta_));
R = (1-dk)*R_pre + dk*(epsi*epsi'-dot(x,P_*x));
Q = (1-dk)*Q_pre + dk*((K*epsi)*(K*epsi)'+P-P_);
if any(Q-Q')
    Q=(1-dk)*Q_pre + dk*(K*epsi)*(K*epsi)';
end
P = (P + P')/2;
end


clear all;
close all;
x1 = rand(1,10000)*3+10 + sin(1:10000);
x = [x1;ones(1,length(x1))];
ep1 = sin((1:length(x1))/500*pi)/.2+0;
ep2 = 2*sin(x1).*(rand(1,length(x1))-.5)+10;
y = x1.*(ep1+ep2)+ep2;
beta = polyfit(x1(1:9),y(1:9),1);
beta = [beta(1);beta(2)];
P = .001*eye(2);
R = .001;
r = 0;
q = [0;0];
Q = [0.001,0;0,0.001];
s = 1.01;
for j = 10:length(x1)
    theta= beta(:,end);
    dk = 1/j;
    [P,theta,R,Q,r,q] = kalman20(y(j),x(:,j),
                        P,theta,R,Q,r,q,dk,s);
    beta = [beta,theta];
end

plot(beta(1,:),'r.-')
hold on
plot(ep1+ep2,'b')
hold on
```

由图 13.5 看出，基于 Saga-Husa 自适应滤波的模拟效果不错. 值得说明的是，在某些情况下使用上述方法可能存在数值发散的情况，特别是在系统次数较高时. 在很多的仿真研究中发现此问题的出现是因为 Q,R 可能失去正定性或半正定性.

总结本章 Kalman 滤波的特性发现，虽然上述一些模拟的结果还不错，但是在实际操作中发现 Kalman 滤波的效果很大程度上取决于对于初始参数等的选择，这一点待读者去发现.

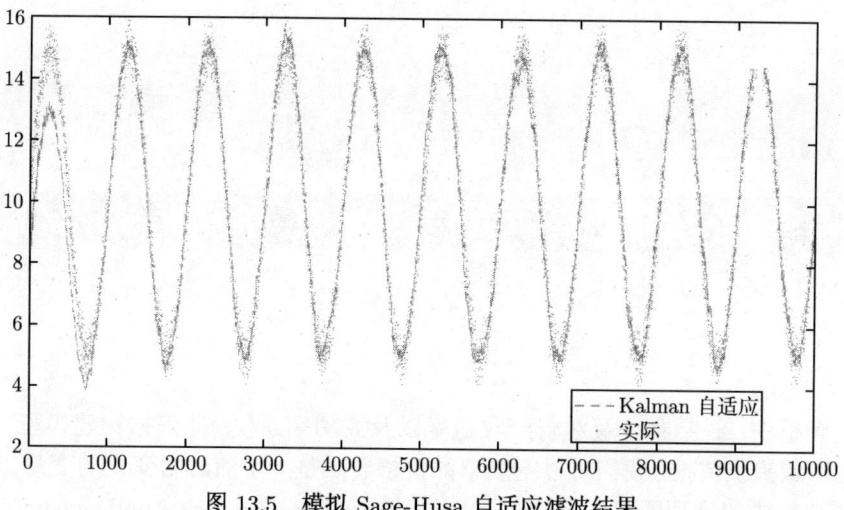

图 13.5　模拟 Sage-Husa 自适应滤波结果

CHAPTER 14
第 14 章 ARMA 模型

在金融时间序列分析中, 经常会涉及对资产收益率以及波动率建模, 并依据构建模型的预测值来为未来的决策提供依据. 我们可以把股票的价格看成是一个随时间变化的变量, 其在不同时点的不同值构成的序列即时间序列. ARMA 模型 (auto-regressive and moving average model) 是研究金融时间序列的常用模型, 它是由自回归模型 (简称 AR 模型) 与滑动平均模型 (简称 MA 模型) "混合" 构成的.

14.1 基础概念及原理介绍

14.1.1 平稳序列

ARMA 模型的研究对象是平稳时间序列, 这里的平稳指的是宽平稳 (弱平稳). 时间序列 $\{X_t\}$ 满足: $E(X_t) = \mu$ (μ 为常数) 且 $\text{Cov}(X_t, X_{t-m}) = \gamma_m$ (γ_m 只依赖于 m), 则该时间序列为宽平稳. 即该序列的均值, X_t 与 X_{t-m} 的协方差不随时间而改变 (m 为任意整数).

下面给出平稳性的两种判断方法.

判断方法一: 观察序列图

根据平稳性的定义, 平稳序列具有常数均值和常数方差的性质, 因此其时序图应该在一个常数值附近波动, 且波动的范围有界. 具有明显趋势性和周期性的序列通常不是平稳序列.

判断方法二: 自相关图检验

平稳序列通常只具有短期的自相关性, 即自相关函数 (ACF) 往往很快地衰减到零. 因此衰减很慢的序列很可能是非平稳的.

14.1.2 白噪声

1. 白噪声定义

如果一个随机过程 $\{X_t\}$ 满足: 对任意 $i \neq j$, 有 $E(X_t) = 0$, $\text{Var}(X_t) = \sigma^2$, $\text{Cov}(X_i, X_j) = 0$, 则称其为白噪声, 表示为 $\{X_t\} \sim \text{WN}(0, \sigma^2)$.

2. 白噪声检验方法: Ljung-Box 检验

白噪声是纯随机性序列, 它具有性质: $\forall k, \rho_k = 0$. 因此我们可以通过检验下列假设来检验序列是否为白噪声:

$$H_0: \rho_1 = \rho_2 = \cdots = \rho_m = 0; \quad H_1: \exists k \leqslant m, \text{s.t.} \rho_k \neq 0. \tag{14.1}$$

检验统计量为 LB(Ljung-Box) 统计量:

$$\text{LB} = n(n+2) \sum_{k=1}^{m} \left(\frac{\hat{\rho}_k^2}{n-k} \right). \tag{14.2}$$

在原假设成立的条件下, LB 近似服从自由度为 m 的卡方分布 χ_m^2, 因此 LB $> \chi_m^2 \left(1 - \frac{\alpha}{2}\right)$ 时拒绝原假设.

14.1.3 AR(p) 模型

p 阶的自回归模型定义为

$$X_t = \phi_1 X_{t-1} + \cdots + \phi_p X_{t-p} + \varepsilon_t. \tag{14.3}$$

其中 $\{\varepsilon_t\} \sim \text{WN}(0, \sigma^2)$, 记为 $\{X_t\} \sim \text{AR}(p)$. AR 的含义是当前期的变量值是由其滞后 $1 - p$ 期的值所决定的.

14.1.4 MA(q) 模型

q 阶的滑动平均过程定义为

$$X_t = \theta_1 \varepsilon_{t-1} + \cdots + \theta_q \varepsilon_{t-q} + \varepsilon_t, \tag{14.4}$$

其中 $\{\varepsilon_t\} \sim \text{WN}(0, \sigma^2)$, 记为 $\{X_t\} \sim \text{MA}(q)$. MA 的含义就是该变量完全由白噪声的线性组合决定的.

14.1.5 ARMA 模型

1. 定义

ARMA 模型显然就是由 AR 和 MA 组合成的模型, 定义为

$$X_t = \phi_1 X_{t-1} + \cdots + \phi_p X_{t-p} + \varepsilon_t + \theta_1 \varepsilon_{t-1} + \cdots + \theta_q \varepsilon_{t-q}, \tag{14.5}$$

其中 $\{\varepsilon_t\} \sim \text{WN}(0, \sigma^2)$, $p, q \geqslant 0$ 是整数, (p, q) 称为模型的阶, 记为 $\{X_t\} \sim \text{ARMA}(p, q)$. 利用滞后算子 B(这里不对"滞后算子"做过多解释), 上述模型可写成

$$(1 - \phi_1 B - \cdots - \phi_p B_p) X_t = (1 + \theta_1 B + \cdots + \theta_q B_q) \varepsilon_t, \tag{14.6}$$

或者

$$\phi(B) X_t = \theta(B) \varepsilon_t. \tag{14.7}$$

2. 识别模型

模型	自相关系数 (ACF)	偏自相关系数 (PACF)
AR(p) 模型	拖尾	p 阶截尾
MA(q) 模型	q 阶截尾	拖尾
ARMA(p,q) 模型	拖尾	拖尾

理论上, 我们可以根据上表确定模型的阶, 但实际操作中有以下的问题:

1. 样本 ACF、PACF 不会出现理论上的完美截尾情况;

2. 本应截尾的 SACF 和 SPACF 仍会出现小值震荡的情况;

3. 平稳序列通常只具有短期相关性, 当样本足够大时, ACF 和 PACF 总会衰减到零值附近做小值震荡.

14.1.6 ARIMA 模型

如果序列是非平稳的, 就可以考虑使用 ARIMA 模型. ARIMA 比 ARMA 仅多了个 "I", 代表着其比 ARMA 多一层内涵: 也就是差分. 一个非平稳序列经过 d 次差分后, 可以转化为平稳时间序列. 关于 d 具体的取值, 我们对差分 1 次后的序列进行平稳性检验, 如果是非平稳的, 则继续差分, 直到 d 次后检验为平稳序列.

定义 如果时间序列 $\{Y_t\}$ 的 d 阶差分 $X_t = (1-B)^d Y_t$ 是一个平稳 ARMA(p,q) 过程, 其中 $d \geq 1$ 是整数, 即 $\phi(B)(1-B)^d Y_t = \theta(B)$, 则称 $\{Y_t\}$ 为具有 (p,d,q) 阶的自回归求和滑动平均过程, 表示为 $\{Y_t\} \sim \text{ARIMA}(p,d,q)$.

14.2 建立 ARMA 模型的一般步骤

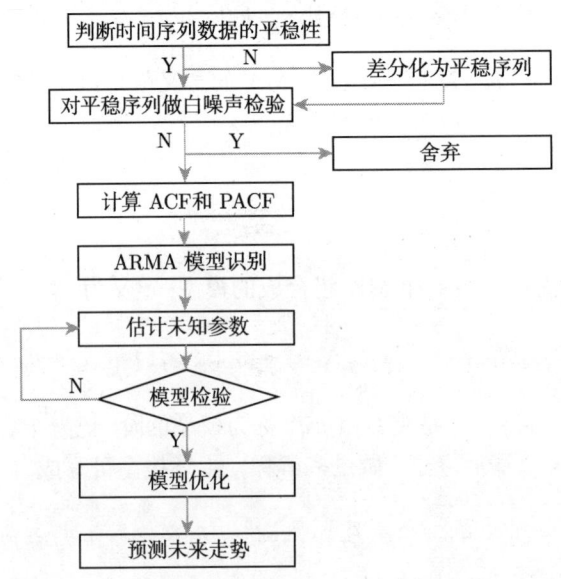

14.3 案例研究 —— 沪深 300 股指期货日收益率的 ARMA 模型拟合及 MATLAB 实现

下面以沪深 300 股指期货日收盘数据进行分析，并进行 ARMA 模型的建立和预测. 提取股指期货主力从 2011 年 1 月 1 日到 2017 年 1 月 1 日的日线数据，代码如下：

```
%提取数据，画图
[time,~,~,~,close,~,~,~]=traderGetKData('CFFEX','IF0000','day',
1,20110101,20170101,false,'FWard');
r=price2ret(close);
t=length(r);
figure
plot(r)
xlim([0,t])
title('IF0000 Returns')
```

收益率序列如图 14.1.

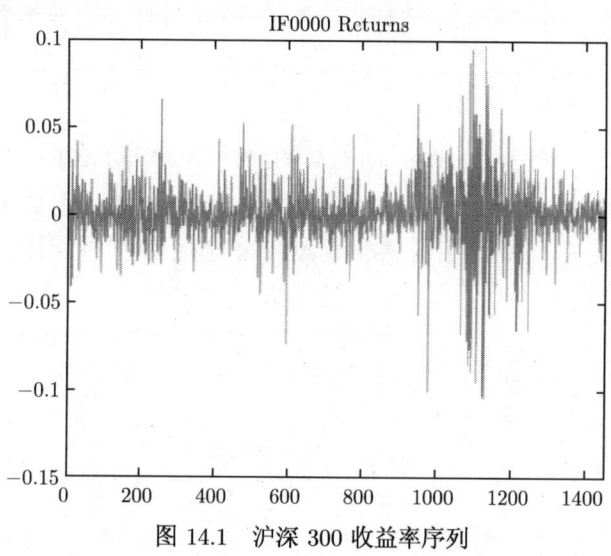

图 14.1 沪深 300 收益率序列

假设该序列具有单位根，即非平稳，接下来我们进行 ADF 单位根检验，代码如下：

```
%ADF单位根检验
[h,pValue] = adftest(r);
%或者直接输入t=adftest(r)，如果输出t=1，则为平稳序列；输出t=0，则为非平稳序列.
```

输出结果：$h=1$ 且 $pValue = 0.001 < 0.05$，小于显著性水平. 原假设为序列具有单位根即不平稳，因此拒绝原假设，沪深 300 股指期货日收益率序列为平稳序列. 接下来我们来观察 PACF 和 ACF 的截尾情况，代码如下：

```
%运用自相关图和偏自相关图来确定合适的阶数
```

```
figure(1);
subplot(2,1,1);
autocorr(r);
subplot(2,1,2);
parcorr(r);
```

ACF 和 PACF 情况如图 14.2 所示.

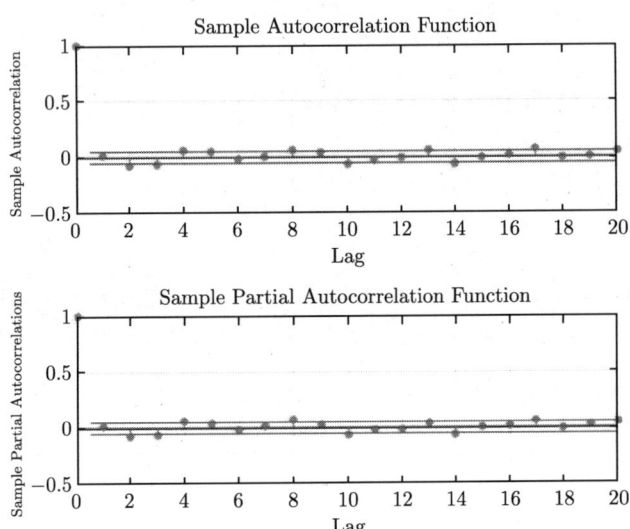

图 14.2 沪深 300 收益率序列的 ACF 与 PACF

可以看出, 模型的阶次应该为 (17,17). 然而, 这么高的阶次建模的计算量是巨大的, 故在这里就不使用 (17,17) 建模了, 而是采用信息准则 AIC 来定阶. 为了控制计算量, 我们限制 AR 和 MA 的最大阶都不超过 8, 代码如下:

```
%运用AIC准则确定合适的阶数
for p=1:8
    for q=1:8
        arma_test=armax(r,[p,q]);
        AIC(p,q)=aic(arma_test);
    end
end
[p,q]=find(AIC==min(min(AIC)));
```

可以看到输出结果为 $p=7, q=6$, 因此我们要建立 ARMA(7,6) 模型, 代码如下:

```
%建模
arma_model=armax(r,[p,q]);
model=arma_model;
A=round(model.A,4);
C=round(model.C,4);
```

第 14 章 ARMA 模 型 >>>>

我们得到 ARMA(7,6) 模型为：$r_t + 0.1429r_{t-1} - 0.2297r_{t-2} + 0.7123r_{t-3} - 0.3371r_{t-4} + 0.1977r_{t-5} + 0.7741r_{t-6} - 0.0543r_{t-7} = \varepsilon_t + 0.1501\varepsilon_{t-1} - 0.2972\varepsilon_{t-2} + 0.6499\varepsilon_{t-3} - 0.2748\varepsilon_{t-4} + 0.2115\varepsilon_{t-5} + 0.7519\varepsilon_{t-6}$.

接下来我们对模型做有效性检验 (这里用 DW 检验)，即检验残差是否有相关性，如果无相关性，则认为残差为白噪声序列，该模型显著有效. 代码如下：

```
%诊断检验
e=resid(arma_model,r);
figure(2);
plot(e);
title('the plot of resid');ylabel('resid');xlabel('time');
figure(3);
subplot(2,1,1);
autocorr(e.OutputData);
subplot(2,1,2);
parcorr(e.OutputData);
r1=r.OutputData;
[Pval,dwr]=dwtest(e.OutputData,r1);
if round(dwr)==2 & Pval>=0.95
    disp(['残差无序列相关性']);
else
    disp(['残差有序列相关性']);
end
```

得到结果：残差无序列相关，说明 ARMA(7,6) 是显著有效的模型. 最后我们根据模型来对沪深 300 未来 10 个交易日的日收益率进行预测，并对比实际值. 代码如下：

```
%画出拟合图
m=armax(r,'na',7,'nc',6);
rp = predict(m,r,1);
plot(r,'-.');
hold on
plot(rp,'r')
grid
legend('Original Data','Forecasting Data ARMA(7,6)')
```

得到如下拟合图 (图 14.3).

```
%预测未来10个交易日的日收益率
p=forecast(m,r1,10);
```

得到预测结果：
$p = [0.0011, 0.0019, -0.0003, 0.0012, -0.0006, -0.0009, -0.0021, -0.0004, 0.0001, 0.0003]$

将实际值和预测值做比较，代码如下：

```
%比较实际值和预测值
[time10,~,~,~,close10,~,~,~]=traderGetKData('CFFEX','IF0000',
'day',1,20170101,20170117,false,'FWard');
r10=price2ret(close10)
plot(p,'-.');
hold on
plot(r10,'r')
legend('Original Data','Forecasting Data')
```

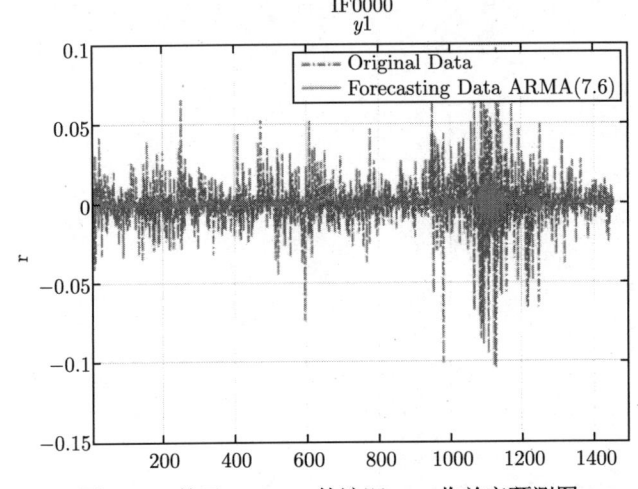

图 14.3 基于 ARMA 的沪深 300 收益率预测图

得到如下对比图 (图 14.4):

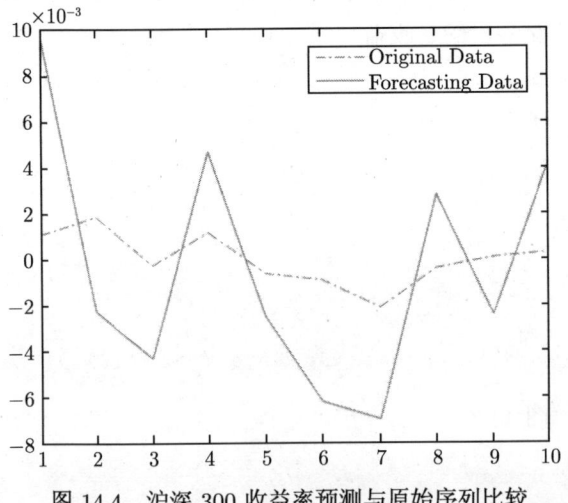

图 14.4 沪深 300 收益率预测与原始序列比较

可以看出, 预测值明显小了 5~10 倍, 但只看涨跌方向的话, 正确率有 70%. 总体来说, 建模效果还是偏差, 结果并没有想象中好. 至此, 关于 ARMA 模型的基础模型用法已经介绍完了.

CHAPTER 15
第 15 章 过拟合的风险

在考试前,有些人会使用题海战术,把题库里的每道题都背下来,但是到真正考试的时候,题目稍微一变,就不会做了.因为在这个过程中背诵者只记下了每道题的做法,而没有理解透通用的规则.在股市中,也存在类似的情况.在研究股票标的历史走势时,人们往往会添加很多技术指标进去,进而产生一条与历史走势接近重合的曲线,看似很完美,但其实这就是过拟合.

15.1 什么是过拟合

当构建一个模型的时候,我们通过不断的训练样本数据集来调优模型和相关参数,然后用所预测的模型和参数来预测样本外数据.当一个模型对于样本集中的噪声和某些特定性质的数据过于敏感的时候,我们称该模型是过拟合的,因为此模型并不能反映底层数据的生成过程.为了理解这一过程,我们需要考虑数据集中噪声的数量.现在我们考虑一组数据 D_T,真正的基础数据来自于我们试图模拟的过程,以及一些随机的噪声 ϵ,$D = D_T + \epsilon$;在给出噪声 ϵ 时模型能够很好地进行估计,但是仅仅给出 D_T 时却不能产生相同的效果.

由于此处我们主要关心样本数据的拟合效果,这种过拟合是存在问题的.产生过拟合的两大原因有:

1. 样本过小,导致无法区分噪声和趋势.
2. 选择了过度复杂的模型,为了适应样本中的噪声,模型发生扭曲.

15.2 例:选取过多参数

首先举一个例子 (表 15.1).

表 15.1

电视频道	房间照明强度	享受程度
1	2	1
2	3	2
3	1	3

假设要预测享受程度,则可以根据历史数据来进行建模:

如果电视频道是 1, 房间照明强度是 2, 那么享受程度将为 1.
如果电视频道是 2, 房间照明强度是 3, 那么享受程度将为 2.
如果电视频道是 3, 房间照明强度是 1, 那么享受程度将为 3.
在其他电视频道和照明强度情况下预测享受程度为 2.

这是一个比较好的预测模型, 但也可能存在一些问题. 假设享受程度仅仅取决于电视频道而与照明强度无关, 且样本数据集中包含有照明强度. 使用特定规则的样本数据集, 会使得模型在样本内数据集中表现得很好, 而在样本外数据中表现得很差, 其原因就是在训练模型的时候过度拟合了随机噪声 (房间照明强度).

把这一规则应用于股票市场中, 如果模型在开发过程中专注于特定性质的样本, 那么这样很可能就会过拟合. 这也是黑箱机器学习 (神经网络等) 在预测过程中很难准确预测的原因.

15.3 例: 曲线拟合

过拟合在多元线性回归中很常见, 那么可以根据样本数据集建立一个二次函数. 线性模型是欠拟合的: 简单的线性模型不适合所有的情况, 特别是当我们有充分的理由相信数据符合非线性模型的时候. 虽然二次函数会有误差, 但是能够很好地拟合数据.

一个 9 次方程能够完全地拟合 10 个点所代表的数据集, 当我们用该方法来建模的时候, 样本误差为 0; 但是, 观察以下 9 次方程的图形尾部, 会发现很难准确预测具有相同分布的样本外数据. 该模型拟合样本数据效果好的原因是: 在拟合样本数据的过程中也很好地拟合噪声信号, 然而这个噪声信号并不是模型所需要的. 在这种情况下, 我们选择了一个过于复杂的模型.

```
x = 1:1:10;
y = 2 * randn(1,10) + x.^ 2;
xs = linspace(-0.25, 9.25, 200);
lin = polyfit(x, y, 1);
quad = polyfit(x, y, 2);
many = polyfit(x, y, 9);

plot(x,y,'.');
axis([0 10 -20 120]);
hold on;
plot(xs, polyval(lin,xs));
axis([0 10 -20 120]);
hold on;
plot(xs, polyval(quad,xs));
axis([0 10 -20 120]);
hold on;
plot(xs, polyval(many,xs));
axis([0 10 -20 120]);
```

```
xlabel('X');
ylabel('Y');
legend('Point','Underfit','Good fit','Overfit');
```

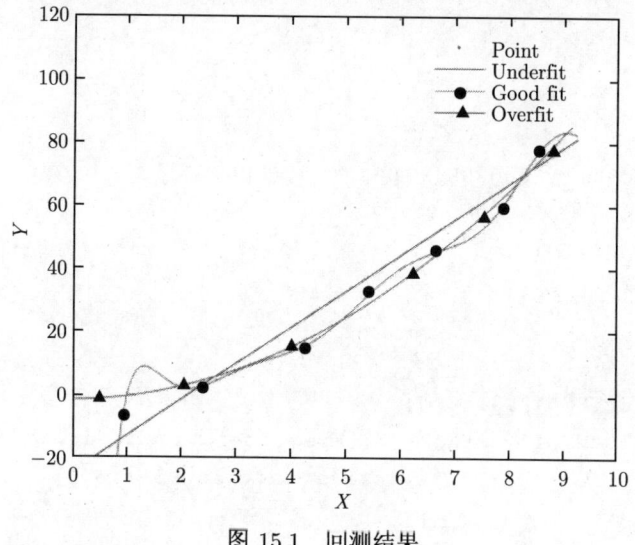

图 15.1 回测结果

在处理真实数据时,不可能出现一个 9 次多项式的模型:我们对函数的选择应该反映出数据的内部真实结构,并且现实世界中的真实过程一般不会遵循高阶多项式曲线.上面的这个误差是人为产生的,但是为了减少样本误差,使用二次或立方模型可能效果更好.

15.3.1 模型要使用较少参数

正如最优雅的物理模型通过一些方程式来描述世界一样,一个好的交易模型应该通过一些规则来解释大部分的数据.任何时候,如果预测模型中有大量的规则,甚至接近于数据集中的点数,那么就可以确定模型过拟合了.参数可以被看作是规则,因为它们等价地约束一个模型,所以过多的参数相当于使用了过多的约束条件,而样本外数据可能具有不完全相同的约束条件.通常,运用较少参数的模型比较好,一个用两三个参数来解释 60% 的数据的模型要好于用 10 个参数解释 90% 的数据的模型.

15.3.2 当心完全拟合

因为在真实数据中几乎总是存在噪声,所以完美的拟合模型几乎总是暗示着过拟合.在开发模型时,几乎不可能知道给定数据集的噪声 (信号) 百分比,但是我们可以使用常识来减少过拟合的情况.这些预测令人吃惊吗?然后模型很可能会过度拟合.

15.4 例:回归参数

模型中可能包含哪些变量?如果我们担心遗漏重要的变量,那么可以尝试不同的方法来估计模型,包括能找到的所有能改善模型拟合程度的变量.接下来,我们尝试对一只股票的收盘价进行回归. 在最初的模型框架中, 相较于只使用一个变量的模型, 使用多个变量的模型能够更紧密地与数据匹配.

回测函数:
```
clear all;
clc;
begintime = 20160401;    %起止时间段
endtime = 20170401;
codes = {'000001','000005','000009','000010','000027'};
for i = 1:length(codes)
targetList(i).Code =codes{i};
targetList(i).Market = 'szse';
end
Freq = 1;
AccountList(1) = {'StockBackReplay'};
traderRunBacktestV2('lec27_1',@lec27_1,{Freq,begintime,endtime//},
AccountList,targetList,'day',Freq,begintime,endtime,'FWard');
```

策略函数:
```
function lec27_1(bInit,bDayBegin,cellPar)%
global g_idxK;           %获取的注册数据index
global TLen;             %股票数量
global numbers;
global Tdays;
global tlens;            %时间的长度
Freq =cellPar{1};        %回测频率
begintime = cellPar{2};  %开始时间
endtime = cellPar{3};    %结束时间
if bInit
numbers = 0;
g_idxK = traderRegKData('day',Freq);
TLen = length(g_idxK(:,1));
Days=traderGetTradingDays(begintime,endtime);
tlens = length(Days);
else
if numbers < tlens-1
numbers = numbers + 1;
return
end
begindatas = traderGetRegKData(g_idxK,tlens ,false);
for i1 = 1:TLen
beginopen(i1,:) = begindatas(2 + 8 * i1 - 8,:);
```

```
end
x1 = beginopen(1,:);
x0=ones(size(x1));
x2 = beginopen(2,:);
x3 = beginopen(3,:);
x4 = beginopen(4,:);
y = beginopen(5,:);
[b1,bint1,r1,rint1,stats1] = regress(y',[x0;x1]');
prediction_y1 = b1(1) + b1(2) * x1';
[b2,bint2,r2,rint2,stats2] = regress(y', [x0;x1;x2;x3;x4]');
prediction_y2=b2(1)+b2(2)*x1'+b2(3)*x2'+b2(4)*x3'+b2(5)*x4';
disp(['r1 square is :' num2str(stats1(1))]);
disp(['p1 is :' num2str(stats1(3))]);
disp(['r2 square is :' num2str(stats2(1))]);
disp(['p2 is :' num2str(stats2(3))]);
plot(y);
hold on
plot(prediction_y1);
hold on
plot(prediction_y2);
end
end
```

运行结果为

r1 square is :0.66437

p1 is :2.6682e-59

r2 square is :0.68178

p2 is :3.1121e-58

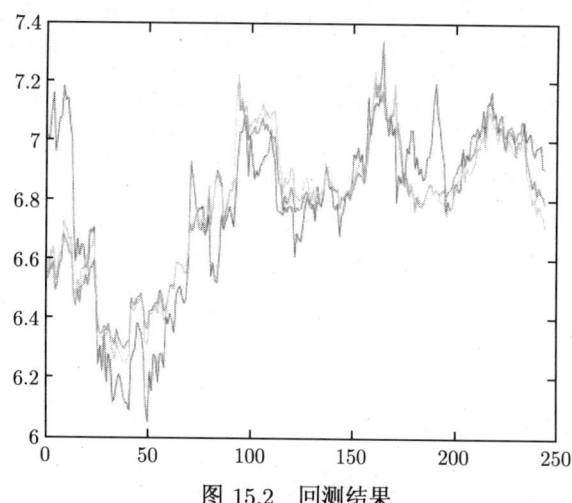

图 15.2　回测结果

然而，当使用相同的参数对不同时间段的数据进行建模时，我们发现单变量模型的预测结果变得很糟糕，而多变量模型则完全无法使用．这似乎是因为我们发现的规律仅仅适用于样本时期数据，这一规律并不具有持续性，即这些关系不适用于其他时期的数据．

```matlab
%回测函数:
clear all;
clc;
begintime = 20150401;    %起止时间段
endtime = 20160401;
codes = {'000001','000006','000011','000014','000027'};
for i = 1 :length(codes)
targetList(i).Code =codes{i};
targetList(i).Market = 'szse';
end
Freq = 1;
AccountList(1) = {'StockBackReplay'};
traderRunBacktestV2('lec27_11',@lec27_11,
{Freq,begintime,endtime},AccountList,targetList,
'day',Freq,begintime,endtime,'FWard');

%策略函数:
function lec27_11(bInit,bDayBegin,cellPar)%
global g_idxK;          %获取的注册数据index
global TLen;            %股票只数
global numbers;
global Tdays;
global tlens;           %时间的长度
Freq =cellPar{1};       %回测频率
begintime = cellPar{2}; %开始时间
endtime = cellPar{3};   %结束时间
if bInit
numbers = 0;
g_idxK = traderRegKData('day',Freq);
TLen = length(g_idxK(:,1));
Days=traderGetTradingDays(begintime,endtime);
tlens = length(Days);
else
if numbers < tlens-1
numbers = numbers + 1;
return
end
begindatas = traderGetRegKData(g_idxK,tlens ,false);
```

第 15 章 过拟合的风险

```
for i1 = 1:TLen
beginopen(i1,:) = begindatas(2 + 8 * i1 - 8,:);
end
x1 = beginopen(1,:);
x0=ones(size(x1));
x2 = beginopen(2,:);
x3 = beginopen(3,:);
x4 = beginopen(4,:);
y = beginopen(5,:);
[b1,bint1,r1,rint1,stats1] = regress(y',[x0;x1]');
prediction_y1 = b1(1) + b1(2) * x1';
[b2,bint2,r2,rint2,stats2] = regress(y', [x0;x1;x2;x3;x4]');
prediction_y2 = b2(1)+b2(2)*x1'+b2(3)*x2'+b2(4)*x3'+b2(5)*x4';

p = 1;
N = length(y);
adj1 = (N - 1)/(N - p - 1);
p = 4;
N = length(y);
adj2 = (N - 1)/(N - p - 1);

SST = sum((y - mean(y)).^2);
SSRs = sum((prediction_y1 - y').^2);
disp(['prediction_y1 R-squared:' num2str(1 - adj1*SSRs/SST)]);
SSRm = sum((prediction_y2 - y').^2);
disp(['prediction_y2 R-squared:', num2str(1 - adj2*SSRm/SST)]);
plot(y);
plot(prediction_y1);
plot(prediction_y2);
end
end
```

运行结果为

prediction_y1 R-squared:0.4038

prediction_y2 R-squared:0.9298

结果如图 15.3 所示. 我们可以从宇宙中寻找与因变量有关的变量, 并构造出一个超拟合的模型. 然而, 在大多数情况下, 这种相关性是虚假的, 这种关系不会延续到未来.

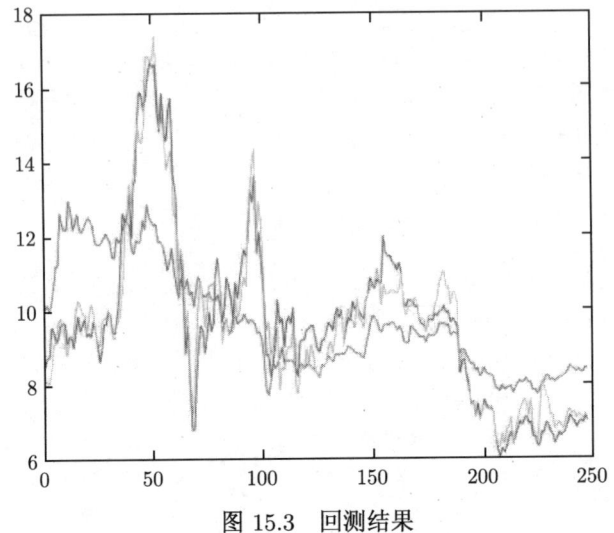

图 15.3 回测结果

15.5 例：滚动窗口

如何选择一个合适的窗口长度，是使用滚动参数估计模型的挑战之一 (比如估计滚动的平均值或滚动的 beta). 较长时间的窗口将考虑长期趋势，波动性更小，但考虑到新的观察结果，可能会产生滞后效果. 窗口长度的选择对滚动参数的估计有很大的影响，并且可以改变我们观察和处理数据的方式. 下面我们计算不同窗口长度的股票价格的滚动平均值.

```
回测函数:
clear all;
clc;
begintime = 20140401;    %起止时间段
endtime = 20150401;
codes = {'000001'};
for i = 1 :length(codes)
targetList(i).Code =codes{i};
targetList(i).Market = 'szse';
end
Freq = 1;
len30 = 30;
len60 = 60;
len100 = 100;
AccountList(1) = {'StockBackReplay'};
traderRunBacktestV2('fig4',@fig4,{Freq,begintime,endtime,//
len30,len60,len100},AccountList,targetList,'day',Freq,//
begintime,endtime,'FWard');
```

第 15 章 过拟合的风险………………>>>>

```
%策略函数:
function fig4(bInit,bDayBegin,cellPar)
global g_idxK;            %获取的注册数据index
global TLen;              %股票只数
global numbers;
global Tdays;
global g_idxSignalma30;
global g_idxSignalma60;
global g_idxSignalma100;
global tlens;
Freq =cellPar{1};         %回测频率
begintime = cellPar{2};   %开始时间
endtime = cellPar{3};     %结束时间
len30 = cellPar{4};       %30天滚动时间
len60 = cellPar{5};       %60天滚动时间
len100 = cellPar{6};      %100天滚动时间
if bInit
numbers = 0;
g_idxK = traderRegKData('day',Freq);      %注册数据,获得index
TLen = length(g_idxK(:,1));               %一共有多少条数据(股票数量)
Days = traderGetTradingDays(begintime,endtime);  %交易时间段
tlens = length(Days);
g_idxSignalma30 = traderRegUserIndi(@ma30,{g_idxK,len30});
g_idxSignalma60 = traderRegUserIndi(@ma60,{g_idxK,len60});
g_idxSignalma100 = traderRegUserIndi(@ma100,{g_idxK,len100});
else
if numbers < tlens-1
numbers = numbers + 1;
return
end
ma30 = traderGetRegUserIndi(g_idxSignalma30,tlens - len100);
ma60 = traderGetRegUserIndi(g_idxSignalma60,tlens - len100);
ma100 = traderGetRegUserIndi(g_idxSignalma100,tlens - len100);
begindatas = traderGetRegKData(g_idxK,tlens-len100,false);
close1 = begindatas(5,:);

plot(close1);
hold on
plot(ma30);
hold on
plot(ma60);
hold on
```

```
plot(ma100);
xlabel('Days');
ylabel('Price');
legend('Asset','30day_ma','60day_ma','100day_ma');
end
end

function value = ma30(cellPar,bpPFCell)
idxK =cellPar{1};  %相当于指针
N=cellPar{2};      %滚动天数
datas = traderGetRegKData(idxK,N,false,bpPFCell);
 %获取N天的数据, 相应的天数获取相应的数据量
closes = datas(5,:);
value = nanmean(closes);
end

function value = ma60(cellPar,bpPFCell)
idxK =cellPar{1};  %相当于指针
N=cellPar{2};      %滚动天数
datas = traderGetRegKData(idxK,N,false,bpPFCell);
  %获取N天的数据, 相应的天数获取相应的数据量
closes = datas(5,:);
value = nanmean(closes);
end

function value = ma100(cellPar,bpPFCell)
idxK =cellPar{1};  %相当于指针
N=cellPar{2};      %滚动天数
datas = traderGetRegKData(idxK,N,false,bpPFCell);
      %获取N天的数据, 相应的天数获取相应的数据量
closes = datas(5,:);
value = nanmean(closes);
end
```

如果以模型或者算法表现结果的好坏来选择窗口长度, 那么可以说, 所选择的模型或者算法是过拟合的. 我们有一个简单的交易算法, 它关注于股票价格回归到滚动的均值. 通过这个算法的表现来选择窗口的长度, 并找到其中表现最好的一个. 然而, 当考虑不同的时间段时, 这个窗口长度远远不是最佳的. 这是因为最初选择的参数过拟合于样本数据.

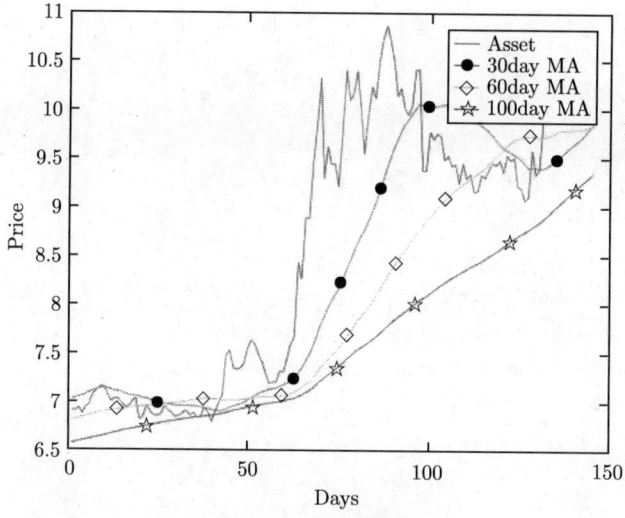

图 15.4 回测结果

回测函数:
```
clear all;
clc;
begintime = 20110401;    %起止时间段
endtime = 20130401;
codes = {'000001'};
for i = 1 :length(codes)
targetList(i).Code =codes{i};
targetList(i).Market = 'szse';
end
Freq = 1;
for j = 1 : 255
len(j) = j;
end
AccountList(1) = {'StockBackReplay'};
traderRunBacktestV2('fig4',@fig4,{Freq,begintime,endtime,len\\ },
AccountList,targetList,'day',Freq,begintime,endtime,'FWard');

%策略函数:
function fig4(bInit,bDayBegin,cellPar)
global g_idxK;          %获取的注册数据index
global TLen;            %股票只数
global numbers;
global Tdays;
global tlens;
global g_idxSignalma;
```

```matlab
global g_idxSignalstd;
global money;
Freq =cellPar{1};          %回测频率
begintime = cellPar{2};    %开始时间
endtime = cellPar{3};      %结束时间
len = cellPar{4};
if bInit
g_idxK = traderRegKData('day',Freq);              %注册数据,获得index
g_idxSignalma = traderRegUserIndi(@ma,{g_idxK,len});
g_idxSignalstd = traderRegUserIndi(@stds,{g_idxK,len});
numbers = 0;
Days = traderGetTradingDays(begintime,endtime);   %交易时间段
tlens = length(Days);
else
if numbers < tlens-1
numbers = numbers + 1;
return
end
MA = traderGetRegUserIndi(g_idxSignalma,tlens - len(end));
stds = traderGetRegUserIndi(g_idxSignalstd,tlens - len(end));
begindatas = traderGetRegKData(g_idxK,tlens-len(end),false);
close1 = begindatas(5,25:end);
MA = MA(2:end,25:end);
stds = stds(2:end,25:end);
close2 = repmat(close1,size(MA,1),1);
zscores = (close2 - MA) ./ stds;
k1 = size(zscores,1);
k2 = size(zscores,2);
money = zeros(k1,1);
for i = 1:k1
count = 0;
for j = 1:k2
if zscores(i,j) > 1
money(i) = money(i) + close1(j);
count = count - 1;
end

if zscores(i,j) < -1
money(i) = money(i) - close1(j);
count = count + 1;
end
```

```
            if abs(zscores(i,j)) < 0.5
                money(i) = money(i) + count * close1(j);
                count = 0;
            end
        end
    end
    position = find(money == max(money));
    disp(position);
    end
end

function value = ma(cellPar,bpPFCell)
idxK =cellPar{1}; %相当于指针
len=cellPar{2};    %滚动天数,此处是一个向量
for i = 1 : length(len)
datas = traderGetRegKData(idxK,i,false,bpPFCell);
        %获取N天的数据,相应的天数获取相应的数据量
close = datas(5,:);
ma(i) = nanmean(close,2);
end
value = ma;
end

function value = stds(cellPar,bpPFCell)
idxK =cellPar{1}; %相当于指针
len=cellPar{2};    %滚动天数,此处是一个向量
for i = 1 : length(len)
datas = traderGetRegKData(idxK,i,false,bpPFCell);
        %获取N天的数据,相应的天数获取相应的数据量
close = datas(5,:);
stds(i) = nanstd(close');
end
value = stds;
end
```

运行结果为

最优窗口长度: 144;

下面换一个时间段来测算:

```
%回测函数:
clear all;
clc;
begintime = 20140401;    %起止时间段
```

```
endtime = 20160401;
codes = {'000001'};
for i = 1 :length(codes)
targetList(i).Code =codes{i};
targetList(i).Market = 'szse';
end
Freq = 1;
for j = 1 : 255
len(j) = j;
end
AccountList(1) = {'StockBackReplay'};
traderRunBacktestV2('fig4',@fig4,{Freq,begintime,endtime,len\\
},AccountList,targetList,'day',Freq,begintime,endtime,'FWard');

%策略函数:
function fig4(bInit,bDayBegin,cellPar)%
global g_idxK;          %获取的注册数据index
global TLen;            %股票只数
global numbers;
global Tdays;
global tlens;
global g_idxSignalma;
global g_idxSignalstd;
global money;
Freq =cellPar{1};       %回测频率
begintime = cellPar{2};    %开始时间
endtime = cellPar{3};     %结束时间
len = cellPar{4};
if bInit
g_idxK = traderRegKData('day',Freq);           %注册数据,获得index
g_idxSignalma = traderRegUserIndi(@ma,{g_idxK,len});
g_idxSignalstd = traderRegUserIndi(@stds,{g_idxK,len});
numbers = 0;
Days = traderGetTradingDays(begintime,endtime);   %交易时间段
tlens = length(Days);
else
if numbers < tlens-1
numbers = numbers + 1;
return
end
MA = traderGetRegUserIndi(g_idxSignalma,tlens - len(end));
stds = traderGetRegUserIndi(g_idxSignalstd,tlens - len(end));
```

```
begindatas = traderGetRegKData(g_idxK,tlens-len(end),false);
close1 = begindatas(5,25:end);
MA = MA(2:end,25:end);
stds = stds(2:end,25:end);
close2 = repmat(close1,size(MA,1),1);
zscores = (close2 - MA) ./ stds;
k1 = size(zscores,1);
k2 = size(zscores,2);
money = zeros(k1,1);
for i = 1:k1
count = 0;
for j = 1:k2
if zscores(i,j) > 1
money(i) = money(i) + close1(j);
count = count - 1;
end
if zscores(i,j) < -1
money(i) = money(i) - close1(j);
count = count + 1;
end
if abs(zscores(i,j)) < 0.5
money(i) = money(i) + count * close1(j);
count = 0;
end
end
end
position = find(money == max(money));
disp(position);
disp(money(144));
disp(money(position));
end
end
function value = ma(cellPar,bpPFCell)
idxK =cellPar{1}; %相当于指针
len=cellPar{2};    %滚动天数,此处是一个向量
for i = 1 : length(len)
datas = traderGetRegKData(idxK,i,false,bpPFCell);
        %获取N天的数据,相应的天数获取相应的数据量
close = datas(5,:);
ma(i) = nanmean(close,2);
end
value = ma;
```

```
end
function value = stds(cellPar,bpPFCell)
idxK =cellPar{1};  %相当于指针
len=cellPar{2};    %滚动天数,此处是一个向量
for i = 1 : length(len)
datas = traderGetRegKData(idxK,i,false,bpPFCell);
         %获取N天的数据,相应的天数获取相应的数据量
close = datas(5,:);
stds(i) = nanstd(close');
end
value = stds;
end
```

最优时间窗口长度: 28;

144 天时间窗口 money: 130.8046;

28 天时间窗口 money: 149.4604.

很明显, 通过样本数据拟合出来的参数并不总是能在样本外数据中得到很好的结果. 通常, 为了避免过度拟合, 可以使用经济学常识或算法的性质来选择窗口长度. 也可以使用 Kalman 滤波, 这种方法不要求算法指定长度.

15.6 避免过度拟合

在建模的过程中, 可以通过使用大样本, 选择合理的简单模型 (而不是通过选择参数来匹配数据) 的方法来避免过度拟合. 但是仅仅运行两个回溯测试必定是过拟合的.

15.6.1 样本外检验

为了确保模型没有过拟合, 需要使用样本外数据来进行检验; 也就是说需要使用在构建模型时没有使用过的数据来检验模型是否依旧有效. 如果搜集不到大量的样本外数据, 那么在估计模型的时候需要将样本数据分为两部分, 一部分用于估计模型, 一部分用于检验模型是否有效.

15.6.2 常见错误: 滥用样本外数据

有时, 人们通过样本数据构建模型, 通过样本外数据检验模型, 然后得出模型无效的结论; 这样, 他们会重复同样的步骤直到找到有效模型为止. 那么这种情况仍然是过拟合的, 因为不能多次使用样本外数据来过度拟合模型, 如果真这么做了, 那么在使用真实样本外数据来检验模型的时候很可能会表现得比较糟糕.

15.6.3 交叉验证

交叉验证过程是首先将数据分成 n 个部分, 然后用 $n-1$ 个部分的数据估计模型, 用最后部分的数据来检验模型. 保持每个部分都不变, 重复这一步骤 n 次, 这样可以确定模型的参数估计有多稳定, 以及它们对样本外数据的预测性有多大.

第四篇

量化投资——策略交易模型

本篇是本书最为重要的部分,其核心内容是讨论金融计量分析在策略交易模型中实现的汇总,由五部分组成,它们是

- 第16章 β对冲
- 第17章 配对交易
- 第18章 方向性交易策略构造
- 第19章 多因子研究
- 第20章 条件异方差模型

如果读者希望更深入了解金融市场在支持量化投资,特别是在策略交易模型方面的内容,可参见下面的经典文献:

1. Studenmund A. H. Using Econometrics: A Practical Guide. 5th ed, New York: Pearson, 2006. 中文译本为: 应用计量经济学. 5版. 王少平,杨继生,刘汉中,译. 北京:机械工业出版社,2007.

2. Hull John. Options, Futures and Other Derivatives. 9th ed. Pearson, 2005. 中文译本为:期权、期货及其他衍生产品. 9版. 王勇,索吾林,译. 北京:机械工业出版社,2016.

3. 丁鹏. 量化投资——策略与技术. 电子工业出版社,2012.

CHAPTER 16
第 16 章　β 对　冲

量化投资中少不了"对冲"的概念,那么为什么要做对冲策略呢?意义在于去掉我们不想承担的那部分风险,这里的"风险"可以替换成"收益". 一只股票的收益=自身经营收益+整个市场收益,相应地,承担的风险=自身经营风险+整个股市风险. 在股票市场中,β 就是指由整个市场因素带来的回报率(系统性风险),β 对冲就是把整个股票市场的系统性风险对冲掉,留下上市公司自身经营收益. 目的就是为了追求市场绝对收益,这种策略的考验就在于选股能力了.

16.1 因子模型

因子模型通过对其他资产的线性组合来揭示一个资产的回报,因子模型的通用形式是

$$Y = \alpha + \beta_1 X_1 + \beta_2 X_2 + \cdots + \beta_n X_n.$$

因子模型的形式和线性回归完全一样,注意到 X 不仅仅可以是其他标的资产,也可以是因子.

一个资产相对于另一个资产的风险值就是以上模型中的 β. 例如我们通过模型 $Y_{\text{ICBC}} = \alpha + \beta X_{\text{CCB}}$ 将工商银行对建设银行回报率进行回归,得到的 β 就是工商银行相对于建设银行的 β. 如果我们采用模型 $Y_{\text{ICBC}} = \alpha + \beta_1 X_{\text{CCB}} + \beta_2 X_{\text{HS300}}$,那么 β_1 和 β_2 分别是工商银行相对于建设银行和沪深 300 的 β. 在选取基准的指数时,可供选项有沪深 300 指数、A 股指数等,指数的选择涉及每个投资者的偏好. 我们在本节中所说的 β 默认以沪深 300 指数作为基准.

16.2 风险暴露

通常来说,此处 β 理解为持有一个资产时我们会暴露多少风险. 当一个资产相对于沪深 300 具有很高的 β 时,市场上涨会带来的很高的收益,相反,市场下跌时表现也会非常差. 一个高 β 同时带来的是高风险. 事实上,我们期待交易策略对于尽可能多的因子具有低 β 值,这是非常理想的状况,在这种情况下,策略对于市场状况不敏感,在市场上涨和下跌行情时都具有很好的表现.

16.3 风险管理

减小对于其他因子风险暴露的过程叫做风险管理, 而对冲 (hedging) 是实践中进行风险管理最有效的方式之一.

16.3.1 对冲

不妨设我们的投资组合的回报对于沪深 300 指数具有以下的关系:

$$Y_\text{portfolio} = \alpha + \beta X_\text{HS300}.$$

然后我们可以针对沪深 300 的部分空头 (通过沪深 300 股指期货实现), 以消除沪深 300 对于投资组合的影响. 我们需要剔除的部分是 $-\beta V$, 其中 V 是我们的投资组合总值. 这样操作的原因是: 如果我们的回报可以通过 $\alpha + \beta X_\text{HS300}$ 来描述, 在沪深 300 部分采取空头使得新的投资组合的回报为 $\alpha + \beta X_\text{HS300} - \beta X_\text{HS300} = \alpha$. 此时我们的回报就是单纯的 α, 其独立于沪深 300 指数, 不会暴露风险在沪深 300 上.

16.3.2 市场中性

当一个策略表现出持续为 0 的 β 时, 我们说此时这个策略是市场中性的 (market neutral).

16.3.3 估计 β 的风险

在此处估计 β 的风险时, β 可能不与我们的预测值相同, 因此, 我们在投资组合中剔除沪深 300 的部分可能不会完全对冲, 实际操作中想要大幅度减小 β 值是十分困难的. 在本套丛书的其他教程中, 我们会提及参数估计的问题, 简单来说, 每个估计值带有一个标准差, 代表在样本内估计的稳定程度.

16.4 β 对冲的 MATLAB 实现

在本节中, 我们针对 2014 年度 A 股沪深 300 股票, 首先将其周回报率与沪深 300 指数周回报率进行回归, 计算相关系数, 挑选出相关系数最大的 25 只股票 (β 值最大), 然后每只股票买入 1000 股, 计算其调整后的价格, 最后通过股指期货计算实现完全 β 对冲所需要的手数, 代码如下:

```
%beta 对冲策略：股票和股指期货的对冲
%计算沪深300指数周回报率
clc;
benchmark = 'HS300';
[~,~,~,~,closePrice,~,~,~]=traderGetKData('SZSE','399300','day',
1,20140101,20141231,true,'NA');
dayReturnBenchmark = closePrice(2:5:end)./closePrice(1:5:end-1)
-1;
targetList = traderGetCodeList(benchmark);
```

```
tLength = length(targetList);
returnMat = [];
regressResult = nan(tLength,2);
closeEndPrice = nan(tLength,1);
for iTarget = 1:tLength %读取沪深300股票收盘价
2
[~,~,~,~,closePrice,~,~,~] = traderGetKData(targetList...
(iTarget).Market,targetList(iTarget).Code,'day',1,20140101,...
20141231,true,'NA');
closeEndPrice(iTarget) = closePrice(end);
if length(closePrice) ~= 245
continue;
end
%计算周回报率 dayReturn = closePrice(2:5:end)./closePrice...
(1:5:end-1)-1; % 计算alpha和beta
returnMat = [ones(49,1) dayReturnBenchmark];
[b] = regress(dayReturn,returnMat);
regressResult(iTarget,:) = b';
end
%挑选高β值的股票,购买1000股
[~,indexHighBeta] = find(regressResult(:,2) > 1.5);
%计算对冲股指需要的手数
adjustedValue=closeEndPrice(indexHighBeta)'*regressResult
(indexHighBeta,2);
[~,~,~,~,IFprice,~,~,~]=traderGetKData('CFFEX',... 'IF0000',
'day',1,20141231,20141231,true,'NA');
nShare = 1e4 * adjustedValue / IFprice / 300;
```

16.5 交叉对冲

在考虑对冲时,如果对冲的期货的标的资产不同于被对冲的资产时,就需要考虑交叉对冲,即当两个资产不同时将会出现交叉对冲. 例如,某家航空公司对飞机燃油的未来价格有些担心,但是由于没有飞机燃油的期货,这家公司也许会采用加热油期货合约来对冲风险.

对冲比率是指持有期货合约的头寸大小与资产风险暴露数量大小的比率. 当期货的标的资产与被对冲资产一样时,应选取的对冲比率为1. 当采用交叉对冲时,对冲比率为1并不一定最优. 换一句话讲,对于交叉对冲,其核心思想是:对冲者所采用的对冲比率应使得被对冲后头寸的价格变化方差达到极小. 我们现在考虑对冲者将如何做到这一点.

16.5.1 最小方差对冲比率的计算

最小方差对冲比率取决于即期价格的变化与期货价格变化之间的关系. 我们将采用符号:ΔS——在对冲期限内,即期价格 S 的变化;ΔF——在对冲期限内,即期价格 F 的变化；我们用 h^* 表示最小方差对冲比率，可以证明 h^* 是 ΔS 对 ΔF 进行线性回归时所产生的最优拟合直线的斜率. 这个结果在直观上很合理，我们希望 h^* 表示当 F 变化时的 S 平均变化的比例. h^* 的公式如下：

$$h^* = \rho * \frac{\sigma_S}{\sigma_F}, \tag{16.1}$$

式中，σ_S 是 ΔS 的标准差，σ_F 是 ΔF 的标准差，ρ 是两者之间的相关系数.

16.5.2 最优合约数量

为了计算对冲所采用的合约数量，定义：

Q_A——被对冲头寸的大小 (单位数量)；Q_F——合约的规模 (单位数量)；N^*——用于对冲的最优期货合约数量.

此时应采用的期货合约的面值为 h^*Q_A，因此所需的期货数量为 $N^* = (h^*Q_A)/Q_F$.

例 某航空公司将在一个月后购买 200 万加仑飞机燃料，并决定用加热油期货来对冲. 由历史数据 $\sigma_F = 0.0313$，$\sigma_S = 0.0263$，$\rho = 0.928$，得最优对冲比率 $h^* = \rho * \sigma_S/\sigma_F = 0.928*0.0263/0.0313 = 0.7777$.

例续 假设加热油期货合约的规模为 42000 加仑，则假设不存在每日结算时的最优合约数量为 $h^*Q_A/Q_F = 0.7777*2000000/42000 = 37.03$.

其他基于期权等衍生品的方法和工具，请参见文献 (Hull, 2015).

CHAPTER 17
第 17 章 配对交易

配对交易 (pairs trading) 的理念最早来源于 20 世纪 20 年代华尔街传奇交易员 Jesse Livermore 的姐妹股票对 (sister stocks) 交易策略. 1985 年, Morgan Stanley 公司成立了一支量化团队, 专门开展配对交易的研究. 1987 年投入实战, 当年实现盈利 5000 万美元. 不过该策略在之后两年连续亏损, 研究团队被迫解散, 小组成员散落到各家对冲基金, 策略的思想也随之广为市场知晓. 配对交易与传统股票交易最大的不同之处在于, 它的投资标的是两只股票的价差, 是一种相对价值而非绝对价值. 同时又由于它在股票多头和空头同时建仓, 对冲掉了绝大部分市场风险, 因而它又是一种市场中性策略, 策略收益和大盘走势的相关性很低. 在市场无趋势性机会时, 可以通过配对交易避免股市系统风险, 获取 Alpha 绝对收益.

配对交易是一种经典的采用统计分析的策略. 其主要原理是我们有一对具有内在经济联系的有价证券. 一个例子可以是两个公司生产一样的产品, 或者两个公司在一个供应链中. 如果我们可以将这种经济联系用数学模型描述, 我们就可以依照这个数学模型进行交易. 我们从一个小例子开始.

17.1 配对交易流程

17.1.1 选取标的

作为每日回报率, 采样于正态分布. 之后我们展示每日的累积总和.

```
X_returns = randn(100,1);%产生每日收益率
X = cumsum(X_returns) + 50;
plot(X)
legend('X')
```

现在我们产生 Y, 由于假设 Y 和 X 有很深的经济联系, 所以 Y 价格的变化就需要十分的类似. 我们通过 X 来描述 Y, 通过 X 做一些平移再加上一些服从正态分布的噪声.

```
some_noise = randn(100,1);
Y = X + 5 + some_noise;
plot(X)
hold on
plot(Y)
```

```
legend('X','Y');
```

结果如图 17.1 和图 17.2 所示.

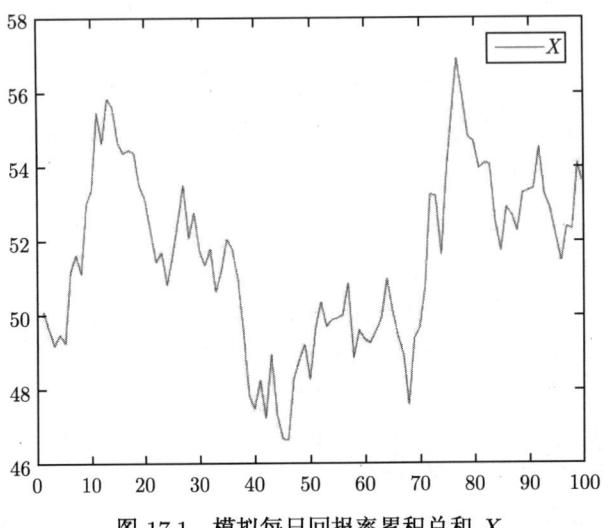

图 17.1　模拟每日回报率累积总和 X

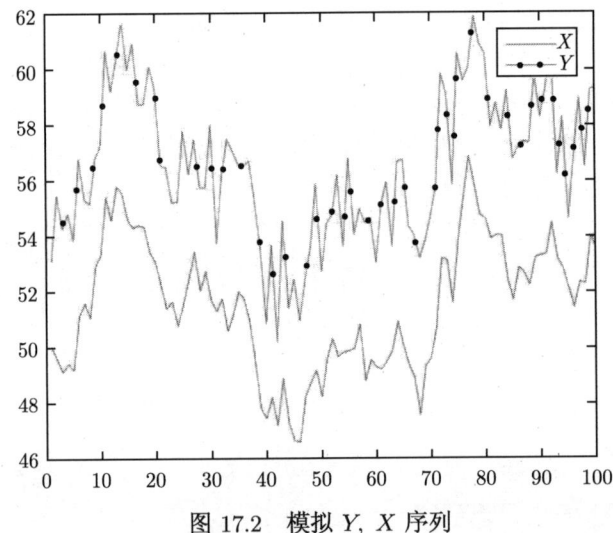

图 17.2　模拟 Y, X 序列

17.1.2　协整

下面我们构建一个例子采用两个协整的序列. 相较于相关性, 协整是一个更加微妙的关系. 如果两个序列是协整的, 那么它们之间肯定存在一个线性组合, 使得该线性组合是平稳的. 下面我们用 MATLAB 模拟, 画出两者价差的序列.

```
plot(Y-X)
hold on
plot([length(Y-X),1],[mean(Y-X),mean(Y-X)],'r--')
xlabel('时间');
```

```
ylabel('价差');
```

结果如图 17.3 所示.

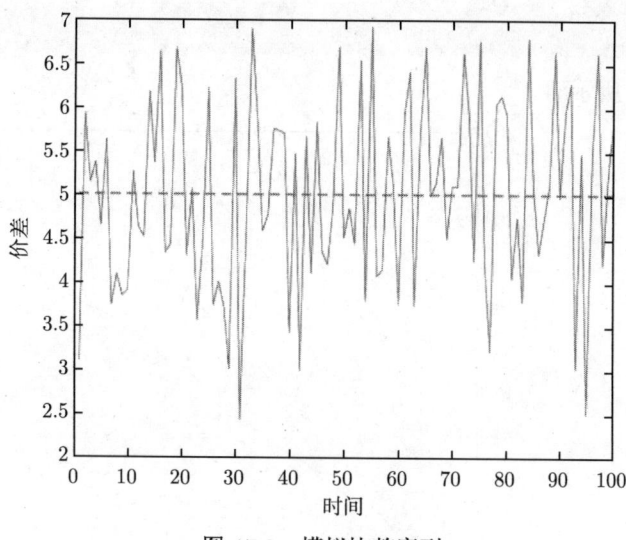

图 17.3 模拟协整序列

1. 协整检验

协整是一个直观的定义, 我们可以采用 Engel-Granger 检验来检测协整. 选取置信水平 0.05, 运行代码如下:

```
[h,pValue,~,~,~,~] = egcitest([Y,X]);
pValue
```

得到结果为

pValue = 1.0000e−03

2. 相关性与协整

相关性和协整, 虽然理论上看很相似, 但是并不一样. 为了说明这个事情, 我们将举一个具有相关性但不协整的例子, 反之类似. 下面我们首先来检验产生的序列的相关性.

```
corr(Y,X)
```

ans = 0.9072

这个值正如我们期待的一样, 很高, 但是两个序列怎么能相关但是不协整呢?

3. 相关但不协整

一个简单的例子是两个价差发散的序列.

```
X_returns = randn(100,1)+1;
Y_returns = randn(100,1)+2;
X_diverging =cumsum(X_returns);
Y_diverging =cumsum(Y_returns);
```

```
plot(X_diverging)
hold on
plot(Y_diverging)
legend('X','Y');
```

结果如图 17.4 所示.

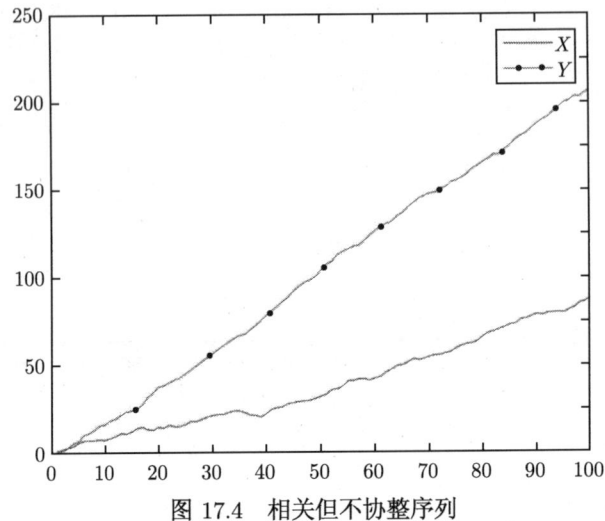

图 17.4 相关但不协整序列

```
corr(Y_diverging,X_diverging)
[h,pValue,~,~,~,~] = egcitest([Y_diverging,X_diverging]);
pValue
```

ans = 0.9853

pValue = 0.9174

可以看到, 两序列的相关系数是 0.9853, 而协整检验的 p 值为 0.9174, 表明两序列的相关性较高, 但协整度较差.

4. 协整但不相关

一个简单的例子是正态分布序列和方波序列.

```
Y2 = randn(1000,1) + 20;
Y3 = Y2;
Y3(1:100)   =30;
Y3(101:200) =10;
Y3(201:300) =30;
Y3(301:400) =10;
Y3(401:500) =30;
Y3(501:600) =10;
Y3(601:700) =30;
Y3(701:800) =10;
Y3(801:900) =30;
```

```
Y3(901:1000) =10;
```

```
plot(Y2)
hold on
plot(Y3)
ylim([0,40])
grid on
```

结果如图 17.5 所示.

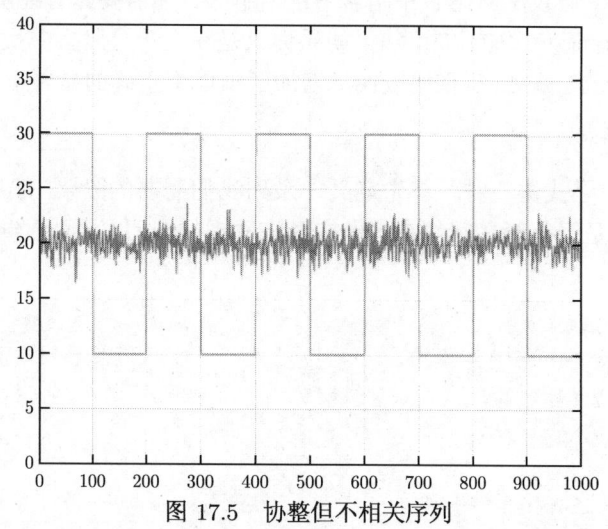

图 17.5　协整但不相关序列

```
corr(Y2,Y3)
[h,pValue,~,~,~,~] = egcitest([Y2,Y3]);
pValue
```

ans = 0.0706

pValue = 1.0000e−03

可以看出, 相关系数是 0.0706, 而协整检验的 p 值为 1.0000e−03, 即序列间的协整度高但相关性低.

17.1.3　对冲

在坏的市场情况下我们希望保护自己的投资, 通常做空可以对冲长期投资的风险. 因为如果出售证券亏了钱, 相应地做空就会赚钱, 如果证券赚钱, 做多就会赚钱, 人们可以做多一部分市场, 做空另一部分. 即使整个市场发生断崖式下跌, 我们仍然可以通过做空的那部分挣钱, 保证盈亏平衡点. 就两个有价证券来说, 当我们做多一个, 做空另一个的时候就叫做"对冲头寸".

1. 技巧

因为证券的趋势相互接近和分开, 所以有的时候距离近, 有的时候距离远. 所以配对交易的技巧就是, 维持一个关于 X 和 Y 的对冲头寸. 如果两个证券同时下降, 我们不会有损失, 同时上涨也是一样. 我们通过价差的均值回归来赚钱. 为了达到这个目的, 我们观察当 X 和 Y 分离的时候, 我们做空 Y 做多 X; 类似地, 观察当它们接近时, 我们做多 Y 做空 X, 即

(1) 做多价差: 当价差小的时候, 我们通过做多 Y 和做空 X 下注;

(2) 做空价差: 当价差大的时候, 我们通过做空 Y 和做多 X 下注.

最好的方式就是找到你认为有协整的证券, 然后做统计检验. 如果你对所有证券做统计检验, 你会成为多重比较偏见的牺牲品.

在选取配对组合的时候, 假设配对组合中暗含着经济假设. 你需要先有经济学联系, 然后再来检验协整性, 这样就会避免多重比较偏见. 如果你只是在上千只股票中找出有协整性质的股票对, 就会产生多重比较偏见. 多重比较偏见增加了出现不正确的显著 p 值的概率.

2. 在银行股中寻找协整对

我们在一堆银行股票中寻找协整对. 首先定义一系列我们需要的股票, 然后取得 2016 年的股价. 我们的经济假设是银行股之间都是有内在经济联系的, 所以我们希望检验它们是否具有协整性质.

```
Name(1).code='601288';%农业银行
Name(2).code='601988';%中国银行
Name(3).code='601398';%工商银行
Name(4).code='601328';%交通银行
Name(5).code='601939';%建设银行

for i= 1:5
[~,~,~,~, close{i},~,~,~] = traderGetKData('SSE',
Name(i).code, 'day', 1, 20160101, 20170101,false, 'FWard');
end

p_table=zeros(5,5);
for j = 1:5
for k =j+1:5
[~,p_table(j,k),~,~,~,~] = egcitest([close{j},close{k}]);
end
end
```

p 值表格为

0	0.0010	0.0049	0.0051	0.0884
0	0	0.0010	0.0010	0.0038
0	0	0	0.0573	0.2144
0	0	0	0	0.0398
0	0	0	0	0

通过上表我们可以看出农业银行和中国银行, 中国银行和工商银行等都具有很好的协整性.

下面我们主要考察农业银行和中国银行的协整特性.

```
S1 = close{1};
S2 = close{2};
[~,pvalue,~,~,~,~] = egcitest([S1, S2]);
pvalue
```

pvalue = 1.0000e-03

可以看到, 两者间的协整性也较好.

3. 计算价差

```
[~,pvalue,stat,cValue,reg] = egcitest([S1, S2]);
pvalue
a = reg.coeff(1)
b = reg.coeff(2)
plot(S1 - b*S2 -a)
hold on
plot(mean(S1 - b*S2 -a)*ones(length(S1),1))
grid on
legend('价差')
```

结果如图 17.6 所示.

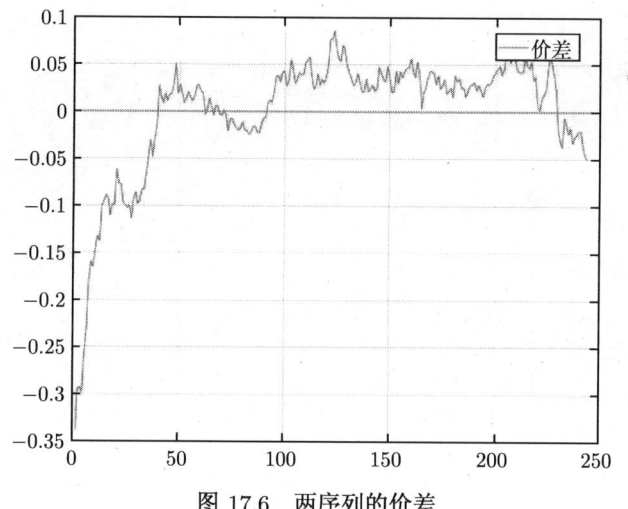

图 17.6　两序列的价差

接下来我们检验两个序列的价格比率.

```
ratio = S1/S2;
plot(ratio)
hold on
plot(mean(ratio)*ones(length(ratio)))
grid on
legend('价格比率')
```

```
ylim([.7,.9])
```

结果如图 17.7 所示.

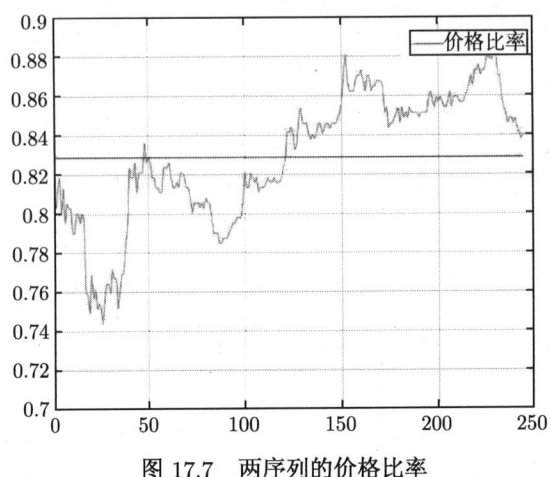

图 17.7 两序列的价格比率

检验交易对的价格比率是传统的处理配对交易的方法. 这么做的一个原因是基于我们对股票运动的假设, 股票是按照对数正态分布的. 也就是说, 价格比率相当于回报的线性组合 (因为它们是指数回报).

回到我们的例子上, 绝对价差不是一个常用的统计量, 通常我们用 Z 统计量将信号正态化.

```
spread = S1 - b*S2 -a;
plot((spread-mean(spread))/std(spread))
hold on
plot(mean(spread)*ones(length(spread)))
grid on
plot(ones(length(spread)))
grid on
plot(-ones(length(spread)))
grid on
legend('价差Z统计量')
```

结果如图 17.8 所示.

简单策略:

当 Z 统计量小于 -1 做多价差;

当 Z 统计量大于 1 做空价差;

当 Z 统计量等于 0 时平仓.

4. 移动平均线

n 个点的移动平均线, 是计算前 n 个点的平均数. 这将会使我们序列的前 n 个点没有定义. 均值越短, 跳跃会变多也更不可靠, 但对于信息的变化更快. 长的移动平均值会更加地平滑，但对于信息的反应更慢.

```
movavg(spread,10,30)
legend('价差','十日移动平均线','三十日移动平均线')
```

结果如图 17.9 所示.

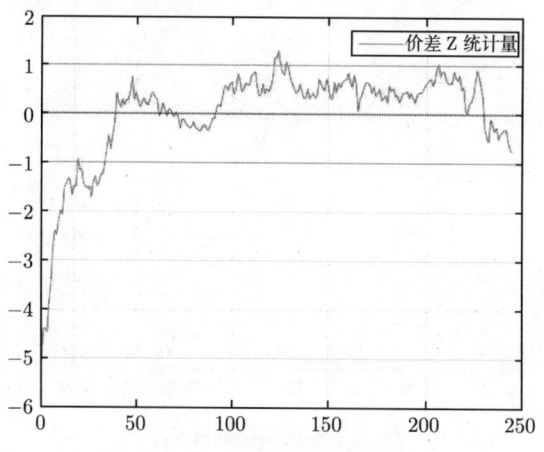

图 17.8 价差的 Z 统计量

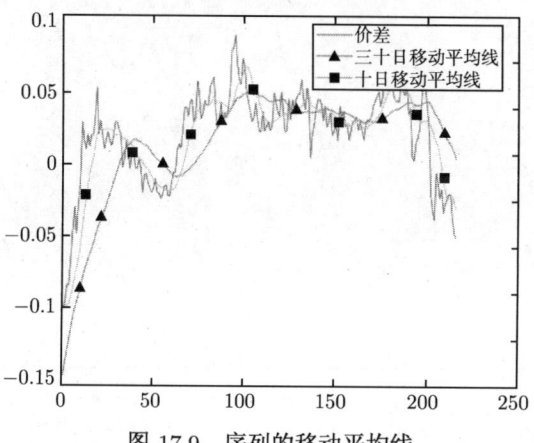

图 17.9 序列的移动平均线

我们可以使用移动平均来计算每一点价差的 Z 统计量，它会告诉我们价差的极端程度，现在入场是不是一个好主意.

```
[ma1,ma30]= movavg(spread,1,30);
zscore_30_1 = (ma1 - ma30)/std(ma30);
plot(zscore_30_1)
hold on
plot(mean(zscore_30_1)*ones(length(zscore_30_1)))
hold on
plot(ones(length(zscore_30_1)))
hold on
plot(-ones(length(zscore_30_1)))
```

```
grid on
```

结果如图 17.10 所示.

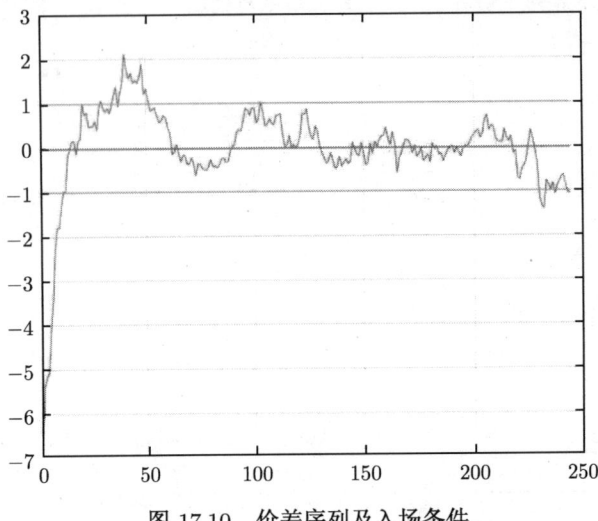

图 17.10 价差序列及入场条件

```
plot(S1)
hold on
plot(S2)
hold on
plot(zscore_30_1)
hold on
legend('农业银行','中国银行','Z统计量')
grid on
```

结果如图 17.11 所示.

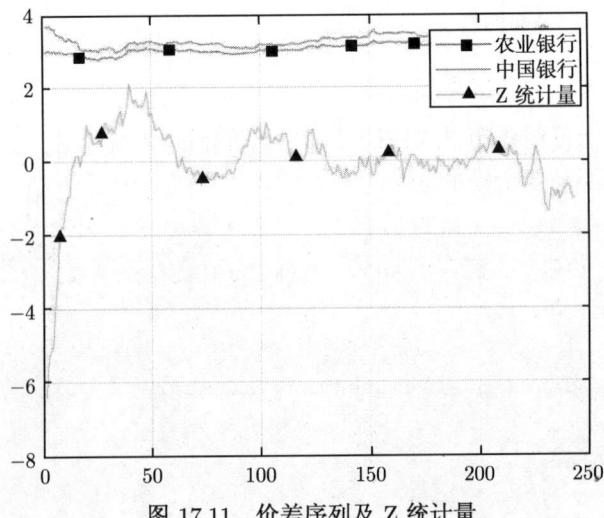

图 17.11 价差序列及 Z 统计量

5. 样本外检验

为了检验协整是否有效，需要用样本外的数据进行检验. 因为我们建立模型使用的是 2016 年的数据，让我们看一看在 2017 年协整性质是否还存在. 历史结果不能保证未来的结果，所以这个检验很有必要.

```
[~,~,~,~, S1,~,~,~] = traderGetKData('SSE',Name(1).code,
'day', 1, 20170101, 20170501,false, 'FWard');
[~,~,~,~, S2,~,~,~] = traderGetKData('SSE',Name(2).code,
'day', 1, 20170101, 20170501,false, 'FWard');
[~,pvalue,~,~,~,~] = egcitest([S1, S2])
```

pvalue = 0.9914

很遗憾，我们显著 p 值小于 0.05，说明我们的模型在未来并不会有效. 样本外检验是确保模型在实际市场中有效的重要手段.

实际上当我们应用交易的时候，会同时交易很多配对组合. 即使找到统计上十分优秀的配对组合，也并不能保证这个关系在未来还会继续有效. 因此，我们需通过交易很多的配对组合来创造多样性的投资组合，以预防单一配对组合的失效.

17.2 配对交易策略

下面构造基于协整的统计套利策略. 本策略对沪深 300 股指期货 (IF) 的当月主力合约和次月主力合约进行实证研究.

17.2.1 策略主体

策略逻辑如下：
1. 在某一时刻向前取一定长度的 IF 主力与次主力合约 5 分钟数据；
2. 对两个序列的对数建立简单线性回归模型；
3. 构造去中心化的统计量；
4. 对残差序列构建时变出场点；
5. 进行买卖下单逻辑操作.

以下为基于 ATrader MATLAB 回测平台完成的策略主函数：

```
function PairTrading(Freq,len,ShareNum)    %基于协整的统计套利策略
%len 为时间窗口
barlength =300;
targetList = traderGetTargetList();
HandleList = traderGetHandleList();
barnum0 = traderGetCurrentBar(targetList(1).Market,...
targetList(1).Code);
barnum=barnum0(1);
if barnum <= barlength
return;
```

```matlab
end
[time1,~,~,~,close1,~,~,~]=traderGetKData(targetList(1).
Market,targetList(1).Code,'min',Freq,0-barlength,0,false,
'FWard');%获取当月数据
[time2,~,~,~,close2,~,~,~]=traderGetKData(targetList(2).
Market,targetList(2).Code,'min',Freq,0-barlength,0,false,
'FWard');%获取下月数据
[marketposition1,~,~]=traderGetAccountPosition(HandleList(1),
targetList(1).Market,targetList(1).Code); %记录当月的头寸
[marketposition2,~,~]=traderGetAccountPosition(HandleList(1),
targetList(2).Market,targetList(2).Code); %记录次月的头寸
%-------------------协整分析与构造统计量-------------------%
x=log(close1((end-len+1):end));
y=log(close2((end-len+1):end));
x1=[y,x];
[h,pValue,stat,cValue,reg] = egcitest(x1);%协整检验并估计参数
if h==0
return
end
t=rem(time1(end),floor(time1(end)));
beta=reg.coeff(2);%斜率项
kk=reg.coeff(1);%截距项
Y=y-beta*x-kk;%去中心化残差
uu=mean(Y);%去中心化残差的均值
ss=std(Y);%去中心化残差的标准差
index=(Y(end)-uu)/ss;%构造统计量
if beta<0 &&marketposition1==0&&marketposition2==0
return
end
kstop = 0;%均值附近止盈
%----------------------------------------------%
%大于一倍sigma做空y
if marketposition1 == 0 && index>=1
traderBuy(HandleList(1),targetList(1).Market,targetList(1)
.Code,round(ShareNum*beta),0,'market','buy1');
end
if marketposition2 == 0   && index>=1
traderSellShort(HandleList(1),targetList(2).Market,
targetList(2).Code,ShareNum,0,'market','sellshort1');
end

if  marketposition1> 0  && (index<=-kstop ||index>=4)
```

```
%回到均值附近止盈超过4倍止损出去
traderPositionTo(HandleList(1),targetList(1).Market,
targetList(1).Code,0,0,'market','SellToCover1');
end
if   marketposition2< 0  && (index<=-kstop || index>=4)
 %回到均值附近止盈超过4倍止损出去
traderPositionTo(HandleList(1),targetList(2).Market,
targetList(2).Code,0,0,'market','BuyToCover1');
end

%---------------------------------------------%
%小于负一倍sigma做多y
if marketposition1 == 0  && index<=-1
traderSellShort(HandleList(1),targetList(1).Market,
targetList(1).Code,round(ShareNum*beta),0,'market',...
'sellshort2');
end
if marketposition2 == 0   && index<=-1
traderBuy(HandleList(1),targetList(2).Market,
targetList(2).Code,ShareNum,0,'market','buy2');
end

if   marketposition1< 0   &&(index>=kstop || index<=-4)
 %回到均值附近止盈超过-4倍止损出去
traderPositionTo(HandleList(1),targetList(1).Market,
targetList(1).Code,0,0,'market','BuyToCover2');
end
if   marketposition2> 0   && (index>=kstop || index<=-4)
%回到均值附近止盈超过-4倍止损出去
traderPositionTo(HandleList(1),targetList(2).Market,
targetList(2).Code,0,0,'market','SellToCover2');
end
end
```

以下为运行函数：

```
targetList(1).Market = 'CFFEX';
targetList(1).Code = 'IF0000';
targetList(2).Market = 'CFFEX';
targetList(2).Code = 'IF0001';
Freq=5;
len=200;
ShareNum=100;
```

```
AccountList(1) = {'FutureBackReplay'};
traderRunBacktest(' Coin 5min',@PairTrading,{Freq,len,ShareNum},
AccountList,targetList,'min',Freq,20150101,20150820,'FWard' );
```

17.2.2 策略效果

配对交易策略回测结果如图 17.12 所示.

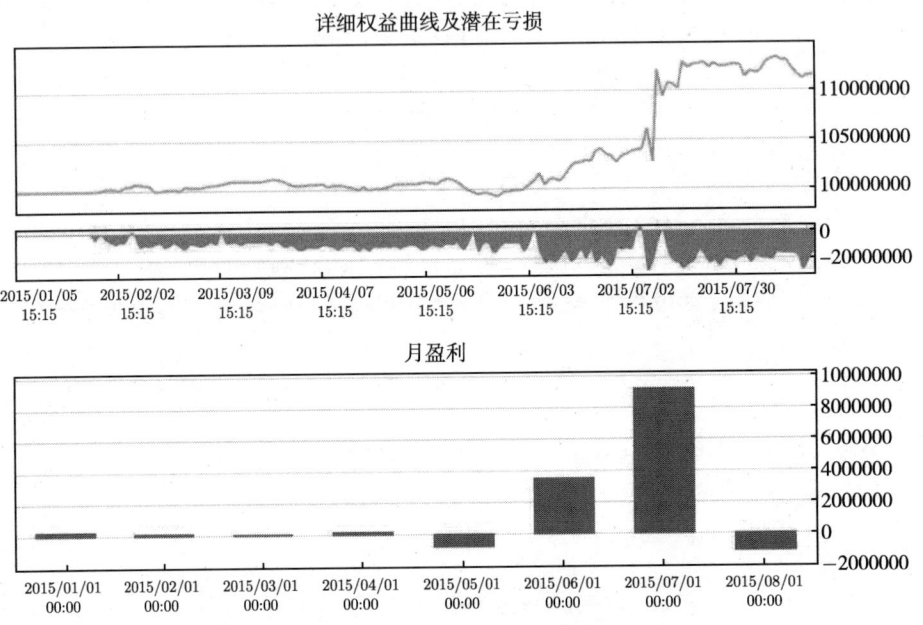

图 17.12 配对交易策略回测结果图

CHAPTER 18
第 18 章 方向性交易策略构造

方向性交易策略一般也称为择时类交易策略,这种策略考虑的是在某一段时间做多或做空某一标的或者投资组合,以期获取价差收益的策略. 这种类型的策略非常多,可交易标的种类也非常多,比如股票、期货、债券、外汇等,为了简要说明这一类策略,本章构造一些期货示例来讲解这一类型的策略. 在中国市场,由于融券做空机制的限制仍是以多头择时为主,只需要限制做空开仓即可.

市场上方向性交易策略大致分为两种: 趋势类交易策略和反趋势类交易策略. 从使用数量的角度看,趋势跟随策略使用者较多,并且市场上很多公开的策略也都是趋势跟随交易策略,趋势跟随策略存在一个缺陷即盘整的时候常常处于一直亏损状态,等到趋势来临的时候才能获利,这种类型的策略胜率往往较低,但每次获利额较大,这样可以弥补前期亏损并有一定的剩余,从而达到长期获利的效果. 反趋势策略与之相反,属于高胜率低收益风险比的策略. 本讲义会讲解一些常见的经典策略,比如波动率突破策略、日内趋势反转策略 (R-break 策略)、Dual Thrust 策略、长线突破 Abberation 策略、海龟交易策略. 为了让读者熟悉不同的策略架构写法,这里需要说明的是前面两个策略使用旧结构进行讲解,后面三个策略使用新结构进行设计.

18.1 波动率突破策略

18.1.1 策略原理

在衡量波动率上面,没有采用常见的 ATR 指标或者序列的标准差,而是采用了收益率序列的平方和的均值作为衡量标准. 定义 $u_i = \dfrac{p_i - p_{i-1}}{p_i}$,假定 $E_{u_i} = 0$,使用波动率的极大似然估计即可得到波动率的平方:

$$\sigma_n^2 = \frac{1}{m}\sum_{i=1}^{m} u_{n-i}^2. \tag{18.1}$$

进而波动率满足

$$\sigma_n = \sqrt{\frac{1}{m}\sum_{i=1}^{m} u_{n-i}^2}. \tag{18.2}$$

构造完标准差之后,只需要再根据价格平均值序列即可构造两个上下轨 (upper 和 lower). 均值序列 (mid) 与上轨序列、下轨序列把整个价格空间分成四个区域,依次是区域一: $p >$

upper，区域二：$p >$ mid 且 $p <$ upper，区域三：$p <$ mid 且 $p >$ lower，区域四：$p <$ lower。

18.1.2 策略逻辑

- 在某一时刻向前取一定长度的某合约某一频率的数据。
- 计算收益率序列及收盘价的平均值序列。
- 计算波动率并且构造多空条件。
- 读取持仓与账户信息及合约信息，构造每次交易手数。
- 进行买卖下单逻辑操作。

本策略对上海期货交易所螺纹钢期货（rb）主力合约 5 分钟的数据进行实证研究。使用旧的回测结构进行代码编写，所有的代码均是用 MATLAB 完成。下面是部分策略说明，请勿直接复制代码运行，详细运行可以参见 VolBreak.m 函数文件。

提取数据与读取持仓

```
[time,~,~,~,close,~,~,~]=traderGetKData(targetList(1).Market,...
targetList(1).Code,'min',Freq,0-barlength,0,false,'FWard');
%获取数据
[marketposition,~,~]=traderGetAccountPosition(HandleList(1),...
targetList(1).Market,targetList(1).Code);
%记录头寸
```

计算收益率序列及收盘价的平均值序列

```
Y = price2ret(close(end-len+1:end));%价格转化为收益率
ma=mean(close(end-len+1:end));%计算平均价格
```

计算波动率并且构造多空条件

```
volatility=sqrt(sum(Y.^2));
con1=close(end)>ma(end)*(1+volatility);
con2=close(end)<ma(end)*(1-volatility);
con3=close(end)<ma(end);
con4=close(end)>ma(end);
```

读取持仓与账户信息及合约信息，构造每次交易手数

```
[ValidCash,MarketCap,~,~,~]
= traderGetAccountInfo(HandleList(1));%获取账户信息
[~,~,Multiple,MinMove,~,~,~,~,~]
= traderGetFutureInfo(targetList(1).Market,targetList(1).Code);
%获取期货合约信息
MM=max(close(end-5:end));
ShareNum=ValidCash/MM/Multiple*3;
```

买卖下单逻辑与进出场设计

```
if marketposition == 0
```

第 18 章 方向性交易策略构造

```
        if con1        traderBuy(HandleList(1),targetList(1).Market,...
                       targetList(1).Code,ShareNum,0,'market','buy1');
        elseif con2    traderSellShort(HandleList(1),...
                       targetList(1).Market,targetList(1).Code,...
                       ShareNum,0,'market','sellshort2');
        end
    else
        if marketposition> 0   && con3
        traderPositionTo(HandleList(1),targetList(1).Market,...
        targetList(1).Code,0,0,'market','SellToCover1');
        end
        if  marketposition< 0    && con4
        traderPositionTo(HandleList(1),targetList(1).Market,...
        targetList(1).Code,0,0,'market','BuyToCover2');
        end
end
```

确定标的与回测设置

```
targetList(1).Market = 'SHFE';
targetList(1).Code = 'RB0000';
Freq=5;
len=50;
AccountList(1) = {'FutureBackReplay'};
traderRunBacktest('GarchBreak',@ GarchBreak,{Freq,len},
AccountList,targetList,'min',Freq,20140101,20150101,'FWard' );
```

使用 2014 年 1 月 1 日到 2015 年 1 月 1 日数据，测试 rb0000，回测结果如图 18.1 所示.

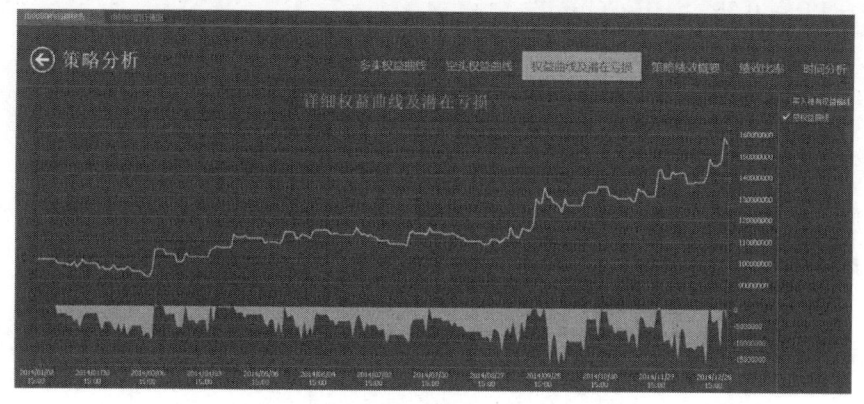

图 18.1 波动率突破策略回测结果

摘抄简要的统计表为表 18.1.

表 18.1

初始资金	100000000	夏普比率	1.84
初始资金收益率 (%)	55.89	Calma 比率	6.56
净利	55887797.63	净利/最大潜在亏损	3.42
盈利因子	1.84	手续费/净利	0.1508
算术年化收益率 (%)	50.15	盈利交易次数	34
几何年化收益率 (%)	57.88	亏损交易次数	39
最大回撤	11490260.63	胜率 (%)	46.58
最大回撤率 (%)	8.52	平均单笔净利	765586.27
已付手续费	8430512.37	平均盈利额	3608531.97
交易天数	245	平均亏损额	1712879.21
买入持有权益	74326647.56	平均盈利/平均亏损	2.11

18.2 日内趋势反转策略之 R-breaker 策略

R-Breaker 策略属于日内趋势追踪类型的策略，曾 14 年排名 *Future Trust* 杂志年度前 10 最赚钱的策略，尤其在标普 500 股指期货上效果最佳．

该策略的主要特点如下：根据前一个交易日的收盘价、最高价和最低价数据通过一定方式计算出六个价位，从大到小依次为：突破买入价 (bbreak)、观察卖出价 (ssetup)、反转卖出价 (senter)、反转买入价 (benter)、观察买入价 (bsetup)、突破卖出价 (sbreak)，以此来形成当前交易日盘中交易的触发条件．这里，通过对计算方式的调整，可以调节六个价格间的距离．

这六个价位形成的阻力和支撑位计算过程如下：

HH= 昨天的最高价；

LL= 昨天的最低价；

CC= 昨天的收盘价；

观察卖出价 = HH + 0.35 ∗ (CC-LL)；

观察买入价 = LL − 0.35 ∗ (HH-CC)；

反转卖出价 = 1.07 / 2 ∗ (HH + LL)−0.07 ∗ LL；

反转买入价 = 1.07 / 2 ∗ (HH + LL)−0.07 ∗ HH；

突破买入价 = 观察卖出价 + 0.25 ∗ (观察卖出价 − 观察买入价)；

突破卖出价 = 观察买入价 − 0.25 ∗ (观察卖出价 − 观察买入价)．

其中，HH, CC, LL 分别为昨日最高价、昨日收盘价和昨日最低价．这六个价位从大到小依次是突破买入价、观察卖出价、反转卖出价、反转买入价、观察买入价和突破卖出价．

交易规则：

反转：

持多单或空仓状态，当日内最高价超过观察卖出价后，盘中价格出现回落，且进一步跌破反转卖出价构成的支撑线时，采取反转策略，即在该点位反手做空；

持空单或空仓状态，当日内最低价低于观察买入价后，盘中价格出现反弹，且进一步超过反转买入价构成的阻力线时，采取反转策略，即在该点位反手做多．

如图 18.2 所示．

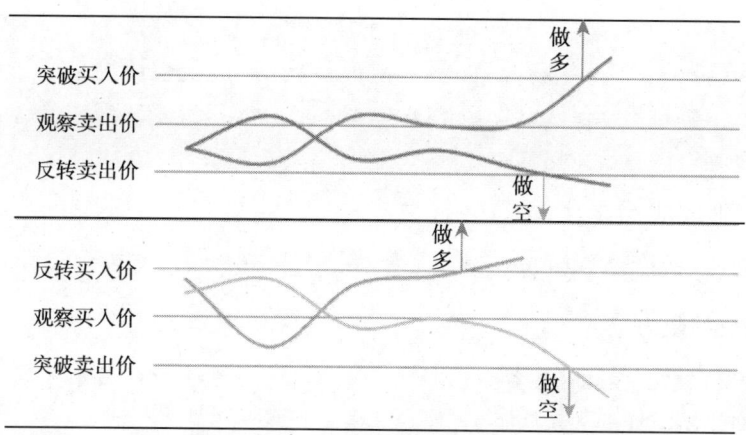

图 18.2 R-breaker 模型

突破:

在空仓的情况下, 如果盘中价格超过突破买入价, 则采取趋势策略, 即在该点位开仓做多;

在空仓的情况下, 如果盘中价格跌破突破卖出价, 则采取趋势策略, 即在该点位开仓做空.

如图 18.3 所示.

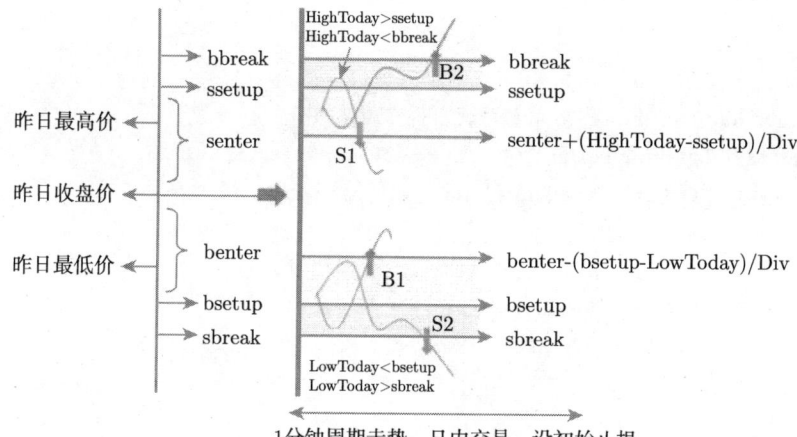

图 18.3 R-breaker 交易策略

本策略对中国金融期货交易所 (简称中金所) 上市交易品种中证 500 股指期货 (IC) 主力合约 1 分钟的数据进行实证研究. 使用旧的回测结构部分代码如下:

提取数据与读取持仓

```
[~,~,high,low,close,~,~,~] =
traderGetKData(targetList(i).Market,targetList(i).Code,'day',...
1, 0-lags, 0,false,'FWard'); %提取数据, 从当前开始往前取lags个数据
if length(close)<2
    continue;
```

```
end
[marketposition,~,~]=traderGetAccountPosition(HandleList(1),...
targetList(i).Market,targetList(i).Code);
%获取当前仓位状况
```

每日收盘前 14:50 分平仓

```
traderDailyCloseTime(145000);
```

构造六条支撑阻力位

```
HH=high(end-1);%上根BAR的最高价
LL=low(end-1);%上根BAR的最低价
CC=close(end-1); %上根BAR的收盘价
ssetup=HH+k1*(CC-LL); %观察卖出价
senter=(1+k2)/2*(HH+LL)-k2*LL; %反转卖出价
benter=(1+k2)/2*(HH+LL)-k2*HH; %反转买入价
bsetup=LL-k1*(HH-CC); %观察买入价
bbreak=ssetup+k3*(ssetup-bsetup); %突破买入价
sbreak=bsetup-k3*(ssetup-bsetup); %突破卖出价
```

买卖下单逻辑与进出场设计

```
%%突破买入或卖出操作
if  marketposition==0
    if close(end)>bbreak    %当前收盘价突破买入价,做多
        traderBuy(HandleList(1),targetList(i).Market,...
        targetList(i).Code,shareNum,0,'market','突破做多');
    end
    if close(end)<sbreak    %当前收盘价突破卖出价,做空
        traderSellShort(HandleList(1),targetList(i).Market,...
        targetList(i).Code,shareNum,0,'market','突破做空');
    end
end

%%反手或反转操作
if marketposition>=0
    if high(end)>ssetup
        s(i).up=1;
    end
    if s(i).up==1&& close(end)<senter &&~(close(end)>bbreak)
    %多单反转条件
        order=traderSellShort(HandleList(1),...
        targetList(i).Market, targetList(i).Code,...
        shareNum,0,'market','反转开空');
```

```
            if order~=0
                s(i).up=0;
            end
        end
    end
end
if marketposition<=0
    if low(end)<bsetup
        s(i).down=1;
    end
    if s(i).down==1&& close(end)>benter  &&~(close(end)<sbreak)
        %空单反转条件
        order= traderBuy(HandleList(1),targetList(i).Market,...
            targetList(i).Code,shareNum,0,'market','反转做多');
        if order~=0
            s(i).down=0;
        end
    end
end
```

确定标的与回测设置

```
targetList(1).Market = 'CFFEX';
targetList(1).Code = 'IC0000';
Freq=1;
k1=0.35;
k2=0.07;
k3=0.25;
shareNum=100;
%实时交易需要输入账号，回测回放已经默认账号，不再需要输入账号%
AccountList(1) = {'FutureBackReplay'};
traderRunBacktest('RBreak',@RBreak,{shareNum,k1,k2,k3},
AccountList,targetList,'min',Freq,20150501,20160101,'FWard');
```

使用 2015 年 5 月 1 日到 2016 年 1 月 1 日数据, 测试 IC0000, 回测结果如图 18.4.

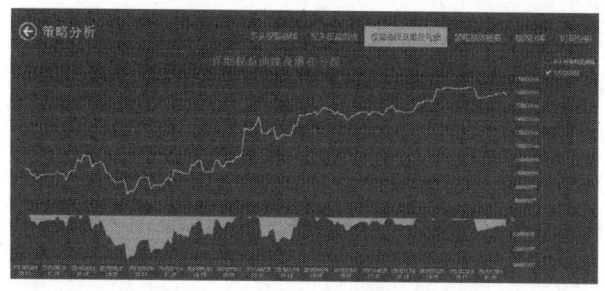

图 18.4　R-breaker 策略回测结果

摘抄简要的统计表为表 18.2.

表 18.2

初始资金	100000000	夏普比率	1.99
初始资金收益率 (%)	58.09	Calma 比率	3.83
净利	58086170.08	净利/最大潜在亏损	2.04
盈利因子	1.41	手续费/净利	0.0366
算术年化收益率 (%)	81.6	盈利交易次数	70
几何年化收益率 (%)	100.42	亏损交易次数	51
最大回撤	28434232.57	胜率 (%)	57.85
最大回撤率 (%)	25.67	平均单笔净利	480050.99
已付手续费	2125829.93	平均盈利额	2854627
交易天数	166	平均亏损额	2779170.98
买入持有权益	89512789.28	平均盈利/平均亏损	1.03

18.3　Dual Thrust 策略

Dual Thrust 策略是 20 世纪 80 年代由 Michael Chalek 开发的一种趋势跟踪系统, 属于日内交易策略. 曾被 *Future Thruth* 杂志评为最赚钱的策略之一.

Dual Thrust 策略具有简单易用和适用度广的特点, 其思路简单且参数少, 配合不同的参数、止盈止损和仓位管理可以为投资者带来长期稳定的收益. 而且该策略适用品种较多, 被投资者广泛应用于股票、货币、贵金属、债券、能源及股指期货市场等. 在 Dual Thrust 交易系统中, 对于震荡区间的定义非常关键, 这也是该交易系统的核心.

Dual Thrust 在 Range 的设置上, 引入前 N 日的四个价位, Range = Max(HH−LC,HC−LL) 来描述震荡区间的大小. 其中 HH 是 N 日 High 的最高价, LC 是 N 日 Close 的最低价, HC 是 N 日 Close 的最高价, LL 是 N 日 Low 的最低价. 这种方法使得一定时期内的 Range 相对稳定, 可以适用于日间的趋势跟踪. Dual Thrust 对于多头和空头的触发条件, 考虑了非对称的幅度, 做多和做空参考的 Range 可以选择不同的周期数, 也可以通过参数 $K1$ 和 $K2$ 来确定. 具体分为三步来实现.

18.3.1　计算相关参数, 得到上轨 BuyLine 和下轨 SellLine

N 日 High 的最高价 HH, N 日 Close 的最低价 LC.

N 日 Close 的最高价 HC, N 日 Low 的最低价 LL.

Range = Max(HH−LC,HC−LL)

BuyLine = Open + K1*Range

SellLine = Open − K2*Range

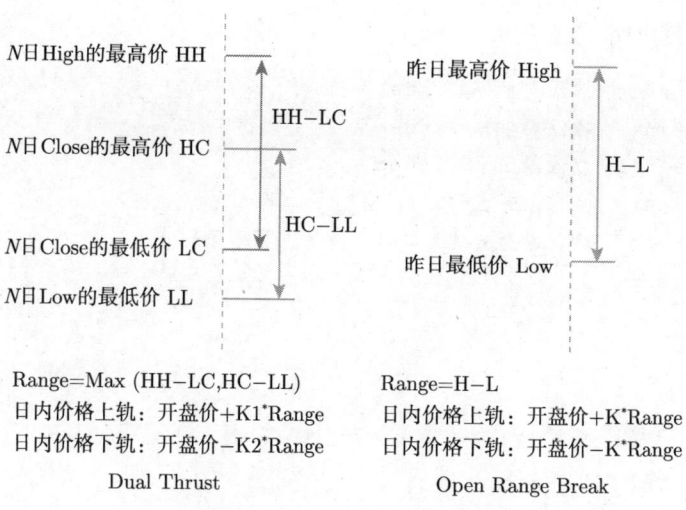

图 18.5 Dual Thrust 策略逻辑

18.3.2 交易逻辑

当价格向上突破上轨时,如果当时持有空仓,则先平仓,再开多仓;如果没有仓位,则直接开多仓;

当价格向下突破下轨时,如果当时持有多仓,则先平仓,再开空仓;如果没有仓位,则直接开空仓;

当 $K1 < K2$ 时,多头相对容易被触发,当 $K1 > K2$ 时,空头相对容易被触发. 因此,投资者在使用该策略时,一方面,可以参考历史数据测试的最优参数,另一方面,则可以根据自己对后势的判断,或从其他大周期的技术指标入手,阶段性地动态调整 $K1$ 和 $K2$ 的值.

18.3.3 离市设计

每天 14:50—15:00 平掉所有仓位止损;跟踪止盈,当价格达到一定有利位置后,如后续回撤至某值则止盈.

下面进行具体代码实现,新的回测结构采用统一的矩阵式结构处理方式,首先,初始化数据,对所使用到的数据进行初始化声明,对所使用到的条件或因子进行计算;其次,对注册之后的数据可以直接调取使用;最后,进行策略逻辑判断买卖下单处理.

在每一个时刻,使用 traderGetRegKData 函数可以读取并返回已经注册的数据,返回的矩阵每个标的按行排列包含每个标的的时间、开盘价、最高价、最低价、收盘价、成交量、成交金额、持仓量. 例如回测中包含三个标的,每个标的均提取长度为 20 的序列,使用 traderGetRegKData 函数返回的矩阵是 $3\times 8(24)$ 行,20 列的矩阵,并且行按照第一个标的的时间、开盘价、最高价、最低价、收盘价、成交量、成交金额、持仓量,第二个标的的时间、开盘价、最高价、最低价、收盘价、成交量、成交金额、持仓量的顺序排下去. 如果想获取对应标的的特征只需要从大矩阵里面提取对应的数值即可.

具体分析可以参考策略文档 DualThrust.m,打一个断点可以看到返回的矩阵形式. 下面是部分代码模块:

外部全局变量声明

```
global g_idxKDay;      %注册数据的index
global g_idxKMin;      %注册数据的index
global g_idxSignal;    %注册因子的index
global openPrice;      %记录开盘价
global histExtre;      %记录历史达到的有利极值,用于跟踪止盈
global tradeTime;
N = cellPar{1};
k1 = cellPar{2};
k2 = cellPar{3};
Freq = cellPar{4};
```

初始化数据与因子注册

```
if bInit
    %数据只有先注册才能使用
    %基本数据注册
    %traderRegKData('day',Freq).Freq为bar的周期. 数据的更新频率依据外部运行
            命令. 分钟获取,将'day'变为'min'
    %因子注册
    %traderRegUserIndi(@Fun,{para1,para2,...}).
    %Fun为自定义函数,其固定结构参考后面代码,大括号内为函数输入参数
    traderSetParalMode(false);
    g_idxKDay = traderRegKData('day',1);
    g_idxKMin = traderRegKData('min',Freq);
    g_idxSignal = traderRegUserIndi(@getSignal,...
              {g_idxKDay,N,k1,k2});
    openPrice = containers.Map;
    histExtre = containers.Map
```

读取交易标的、账户和持仓信息

```
targetList = traderGetTargetList();  %获取标的信息
TLen = length(targetList);
dSignal = traderGetRegUserIndi(g_idxSignal,2);
[mp,~,~]=traderGetAccountPositionV2(1,1:TLen);  %获取仓位信息
```

每日 14:50—15:30 平仓

```
[~,BarTime] = traderGetCurrentBarV2();    %获取当下时间
dateVec = datevec(BarTime); %datevec将时间转化为序列
nowTime = dateVec(4)*100 + dateVec(5);
if sum(abs(mp)) > 0 && nowTime >= 1450 && nowTime <= 1530
    for i=1:TLen
        if mp(i) ~= 0
```

第 18 章 方向性交易策略构造 >>>>

```
                traderPositionToV2(1,i,0,0,'market','close');
            end
    end
    return;
end
```

买卖逻辑判断

```
%%平仓、开仓
[~,minMove]= traderGetFutureInfoV2(1:TLen);
for i=1:TLen
    dataDay = traderGetRegKData(g_idxKMin(i,:),1,false);
    dataDay(:,any(isnan(dataDay),1))=[];
    [~,KLen]=size(dataDay);
    %%数据有效: 长度足够; 非空; 成交价不为0; 高低不同
    if KLen==0 || dataDay(6,end) ==0
                || dataDay(3,end)- dataDay(4,end) == 0
        continue;
    end

    if mp(i)~=0
        %%记录历史达到的最大有利值
        if mp(i)>0
            histExtre(targetList(i).Code) =
            max(histExtre(targetList(i).Code),dataDay(3,end));
        elseif mp(i)<0
            histExtre(targetList(i).Code) =
            min(histExtre(targetList(i).Code),dataDay(4,end));
        end
        %%平仓,信号依次为反转平仓、止损平仓、跟踪止损平仓
        %多单平仓条件
        closeBuy1 = mp(i)>0 && (~isempty(dSignal(i,:))
                    && dSignal(i,end)<=0);
        closeBuy2 = mp(i)>0 && (dataDay(5,end)
                                <openPrice(targetList(i).Code)
                                    -.3*dSignal(i+TLen,end));
        closeBuy3 = mp(i)>0 && (histExtre(targetList(i).Code)
                                >openPrice(targetList(i).Code)
                                    +.6*dSignal(i+TLen,end))
                            && dataDay(5,end)
                                <histExtre(targetList(i).Code)
                                    -.3*dSignal(i+TLen,end);
```

```matlab
%空单平仓条件
closeSell1 = mp(i)<0 && (~isempty(dSignal(i,:))
            && dSignal(i,end)>=0);
closeSell2 = mp(i)<0 && (dataDay(5,end)
                        >openPrice(targetList(i).Code)
                        +.3*dSignal(i+TLen,end));
closeSell3 = mp(i)<0 && (histExtre(targetList(i).Code)
                        <openPrice(targetList(i).Code)
                        -.6*dSignal(i+TLen,end))
                      && dataDay(5,end)
                        >histExtre(targetList(i).Code)
                        +.3*dSignal(i+TLen,end);

%平仓操作
if closeBuy1 + closeBuy2 + closeBuy3 + closeSell1 + ...
    closeSell2 + closeSell3>0
    traderPositionToV2(1,i,0,0,'market','close');
    tradeTime(i) = tradeTime(i) + 1;
end
end

%%开仓,等资金权重资金管理
[ValidCash,~,~,~,~] =traderGetAccountInfoV2(1);
coef = traderGetFutureInfoV2(i);
amount =floor( ValidCash/TLen/dataDay(5,end)/coef);
if mp(i) <= 0 && length(dSignal(i,:))>1
            && dSignal(i,end-1)~=1
            && dSignal(i,end)==1 && tradeTime(i)<2
            && dSignal(i+TLen,end)>minMove(i)*10
    traderDirectBuyV2(1,i,amount,0,'market','buy1');
    %开多单
    openPrice(targetList(i).Code) = dataDay(5,end);
    histExtre(targetList(i).Code) = dataDay(5,end);
elseif mp(i) >= 0 && length(dSignal(i,:))>1
            && dSignal(i,end-1) ~= -1
            && dSignal(i,end) == -1
            && tradeTime(i)<2
            && dSignal(i+TLen,end)>minMove(i)*10
    traderDirectSellV2(1,i,amount,0,'market','sell1');
    %开空单
    openPrice(targetList(i).Code) = dataDay(5,end);
    histExtre(targetList(i).Code) = dataDay(5,end);
```

```
        end
end
```

自定义因子计算函数

```
%%自定义因子计算函数一
function value=getSignal(cellPar,bpPFCell)
%%函数说明
%当在调用该函数如 getSignal(a1,a2,a3,a4,a5,...).所有的参数都会被赋值给
    cellPar，即cellPar={a1,a2,a3,a4,a5,...}
%bpPFCell为一个时间序列，标记特定的刷新时刻

%%参数声明
idxK =cellPar{1};
N   = cellPar{2};
k1  = cellPar{3};
k2  = cellPar{4};

%%因子计算
[targetNum,~]=size(idxK);
value=nan(1,targetNum*2); %前面的targetNum个数据用于储存信号，
                          后面的用于储存range
A = max(N,3);

for i=1:targetNum
    regKMatrix=traderGetRegKData(idxK(i,:),A+3,false,bpPFCell);
    regKMatrix(:,any(isnan(regKMatrix),1))=[];
    [~,KLen]=size(regKMatrix);
    if KLen>=A+1
        %%Range
        hh = max(regKMatrix(3,end-N:end-1));
        ll = min(regKMatrix(4,end-N:end-1));
        hc = max(regKMatrix(5,end-N:end-1));
        lc = min(regKMatrix(5,end-N:end-1));
        range = max(hh-lc,hc-ll);
        value(targetNum+i)=range;
        
        %%Inside Day
        if (regKMatrix(3,end-1)>regKMatrix(3,end-2)
            && regKMatrix(3,end-2)>0)
          ||(regKMatrix(4,end-1)<regKMatrix(4,end-2)
            && regKMatrix(4,end-1)>0)
            InsideDay = -1;
```

```matlab
        else
            InsideDay = 1;
        end

        %%两日均值
        if regKMatrix(4,end)>0
            meanLow = mean(regKMatrix(4,end-2:end));
            meanHigh = mean(regKMatrix(3,end-2:end));
        else
            meanLow = mean(regKMatrix(4,end-2:end-1));
            meanHigh =mean(regKMatrix(3,end-2:end-1));
        end

        %%突破及平仓信号
        if regKMatrix(5,end)
                > max(regKMatrix(2,end) + k1* range,meanLow)
            && InsideDay == -1
            %高于BuyLine开多
            value(i) = 1;
        elseif regKMatrix(5,end)
                < min(regKMatrix(2,end) - k2* range,meanHigh)
            && InsideDay == -1
            %低于SellLine开空
            value(i)= -1;
        elseif regKMatrix(5,end)
                <max(regKMatrix(2,end),meanLow)
            && regKMatrix(5,end)>min(regKMatrix(2,end),meanHigh)
            value(i)= 0;
        elseif regKMatrix(5,end)<max(regKMatrix(2,end),meanLow)
                %小于open时平多
            value(i)= -2;
        elseif regKMatrix(5,end)>min(regKMatrix(2,end),...
        meanHigh) %大于open时平空
            value(i) = 2;
        end
    end
end
end
```

确定标的与回测设置

```matlab
clear all;
clc;
```

第 18 章 方向性交易策略构造

```
Code1 = { 'AL0000', 'RB0000'};
m=1;
for i = 1:length(Code1)
    targetList(m).Market = 'SHFE';
    targetList(m).Code   = Code1{i};
    m = m+1;
end
N=1;
k1 = 0.5;
k2 = 0.5;
Freq = 5;

%回测
AccountList(1) = {'FutureBackReplay'};
traderRunBacktestV2('BackTest_DualThrust',
    @DualThrust,{N,k1,k2,Freq},AccountList,targetList,'min',...,
    Freq, 20160101,20161101,'FWard');
```

使用上海期货交易所上市的标的铝 (AL) 与螺纹钢 (RB) 的主力合约, 采用等资金权重的方法进行回测, 回测日期是 2016 年 1 月 1 日到 2016 年 11 月 1 日. 回测曲线如图 18.6.

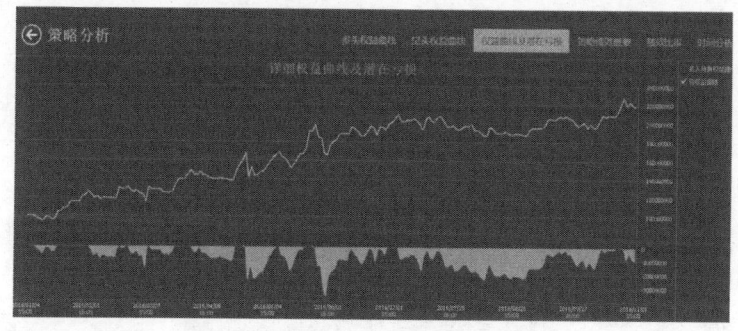

图 18.6　Dual Thrust 策略回测结果

摘抄简要的统计表为表 18.3.

表 18.3

初始资金	100000000	夏普比率	3.36
初始资金收益率 (%)	118.53	Calma 比率	10.09
净利	118530962.8	净利/最大潜在亏损	3.26
盈利因子	1.29	手续费/净利	0.3486
算术年化收益率 (%)	148.61	盈利交易次数	161
几何年化收益率 (%)	166.48	亏损交易次数	165
最大回撤	32288583.75	胜率 (%)	49.39
最大回撤率 (%)	16.3	平均单笔净利	363591.91
已付手续费	41324427.2	平均盈利额	3313369.27
交易天数	201	平均亏损额	2514675.7
买入持有权益	139853678.66	平均盈利/平均亏损	1.32

18.4　Aberration 策略

Aberration 交易系统由 Keith Fitschen 于 1986 年发明, 1993 年 Keith Fitschen 将该系统商业化发布在 Future Trust 杂志上, 在 1997 年、2001 年、2005 年已发布交易系统的业绩排名中该系统均排名前十. 该交易系统的特点是同时交易在 8 种不同的品种上, 包括谷物、肉类、金属、能源、外汇、金融以及股指期货等. Aberration 交易系统的交易频率常常是每年交易某一品种三四次, 60% 的时间都持有仓位, 平均每笔交易持仓 60 天.

它通过长线交易捕捉趋势来获取巨额利润. 那它如何来弥补亏损呢? 因为它同时交易在多个不相关的市场, 当某一品种损失时, 另一品种可能获利. 在一年的时间里, 总是有某一种或者多种品种能获得巨额利润. 这些大的利润弥补了那些没趋势市场的小额亏损. Aberration 交易系统对资金进行组合管理, 因此可以接受比较大的资金量.

构造三条轨道:
中轨 Mid = MA(CLOSE,M)
上轨 Upper = MA(CLOSE,M) + N*STD(CLOSE,M)
下轨 lower = MA(CLOSE,M) − N*STD(CLOSE,M)

策略逻辑:
开多条件:= 前一时刻的 close 低于上轨, 此时的价格高于上轨
开空条件:= 前一时刻的 close 高于下轨, 此时的价格低于上轨
平多条件:= close 中轨以下
平空条件:= close 中轨以上

下面对部分回测代码进行讲解, 具体分析可以参考策略 Aberration.m 函数文档以及执行脚本 RunBackTest.m 文档.

外部全局变量声明

```
global g_idxKDay;
global g_idxSignal;
global openPrice;  %记录开盘价
global histExtre;  %记录历史达到的极值点, 用于跟踪止盈
m=cellPar{1};
n=cellPar{2};
stoploss = cellPar{3};
stopprofit = cellPar{4};
trailinggap = cellPar{5};
```

初始化数据与因子注册

```
if bInit
    traderSetParalMode(false);
    %默认是true不能调试, false串行执行可以设断点调试
    g_idxKDay = traderRegKData('day',1);
    % 只有注册之后才能获取数据
```

第18章 方向性交易策略构造 >>>>

```
    g_idxSignal = traderRegUserIndi(@getSignal,...
                    {g_idxKDay,m,n});
%计算因子
    openPrice = containers.Map;
    histExtre = containers.Map;
```

读取交易标的、账户和持仓信息

```
targetList = traderGetTargetList(); % 获取标的信息
TLen = length(targetList);
dSignal = traderGetRegUserIndi(g_idxSignal,1);
[mp,~,~]=traderGetAccountPositionV2(1,1:TLen);
```

买卖逻辑判断

```
%% 平仓、开仓
for i=1:TLen
    dataDay = traderGetRegKData(g_idxKDay(i,:),1,false);
    % 数据长度足够；数据非空；当日的成交价不为0；当日高低不同
    if isempty(dSignal(i,:)) || isempty(dataDay)
        || dataDay(6,end) ==0
        || dataDay(3,end)- dataDay(4,end)==0
          continue;
    end
    %平仓，信号依次为反转平仓、止损平仓、跟踪止损平仓
    %多单
    closeBuy1 = mp(i)>0 && (dSignal(i,end)<0);
    closeBuy2 = mp(i)>0 && (dataDay(5,end)
                <openPrice(targetList(i).Code)*(1-stoploss));
    closeBuy3 = mp(i)>0 && (histExtre(targetList(i).Code)
                >openPrice(targetList(i).Code)*(1+stopprofit)
                && dataDay(5,end)<histExtre(targetList(i).Code)
                                    *(1-trailinggap));
    %空单
    closeSell1 = mp(i)<0 && (dSignal(i,end)>0);
    closeSell2 = mp(i)<0 && (dataDay(5,end)
                >openPrice(targetList(i).Code)*(1+stoploss));
    closeSell3 = mp(i)<0 && (histExtre(targetList(i).Code)
                <openPrice(targetList(i).Code)*(1-stopprofit)
                && dataDay(5,end)>histExtre(targetList(i).Code)
                                    *(1+trailinggap));
    if closeBuy1 + closeBuy2+closeBuy3 >0
        || closeSell1 + closeSell2+closeSell3 >0
          traderPositionToV2(1,i,0,0,'market','close');
```

```
        end
        [ValidCash,MarketCap,~,~,~] =traderGetAccountInfoV2(1);
        coef = traderGetFutureInfoV2(i);
        percash = min(ValidCash/(length(mp(mp==0))),
                      MarketCap/TLen);
        amount = floor(percash/coef/dataDay(5,end));
        % 开仓
        if amount<1
            continue;
        end

        if mp(i) <= 0 && dSignal(i,end)==1
            traderDirectBuyV2(1,i,amount,0,'market','buy1');
            %开多单
            openPrice(targetList(i).Code) = dataDay(5,end);
            histExtre(targetList(i).Code) = dataDay(5,end);
        elseif  mp(i) >= 0   && dSignal(i,end)==-1
            traderDirectSellV2(1,i,amount,0,'market','sell1');
            %开空单
            openPrice(targetList(i).Code) = dataDay(5,end);
            histExtre(targetList(i).Code) = dataDay(5,end);
        end
end
```

自定义因子计算函数

```
%% 计算因子的自定义函数
function value=getSignal(cellPar,bpPFCell)
%调用该函数的参数将会全部被赋给cellPar
%bpPFCell为一个时间序列，标记特定的刷新时刻

%%%参数声明
idxK =cellPar{1};
m = cellPar{2};
n = cellPar{3};

%%%函数计算
[targetNum,~]=size(idxK);
value = nan(1,targetNum);
regKMatrix = traderGetRegKData(idxK,m+1,false,bpPFCell);
[~,KLen]=size(regKMatrix);
if KLen>=m+1
    for i=1:targetNum
```

```
            closeNow = regKMatrix(5+8*(i-1),end);
            closePre = regKMatrix(5+8*(i-1),end-1);
            meanNow = mean(regKMatrix(5+8*(i-1),end-m+1:end));
            meanPre = mean(regKMatrix(5+8*(i-1),end-m:end-1));
            stdNow = std(regKMatrix(5+8*(i-1),end-m+1:end),1);
            stdPre = std(regKMatrix(5+8*(i-1),end-m:end-1),1);
            if closeNow>meanNow+n*stdNow && closePre
                    <meanPre+n*stdPre
                value(i)=1;
            elseif closeNow<meanNow-n*stdNow && closePre
                    >meanPre-n*stdPre
                value(i) = -1;
            elseif closeNow > meanNow
                value(i) = 2;
            elseif closeNow < meanNow
                value(i) =-2;
            end
        end
end
end
```

确定标的与回测设置

```
clc;
clear all;
% SHFE 上海期货交易所
Code(1).code = {'CU0000', 'RB0000'};
m=1;
for  i = 1:length(Code(1).code)
    targetList(m).Market='shfe';
    targetList(m).Code=Code(1).code{i};
    m = m+1;
end
m=20;
n=2;
stoploss = .08;
stopprofit =.16;
trailinggap =.05;
%回测
AccountList(1) = {'FutureBackReplay'};
traderRunBacktestV2('Aberration',@Aberration,{m,n,stoploss,
stopprofit,trailinggap},AccountList,targetList,'day',1,
20120101,20140101,'FWard');
```

使用上海期货交易所上市的标的铜 (CU) 与螺纹钢 (RB) 的主力合约日线数据, 采用等资金权重的方法进行回测, 回测日期是 2012 年 1 月 1 日到 2014 年 11 月 1 日. 回测曲线如图 18.7.

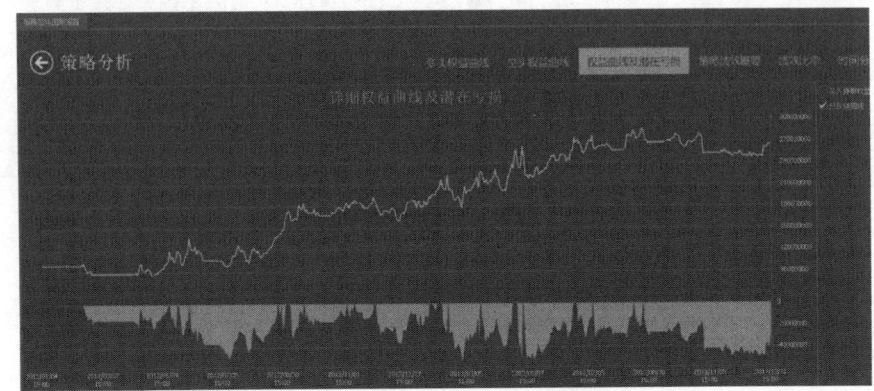

图 18.7　Aberration 策略回测结果

摘抄简要的统计表为表 18.4.

表 18.4

初始资金	100000000	夏普比率	1.23
初始资金收益率 (%)	165.29	Calma 比率	2.26
净利	165296635.74	净利/最大潜在亏损	3.15
盈利因子	2.63	手续费/净利	0.0231
算术年化收益率 (%)	86.6	盈利交易次数	16
几何年化收益率 (%)	66.72	亏损交易次数	11
最大回撤	44908681.85	胜率 (%)	59.26
最大回撤率 (%)	28.59	平均单笔净利	6121727.25
已付手续费	3822704.26	平均盈利额	16653472.11
交易天数	201	平均亏损额	9197174.37
买入持有权益	87668580.37	平均盈利/平均亏损	1.81

18.5　海龟交易策略

1983 年, 著名的商品投机家理查德·丹尼斯与他的老友比尔埃·克哈特进行了一场辩论, 这场辩论是关于伟大的交易员是天生的就还是后天培养的. 理查德·丹尼斯相信, 伟大的交易员是可以培养的. 比尔埃则认为天分才是决定因素. 为了解决这一问题, 理查德建议招募并培训一些交易员, 给他们提供真实的账户进行交易, 看看两个人中谁是正确的. 他们在《巴伦氏》《华尔街期刊》和《纽约时报》上刊登了大幅广告, 招聘交易学员. 广告中称, 在一个短暂的培训会后, 新手将被提供一个账户进行交易. 因为理查德或许是当时世界上最著名的交易员, 所以有 1000 多位申请人前来投奔他, 他会见了其中的 80 位.

这一群人被精选出 10 个人, 后来这个名单变成 13 个人. 1983 年 12 月底, 13 个人被邀请到芝加哥进行两周的培训, 到 1984 年 1 月初, 开始用小账户进行交易. 到了 2 月初, 在被培训人员证明了自己的能力之后，理查德给大多数人提供了 50 万至 200 万美元的资金账户. 学员们被称为"海龟"海龟实验成为交易史上最著名的实验，因为在随后的四年中海龟取得了年均复利 80% 的收益.

海龟实验证明了交易策略是可以被传授的，用一套简单的法则可以使仅有很少或根本没有交易经验的人成为优秀的交易员，海龟交易法则是一个趋势交易系统. 趋势交易系统主要就是在追主升浪的行情，在主升浪的时候能够获得一大截利润. 而在震荡行情中，趋势交易系统就有可能会经常止损. 因此海龟交易系统也不是在任何时间段用都能获利的，当有行情的时候能够获得较大利润，在没有行情的时候就需要默默忍受亏损，等待大行情的到来，接下来介绍的就是理查德传授给新手交易员们的那一套完整的法则.

18.5.1 择时入场 —— 唐奇安通道

海龟交易在择时入场上，设计一个唐奇安通道，当价格突破上轨为多头信号，突破下轨为空头信号 (图 18.8).

$$上轨 = \text{Max} (最大值, n),$$
$$下轨 = \text{Min}(最低价, n).$$

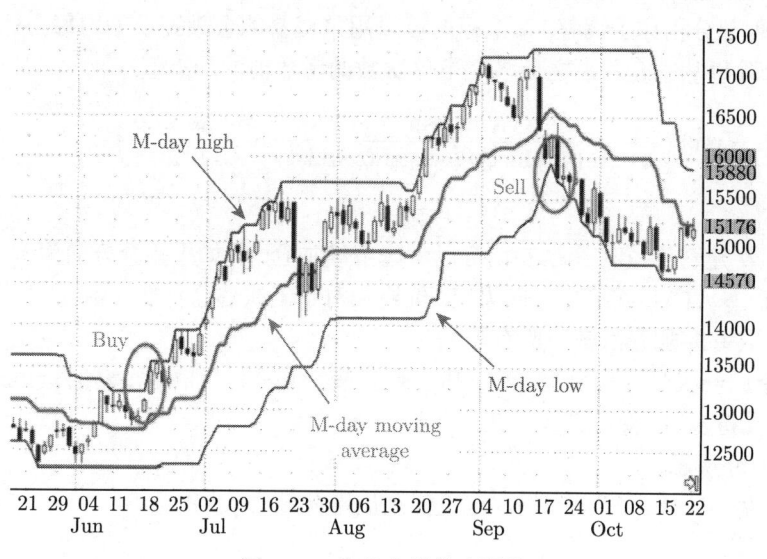

图 18.8　海龟交易策略逻辑

18.5.2 资金管理和止损止盈

止损止盈和资金管理均以平均真实波幅 ATR 为参考参数.

1. 平均真实波幅 ATR

真实波幅是以下三个值中的最大值:
- 当前交易日最高价和最低价的波幅.
- 前一交易日的收盘价与当前交易日最高价的波幅.
- 前一交易日的收盘价与当前交易日最低价的波幅.

用公式表示为

$$\text{TrueRange} = \text{Max}(\text{High} - \text{Low}, |\text{High} - \text{PreClose}|, |\text{PreClose} - \text{Low}|), \tag{18.3}$$

其中 ATR 为真实波幅 TrueRange 的一定周期的平均值. 也可采用其指数平均, 又被称作 N 值.

2. 建仓及加仓

建仓

海龟交易允许加仓, 但加仓次数有一定的限制, 比如四次. 每次建仓的数量 (单位: 手) 表示为

$$\text{Unit} = 1\% \frac{\text{Cash}}{\text{ATR} \times \text{coef}}. \tag{18.4}$$

其中 Cash 为当下现金, coef 为合约乘数, 如对于螺纹钢合约 coef=10, 表示一手螺纹钢合约 10 个单位的合约. 注意, 上面用到的 High 是一单位合约, 不是一手合约的价格. 这样建仓的目的是, Unit 的合约在一天的价格振荡中, 资产变化不超过 1%.

考虑到国内一些合约的保证金较高, 直接采用这一公式可能下单不到一手, 为了解决这一问题, 我们资金管理部分稍作了调整, 每个标的可以用来交易的金额等于平均每个标的的可用资金数与总资金除以从空仓状态之后多空下单次数两者数值的最小值.

$$\text{percash} = \min\left(\frac{\text{ValidCash}}{\text{length(buyList)} + \text{length(sellList)}}, \frac{\text{MarketCap}}{\text{TLen}}\right). \tag{18.5}$$

加仓及止损

当价格相对于上次建仓价盈利 $r \times \text{ATR}$, 可以考虑继续加仓. 即如果持仓方向为多, 价格相对于上次建仓价高 $r \times \text{ATR}$; 或持仓方向为空, 价格相对于上次建仓价低 $r \times \text{ATR}$, 可以考虑继续加仓. 一般 r 取 0.5, 加仓次数一般有限制.

当加仓相对于最后一次买入价亏损 $r2 \times \text{ATR}$, 则要清空头寸; 当信号反转时, 一般也采取清空原有仓位, 如在持多时, 价格突破下轨. 一般 $r2$ 取 0.2.

代码逻辑如图 18.9 所示:

具体代码可以参考 Turtle.m 策略脚本, 这里仅列出部分核心代码.

外部全局变量声明

```
global g_idxKDay;
global g_idxSignal;
global openPrice;
global histExtre;
global addTime;
global TLen;
M = cellPar{1};
N=cellPar{2};
LimitTime=cellPar{3};
```

第 18 章 方向性交易策略构造 >>>>

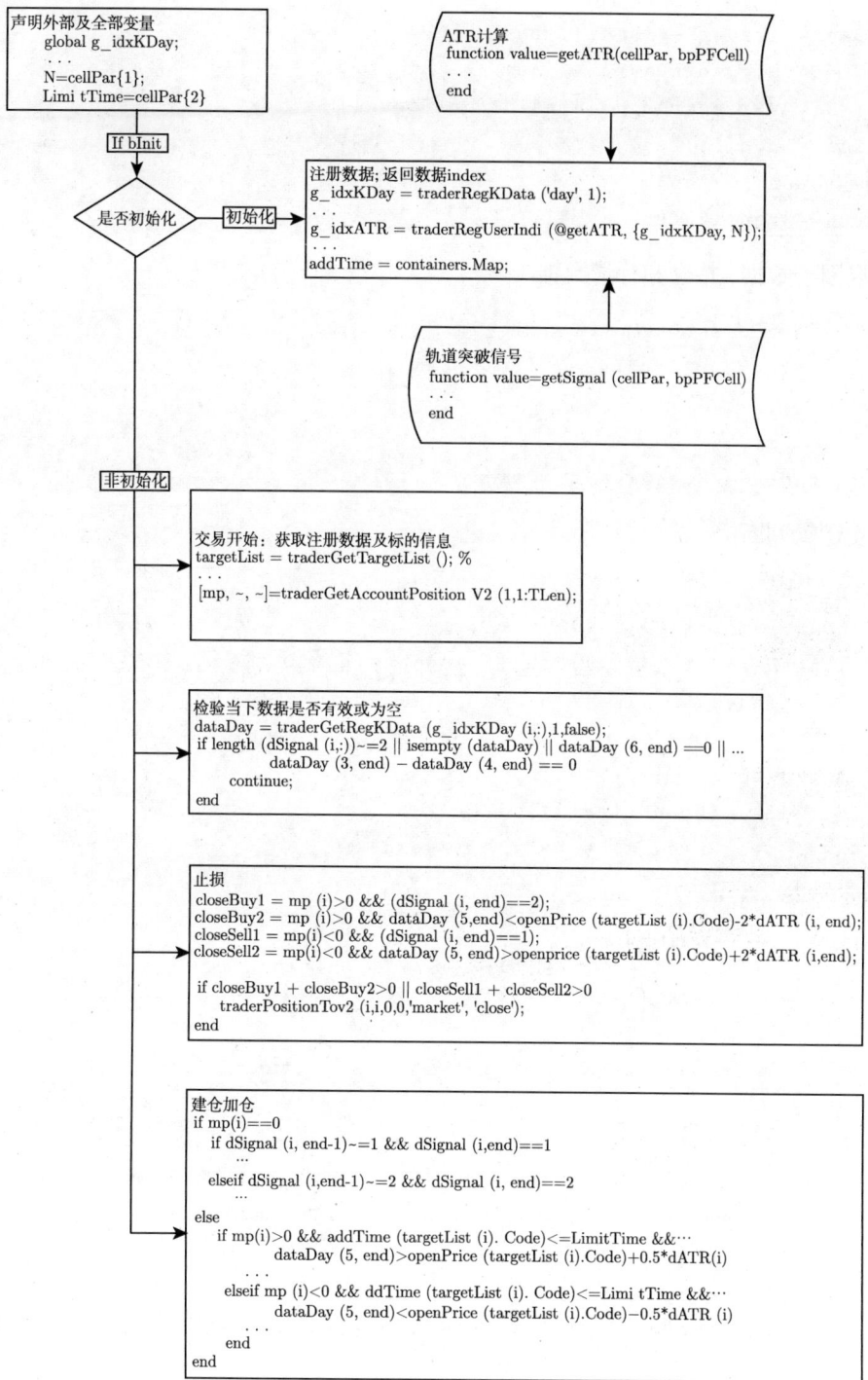

图 18.9 海龟交易策略代码

初始化数据与因子注册

```
traderSetParalMode(false);
```

```matlab
g_idxKDay = traderRegKData('day',1);
TLen = length(g_idxKDay(:,1));
g_idxSignal = traderRegUserIndi(@getSignal,{g_idxKDay,M,N});
openPrice = nan(1,TLen);
addTime = nan(1,TLen);
histExtre = nan(1,TLen);
```

提取因子数据、持仓和行情数据

```matlab
dSignal = traderGetRegUserIndi(g_idxSignal,2);
mp=traderGetAccountPositionV2(1,1:TLen);
buyList = [];
sellList = [];
datas = traderGetRegKData(g_idxKDay,1,false);
```

买卖逻辑判断

```matlab
for i=1:TLen
    dataDay = datas(8*(i-1)+1:8*i,:);
    if length(dSignal(i,:))~=2 || isempty(dataDay)
        continue;
    end
    if mp(i)~=0
        if isnan(openPrice(i))
            openPrice(i) = dataDay(2,end);
        end

        if mp(i)>0
            histExtre(i) = max(histExtre(i),dataDay(3,end));
        else
            histExtre(i) = min(histExtre(i),dataDay(4,end));
        end
        if sign(mp(i))*(openPrice(i)-dataDay(5,end))
                > min(openPrice(i)*0.08,1.5* dSignal(i+TLen,end))
            ||sign(mp(i))*(dataDay(5,end)-openPrice(i))
                >3*dSignal(i+TLen,end)
            traderPositionToV2(1,i,0,0,'market','close');
        elseif sign(mp(i))*(dataDay(5,end)-openPrice(i))
                > min(openPrice(i)*0.08,1.5* dSignal(i+TLen,end))
            openPrice(i) = dataDay(5,end);
        end
    end

    if mp(i) ==0
```

```
            openPrice(i) = nan;
            histExtre(i) = nan;
            if dSignal(i,end-1)~=1 && dSignal(i,end)==1
                buyList = [buyList,i];
                addTime(i) =1;
            elseif dSignal(i,end-1)~=-1 && dSignal(i,end)==-1
                sellList = [sellList,i];
                addTime(i) =1;
            end
        else
            if mp(i)>0 && addTime(i)<LimitTime && dataDay(5,end)
                            >openPrice(i)+0.5*dSignal(i+TLen,end)
                buyList = [buyList,i];
                openPrice(i) = dataDay(5,end);
                addTime(i) =1 + addTime(i);
            elseif mp(i)<0 && addTime(i)<LimitTime && dataDay(5,end)
                            <openPrice(i)-0.5*dSignal(i+TLen,end)
                sellList = [sellList,i];
                openPrice(i) = dataDay(5,end);
                addTime(i) =1 + addTime(i);
            end
        end
end
if length(buyList)+ length(sellList) ==0
    return
end
[ValidCash,MarketCap,~,~,~] =traderGetAccountInfoV2(1);
coefs = traderGetFutureInfoV2(1:TLen);
percash = min(ValidCash/(length(buyList)+ length(sellList)),...
            MarketCap/TLen);
for t = 1: length(buyList)
    coef =coefs(buyList(t));
    price = max(dSignal(TLen+buyList(t),end)*100,...
                datas(8*(buyList(t)-1)+5,end));
    amount = floor(percash/coef/price/
                    (2^(addTime(buyList(t))-1)));
    if amount >=1
        traderDirectBuyV2(1,buyList(t),amount,0,'market',...
        'buy1');
        %开多单
    end
end
```

```matlab
for t = 1: length(sellList)
    coef = coefs(sellList(t));
    price = max(dSignal(TLen+sellList(t),end)*100,...
                datas(8*(sellList(t)-1)+5,end));
    amount = floor(percash/coef/price/...
                (2^(addTime(sellList(t))-1)));
    if amount >=1
        traderDirectSellV2(1,sellList(t),amount,0,'market',...
        'buy1');
        %开多单
    end
end
```

自定义因子计算函数

```matlab
function value=getSignal(cellPar,bpPFCell)
idxK =cellPar{1};
M = cellPar{2};
N = cellPar{3};
[targetNum,~]=size(idxK);
value=nan(1,targetNum*2);
regKMatrixs = traderGetRegKData(idxK,max([N+1,M+1,30]),...
                false,bpPFCell);
for t=1:targetNum
    regKMatrix =   regKMatrixs(8*(t-1)+1:8*t,:);
    [~,KLen]=size(regKMatrix);
    if KLen>=max([N+1,M+1,30])
        value1=abs(regKMatrix(3,end-N:end-1)
            - regKMatrix(4,end-N:end-1));
%当日最高价减去当日最低价
        value2=abs(regKMatrix(3,end-N:end-1)
            - regKMatrix(5,end-N-1:end-2));
%当日最高价减去前日收盘价的绝对值
        value3=abs(regKMatrix(4,end-N:end-1)
            - regKMatrix(5,end-N-1:end-2));
%当日最低价减去前日收盘价的绝对值
        TRlist=max(value1,max(value2,value3));
        value(t+targetNum) = mean(TRlist(TRlist>0));
        hh = max(regKMatrix(3,end-M:end-1)); %上轨
        ll = min(regKMatrix(4,end-M:end-1)); %下轨
        if regKMatrix(5,end) > hh
            && regKMatrix(5,end)>mean(regKMatrix(5,:))
```

第 18 章 方向性交易策略构造……………>>>>

```
            value(t) = 1;
        elseif regKMatrix(5,end) < ll
            && regKMatrix(5,end)<mean(regKMatrix(5,:))
            value(t)= -1;
        end
    end
end
end
```

确定标的与回测设置

```
clear all;
clc;
targetList(1).Market='SHFE';
targetList(1).Code='RB0000';
targetList(2).Market='DCE';
targetList(2).Code='JM0000';
M =3; %计算轨道周期
N=15; %计算ATR周期
LimitTime=3;
AccountList(1) = {'FutureBackReplay'};
traderRunBacktestV2('BackTest_Turtle',@Turtle,{M,N,LimitTime},
AccountList,targetList,'day',1,20150101,20170101,'FWard');
```

使用上海期货交易所上市的标的螺纹钢 (RB) 与大连商品交易所的焦煤 (JM) 的主力合约日线数据,资金管理方法采用上面提到的方法进行回测,回测日期是 2015 年 1 月 1 日到 2017 年 1 月 1 日. 回测曲线如图 18.10.

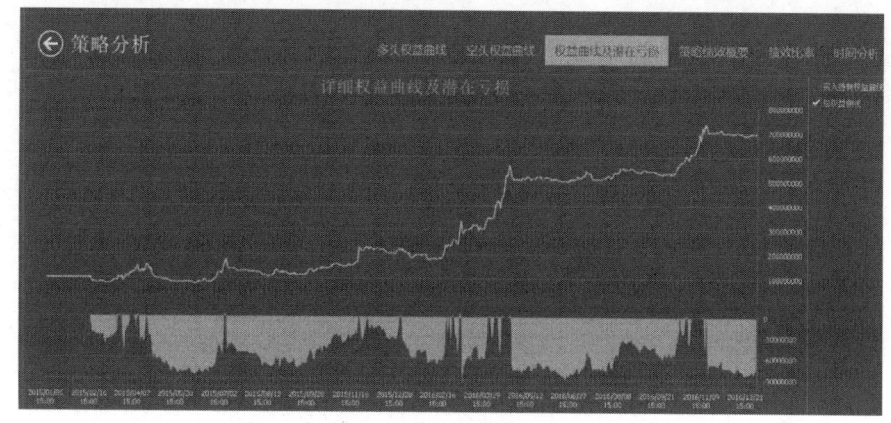

图 18.10 海龟交易策略回测结果

摘抄简要的统计表为表 18.5.

表 18.5

项目	数值	项目	数值
初始资金	100000000	夏普比率	2.33
初始资金收益率 (%)	599.26	Calma 比率	3.42
净利	599259909.1	净利/最大潜在亏损	6.49
盈利因子	3.8	手续费/净利	0.0182
算术年化收益率 (%)	309.45	盈利交易次数	41
几何年化收益率 (%)	173	亏损交易次数	46
最大回撤	77058887.59	胜率 (%)	47.13
最大回撤率 (%)	49.96	平均单笔净利	6888044.93
已付手续费	10929950.9	平均盈利额	19840788.82
交易天数	488	平均亏损额	4656792.02
买入持有权益	136547711.2	平均盈利/平均亏损	4.26

CHAPTER 19 第19章 多因子研究

人们在做投资时，有时通过辨别一些形态、有时通过筛选一些指标等来判断股票的涨跌. 然而股票的涨跌和因子不一定是因果关系，可能只是现象上的相关性，因此收益率与因子的相关性是研究的重点. 一般来讲一个多因子模型构建流程主要包括：数据处理及因子筛选、收益预测、风险预测、组合优化. 各流程的具体步骤如下.

1. 数据处理及因子筛选：基础数据采集、数据标准化、识别有效因子；
2. 收益预测：大类因子分析、因子共线性分析、残差异方差分析、多元线性回归、计算因子预期收益、计算股票预期收益；
3. 风险预测：计算因子历史收益率协方差矩阵，残差风险估计；
4. 组合优化：确定组合的收益目标，确定组合的风险目标，行业权重约束，因子暴露约束，个股上下限约束，二次规划求解组合权重分配，模拟业绩回溯.

本章重点介绍数据处理、模型有效性检验和因子合成三个方面.

19.1 常见因子

影响股票收益的因子按照逻辑可以分成三种类型.

1. 市场风险 (market risk)：所有的股票都会受到市场整体供需的影响而呈现出同涨同跌的现象，即我们所说的牛市和熊市. 这是所有类别的风险中波及面最广，影响最大的风险.
2. 行业风险 (sector risk)：从事相同或者相似业务公司的股票，由于受到共同的产业景气周期影响、或者共同的产业政策冲击、抑或是其他宏观环境的影响，在市场上也会表现出较高的相关性.
3. 风格风险 (style risk)：风格风险是指剔除掉市场风险和行业风险之后，股票市场的结构表现在一定的时期内会呈现出很强烈的风格特征，比如小市值股票表现更优的小市值风格，前期收益低的股票近期收益更高的反转风格，成长性高的股票表现更好的成长风格，或者是低估值股票表现更好的低估值风格等等. 主要的风格因子暂时分成十二大类：估值因子 (value factor)、成长因子 (growth factor)、财务质量因子 (financial quality factor)、杠杆因子 (leverage factor)、规模因子 (size factor)、动量因子 (momentum factor)、波动率因子 (volatility factor)、换手率因子 (turnover factor)、改进的动量因子 (modified momentum factor)、分析师情绪因子 (sentiment factor)、股东因子 (shareholder factor) 和技术因子 (technical factor).

19.2　多因子模型的意义——不单单寻找表现最好的股票

一个简单的多因子模型是用收益对几个因子进行线性回归, 得到以下方程:

$$\hat{r}_j = \sum_{k=1}^{K} X_{jk}\beta_k + \hat{u}_j, \tag{19.1}$$

其中, X_{jk} 是股票 j 在因子 k 上的因子暴露, 也就是因子的具体取值, 一般需要经过一定的处理; β_k 是 k 的因子收益, 也就是线性回归系数; $\hat{u}_j$ 是股票 j 的残差收益率.

一般来讲定性管理的投资标的是个股, 主要关注股票的个性, 也就是 $\hat{u}_j$. 而对于定量投资管理是从统计的角度研究因子收益率的变化规律, 它的前提是所有股票在同样的因子暴露情况下表现应该一样, 也就是关注股票的共性.

通过上面的表达式我们可以求出最优表现的股票. 然而多因子的意义不单单是寻找表现最好的股票而已, 通过上面的公式我们可以把所有的股票都写成几个因子的表达式, 然后通过因子的相关性可以求出股票之间的相关性. 通过研究多只股票之间的相关性来寻找多只股票之间的最优组合变为通过几个因子之间相关性分析来找最优组合. 简单地说多因子模型不仅仅是寻找最优的股票而已, 同时也可以用于风险管理, 把"管理股票"变成了"管理因子".

19.2.1　组合投资风险分散

投资组合的收益率等于组合中各资产收益率的加权平均, 但是投资组合的标准差并不等于组合中各资产标准差的加权平均, 而是小于等于组合中各资产标准差的加权平均, 即整体风险小于部分风险之和——这是进行组合投资分散风险的关键.

一个最简单的例子: 投资组合由两只股票组成, 分别占 50%, 它们收益率的相关系数为 ρ_{AB}, 那么

$$\begin{aligned} E[r_p] &= E[r_A/2 + r_B/2], \\ \sigma(r_p) &= \sigma(r_A/2 + r_B/2) = \sqrt{\sigma_A^2/4 + \sigma_B^2/4 + \rho_{AB}\sigma_A\sigma_B/2} \leqslant (\sigma_A + \sigma_B)/2. \end{aligned} \tag{19.2}$$

对于整个股票市场做投资, 你需计算多少个相关系数呢?
答案是 $C_{3000}^2 = 3000 \times 2999/2$. 这是一个很大的数.

19.2.2　因子管理

多因子模型下, 市场风险结构变为

$$V_{ij} = \sum_{k_1,k_2=1}^{K} X_{i,k_1} F_{k_1,k_2} X_{j,k_2} + \Delta_{i,j}, \tag{19.3}$$

其中, F_{k_1,k_2} 为 β_{k_1} 与 β_{k_2} 之间的协方差, $\Delta_{i,j}$ 为股票 i 和股票 j 残差之间的协方差. 如此一来, 多个股票之间的协方差变为了某些因子之间的协方差, 大大简化了计算过程.

假如组合 P 的因子暴露度为

$$x_P = X^{\mathrm{T}} h_P, \tag{19.4}$$

那么组合的方差便可以简单地计算出来, 即

$$\sigma_P^2 = h_P^{\mathrm{T}} V h_P. \tag{19.5}$$

19.3 数 据 处 理

在进行回归之前, 我们需要对数据进行处理.

19.3.1 极值处理

因子分析的过程是一个通过样本数据分析系统的过程, 而样本有它的局限性:

(1) 样本数有限, 通过有限的样本去分析系统的性质肯定会存在一些差异;

(2) 样本中可能存在小概率事件, 小概率事件会影响到对整体的分析.

比如我们分析小明的学习情况, 他考了 10 次试, 其中有 9 次都是六十多分, 1 次是九十多分, 那么这唯一一次的九十多分可能就是一个低概率事件 (可能小明考 100 次才能考中一次九十多分), 因而此样本就会对我们的分析产生影响.

异常数据的判断和剔除是数据处理中必不可少的一环. 尤其是金融数据处理中, 不进行极值处理, 会对数据最终的分析造成很大的误差和误判. 常见的因子极值处理方法: 中位数去极值法、三倍标准差法、四分位法.

1. 中位数去极值法

$$\hat{x}_i = \begin{cases} x_{\mathrm{M}} + n * D_{\mathrm{MAD}}, & x_i > x_{\mathrm{M}} + n * D_{\mathrm{MAD}}, \\ x_{\mathrm{M}} - n * D_{\mathrm{MAD}}, & x_i < x_{\mathrm{M}} - n * D_{\mathrm{MAD}}, \\ x_i, & \text{其他}, \end{cases} \tag{19.6}$$

x_{M} 是序列 x_i 的中位数, D_{MAD} 是序列 $x_i - x_{\mathrm{M}}$ 的中位数, $\hat{x}_i$ 是 x_i 去极值后的修正值, 此处 n 一般取值 5.2.

2. 三倍标准差法

$$\hat{x}_i = \begin{cases} \mu + 3\sigma, & x_i > \mu + 3 * \sigma, \\ \mu - 3\sigma, & x_i < \mu - 3 * \sigma, \\ x_i, & \text{其他}, \end{cases} \tag{19.7}$$

其中 $\mu = \frac{1}{n} \sum_i x_i$, $\sigma = \sqrt{\frac{\sum_i (x_i - \mu)^2}{N - 1}}$, $\hat{x}_i$ 是 x_i 去极值后的修正值.

三倍标准差法为什么好? 为什么是 3 倍标准差而不是 2 倍或 4 倍?

由概率分布图可以看出: 68.27% 的面积在一个标准差范围内, 95.45% 的面积在两个标准差的范围内, 99.73% 的面积在三个标准差的范围内, 而 99.99% 的面积在四个标准差的范围内. 如果使用 2 倍标准差, 那么概率高达 4.55% 的样本会被当成小概率事件处理掉, 显然是不合理的. 如果使用 4 倍标准差, 大概是万分之零点几的概率的样本才会被处理到. 考

虑到实际过程中样本数的大小, 4 倍标准差几乎处理不到任何样本. 因此, 一般选用 3 倍标准差.

3. 四分位法

$$\hat{x}_i = \begin{cases} M_{\frac{3}{4}} + 1.5 * \mathrm{gap1}, & x_i > M_{\frac{3}{4}} + 1.5 * \mathrm{gap1}, \\ M_{\frac{1}{4}} - 1.5 * \mathrm{gap2}, & x_i < M_{\frac{1}{4}} - 1.5 * \mathrm{gap2}, \\ x_i, & \text{其他}, \end{cases} \tag{19.8}$$

这里 $M_{\frac{1}{4}}, M_{\frac{1}{2}}, M_{\frac{3}{4}}$ 分别是 x 的 $\frac{1}{4}, \frac{1}{2}, \frac{3}{4}$ 分位数, 而 $\mathrm{gap1} = M_{\frac{3}{4}} - M_{\frac{1}{2}}$, $\mathrm{gap2} = M_{\frac{1}{2}} - M_{\frac{1}{4}}$.

19.3.2 无量纲化

在一个简单的多因子模型中, 我们如何对比市值与收益率的相关性相对于市盈率与收益率的相关性? 无量纲处理就是解决这样的问题. 以下为三种常见的无量纲化方法:

1. 标准化

$$Z_{ij} = \frac{X_{ij} - \mu_j}{\sigma_j}; \tag{19.9}$$

2. 极差标准化

$$Z_{ij} = \frac{X_{ij} - \mu_j}{\mathrm{Max}_j - \mathrm{Min}_j}; \tag{19.10}$$

3. 极差正规化

$$Z_{ij} = \frac{X_{ij} - \mathrm{Median}_j}{\mathrm{Max}_j - \mathrm{Min}_j}. \tag{19.11}$$

其中, $\mu_j = \frac{1}{n} \sum_i X_{ij}$, $\mathrm{Max}_j, \mathrm{Min}_j$ 分别是 X_{ij} 的最大值和最小值.

19.3.3 行业中性化

行业中性化的需求是消除因子在不同股票上的行业差异性. 差异性主要来自于两方面, 一是平均不同, 二是伸缩的力度 (标准差) 不同.

在进行多元线性回归时, 如果我们仅考虑两个因子, 一个完全表征行业差异性 X_1, 一个是一些基本面因子 X_2. 在未对 X_2 进行行业中性化的时候, 我们会发现 X_1 与 X_2 可能存在相关性很强的时候, 也就是共线, 那么我们进行的回归便会有很多问题. 此外, 对于股票, 行业因素可能是最大的影响, 比如板块轮动等原因. 如果进行回归分析的因子都和行业显著相关, 那么计算的可靠性便大大降低.

下面以 2017 年 5 月 24 日的 ROA 资产回报率 (return on assets) 为例研究 ROA 值在各个行业的分布情况. 计算方法: 资产回报率 = 净利润 (TTM)/ 总资产. ROA 属于盈利能力和收益质量类因子, 在全 A 股中 ROA 分行业的分布情况如图 19.1.

由图 19.1 可以看出, 传媒、医药、生物及消费行业 ROA 值相对最高, 金融行业 ROA 值最低. 行业之间的差异性较为明显.

下面提供一种行业中性化分析的思路: 在同一行业内把数据进行以下处理

$$\hat{x}_i = \frac{x_i - \mu_{i,\mathrm{indus}}}{\sigma_{i,\mathrm{indus}}}, \tag{19.12}$$

其中 $\mu_{i,\text{indus}}, \sigma_{i,\text{indus}}$ 分别为第 i 只股票所在行业的因子 x 的平均值和标准差. 这样做的目的不仅使得行业均值的差异被消除, 行业内取值波动性也被消除. 经过处理后的分行业 ROA 数据如图 19.2.

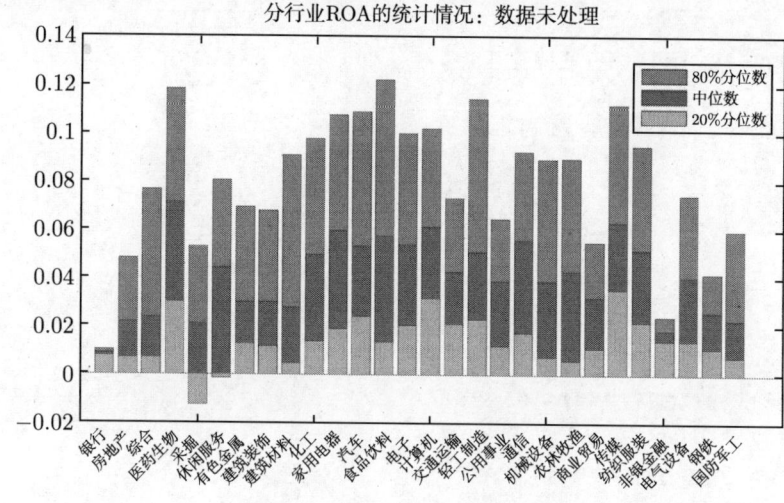

图 19.1 ROA 分行业的分布图

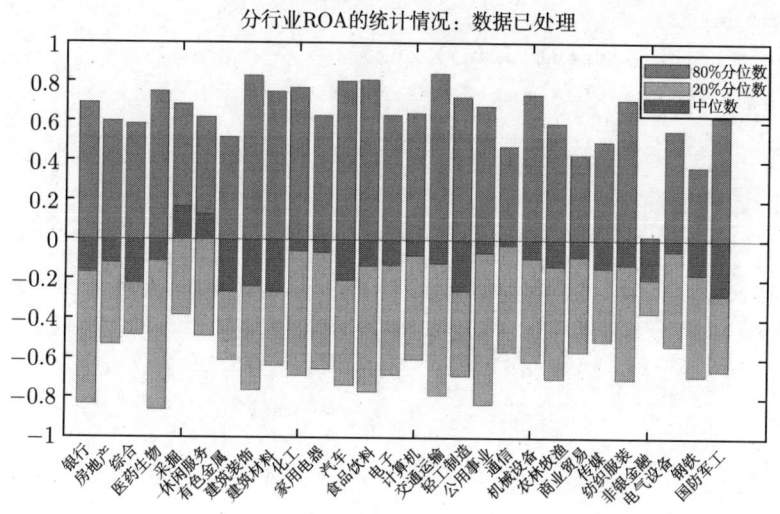

图 19.2 标准化处理后 ROA 分行业的分布图

从图 19.2 中看, 经过处理的数据在不同行业内的分布相似性增大, 这里的相似性指的是不同行业的不同分数是否接近.

注意: 我们建议对市值进行中性化, 毕竟小市值的策略非常多, 最好不要让小市值的影响超过了其他因子.

19.3.4 MATLAB 实现

首先对数据去极值

```
function datas = winsorize(datas,ntimes,varargin)
```

```matlab
%第一列对应行业标记；第二列是因子
value = datas(:,2);
if isempty(varargin)
    kind =1;
elseif ismember('median',varargin)
    kind = 2;
elseif ismember('quantile',varargin)
    kind =3;
else
    kind = 1;
end
if kind ==1
    aux = value(~isnan(value));
    value(value>mean(aux)+ntimes*std(aux)) =
    mean(aux)+ntimes*std(aux);
    value(value<mean(aux)-ntimes*std(aux)) =
    mean(aux)-ntimes*std(aux);
elseif kind ==2
    aux = median(value(~isnan(value)));
    gap = median(abs(value(~isnan(value))-aux));
    value(value>aux+ntimes*gap) = aux+ntimes*gap;
    value(value<aux-ntimes*gap) = aux-ntimes*gap;
else
    aux = quantile(value,3);
    gap1 = aux(3)-aux(2);
    gap2 = aux(2)-aux(1);
    value(value>aux(3)+ntimes*gap1) = aux(3)+ntimes*gap1;
    value(value<aux(1)-ntimes*gap2) = aux(1)-ntimes*gap2;
end
datas(:,2)=value;
end
```

接着无量纲化处理

```matlab
function datas = standardrize(datas,varargin)
%第一列对应行业标记；第二列是因子
value = datas(~isnan(datas(:,2)),2);
if isempty(varargin) ||varargin{1} == 1
    datas(:,2) = (datas(:,2)-mean(value))/std(value);
elseif varargin{2} ==2
    datas(:,2) = (datas(:,2)-mean(value))/(max(value)
    -min(value));
else
```

```
    datas(:,2) = (datas(:,2)-median(value))/(max(value)
    -min(value));
end
end
```

最后进行行业中性化处理

```
function datas = neutralize(datas)
%第一列对应行业标记; 第二列是因子
industry = unique(datas(:,1));
for i = 1:length(industry)
    aux = datas(ismember(datas(:,1),industry(i)) & ~
    isnan(datas(:,2)),:);
    aux = winsorize(aux,3);
    aux = aux(:,2);
    aux = (aux-mean(aux))/std(aux);
    datas(ismember(datas(:,1),industry(i)) & ~
    isnan(datas(:,2)),2) = aux;
end
end
```

19.3.5 建议处理步骤

去极值 → 无量纲 → 行业中性化 → 去极值 → 无量纲 → 市值中性化.

19.4 模型有效性检验

一个模型的检验有两个维度:
- 横截面: 一个时间点上模型是否准确.
- 时间域: 时间域上模型是否稳定.

因子的有效性检验也有两个维度:
- 横截面: 检验因子某期与下一期收益率的相关系数, 是否显著不为 0.
- 时间域: 看相关系数是否稳定变化.

检验一般分为四种: 经济意义检验、统计意义检验、计量经济学检验、预测检验. 下面分别来讨论这四种检验方法.

19.4.1 经济学意义

经济意义检验就是 β_k 的符号是否与人们的经验和经济理论相似, 这是一个最基本的检验.

19.4.2 统计检验

统计检验包括优合度检验、回归模型总体检验、t 检验等. 前两个都用检验整个模型的好坏, t 检验是检验单个解释变量的回归系数是否显著, 即不为 0.

1. 优合度检验

优合度检验需判断可决系数 R^2 的大小, 其计算公式为

$$R^2 = 1 - \frac{\text{ESS}}{\text{TSS}},$$
$$\text{TSS} = \sum(y_i - \bar{y})^2, \quad \text{RSS} = \sum(\hat{y} - \bar{y})^2, \quad \text{ESS} = \sum(y_i - \hat{y}_i)^2, \quad (19.13)$$
$$\text{TSS} = \text{ESS} + \text{RSS},$$

其中 y_i 是被解释的变量的实际取值, $\bar{y}$ 是实际取值的平均值, $\hat{y}_i$ 是模型取值.

R^2 值介于 0 和 1 之间, 可决系数 R^2 越大表明模型优合度越好. 当 $R^2 = 1$ 时, 模型完美; 当 $R^2 = 0$ 时, 模型无意义.

2. F 检验

F 检验需要的计算公式为

$$F = \frac{\text{ESS}/k}{\text{RSS}/(n-k-1)}. \quad (19.14)$$

对于给定显著性水平 α, 得到的临界值满足 $F > F_\alpha(k, n-k-1)$ 时, 模型通过 F 检验. 求得的 F 越大, 模型拟合度越好.

3. t 检验

总体的线性关系显著并不代表每个解释变量对被解释不变量的影响都是显著的, 因此需要 t 检验对各个解释变量都进行显著性检验.

设拟合模型为

$$Y = Xb + \epsilon, \quad (19.15)$$

从而求得 $b = X^{-1}(Y - \epsilon)$.

根据广义最小二乘法有

$$E[b] = \beta, \quad E[(b-\beta)^2] = \sigma^2 (X^\mathrm{T} X)^{-1} X^\mathrm{T} \Sigma X (X^\mathrm{T} X)^{-1}, \quad (19.16)$$

其中 β 为求出的回归系数, 而 $\text{Var}(\epsilon) = \sigma^2$.

t 检验中, 对于给定的显著性水平 α, 计算 $t = \dfrac{\beta_j}{\sigma_{\beta_j}/\sqrt{n-1}}$ 是否大于 $t_{\alpha/2}(n-k-1)$ 的值, 若大于则通过 t 检验; 反之则不通过.

19.4.3 MATLAB 多元线性回归模型检验函数

利用函数[b,bint,r,rint,stats]=regress(Y,X,alpha), 可以求回归系数的点估计和区间估计, 并检验回归模型. 其中, b 是回归系数; bint 是回归系数的区间估计; r 是残差; rint 是残差的置信区间; stats 是检验回归模型的统计量, 有四个数值: 相关系数 R^2, F 值, 与 F 对应的概率 p, 误差方差.

相关系数 R^2 越接近 1, 说明回归方程越显著; $F > F_{\alpha(k,n-k-1)}$ 时拒绝原假设 H_0, 此时 F 越大, 说明回归方程越显著; 与 F 对应的概率 p 时拒绝 H_0, 回归模型成立. p 值通常在 0.01 和 0.05 之间, 越小越好.

第 19 章 多因子研究

19.4.4 自相关检验

自相关检验用于检测误差的序列相关性和异方差性,解释多变量共线性等. 其计算公式为

$$\mathrm{DW} = \frac{\sum_{i=2}^{n}(e_i - e_{i-1})^2}{\sum_{i=1}^{n} e_i^2}, \tag{19.17}$$

这里 $e_i = y_i - \hat{y}_i$ 是模型残差. 通过查询 DW 值来与计算出的值比照,研究序列是否存在自相关性.

19.5 因子合成与降维

对于一堆的因子, 由于它们之间存在相关性, 直接做线性回归将导致回归系数可能不准确, 为此我们需要去除相关性比较大的因子.

首先我们并不关注因子的平均值, 也不关注因子的量纲. 我们比较在意的是因子相对于平均值的分散程度. 既然不管这些我们首先做以下处理:

$$\hat{X}_{ir} = \frac{X_{ir} - \mu_r}{\max_r}, \tag{19.18}$$

其中 $\max_r$ 是因子 r 在不同取值上相对于其平均值的最大偏离值.

现在假设简单处理已经完成, 如何进一步选择因子呢? 很明显, 离散度越大的因子所含的信息越多. 设 x 是所有因子, x_t 是其第 t 个标的的所有因子, y 是新所有因子, y_t 是其第 t 个标的的所有因子. 这里每个 y_t 都是 x_t 的一种线性组合, 可以表示为

$$y_t = w^{\mathrm{T}} x_t. \tag{19.19}$$

我们仅仅筛选出 K 个 y 因子使得它们组成的新因子满足方差和最大, 即

$$\begin{aligned}
& \sum_{j=1}^{K} \frac{1}{n * \max_{y[j]}^2} \sum_{t=1}^{n} (y_t[j] - \frac{1}{n}\sum_{t=1}^{n} y_t[j])^2 x \\
&= \sum_{j=1}^{K} \frac{1}{n * \max_{y[j]}^2} \sum_{t=1}^{n} \left(w_j^{\mathrm{T}} x_t - \frac{1}{n}\sum_{t=1}^{n} w_j^{\mathrm{T}} x_t\right)^2 \\
&= \sum_{j=1}^{K} \frac{1}{\max_{y[j]}^2} w_j^{\mathrm{T}} \left[\frac{1}{n}\sum_{t=1}^{n}\left(x_t - \frac{1}{n}\sum_{t=1}^{n} x_t\right)^2\right] w_j \\
&= \sum_{j=1}^{K} \frac{1}{\max_{y[j]}^2} w_j^{\mathrm{T}} \Sigma w_j \\
&= \sum_{j=1}^{K} \omega_j^{\mathrm{T}} \Sigma \omega_j,
\end{aligned} \tag{19.20}$$

其中 Σ 为 x 的协方差矩阵，w_j 是 Σ 的特征态且归一化，其满足

$$\omega_j = \frac{w_j}{\max_{y[j]}} = \frac{w_j}{\max\{\mathrm{abs}[w_j^\mathrm{T} x_t - \mathrm{mean}(w_j^\mathrm{T} x_t)]\}}. \tag{19.21}$$

从而最应该保留的新因子需要满足：使下面有关特征值 λ 的表达式最大

$$\frac{\lambda}{\max^2\{\mathrm{abs}[w_j^\mathrm{T} x_t - \mathrm{mean}(w_j^\mathrm{T} x_t)]\}}. \tag{19.22}$$

19.6 多因子研究案例

国外有很多大师都崇尚价值投资的方法，选股的方式五花八门，其中有本杰明·格雷厄姆经典价值投资法、詹姆斯·奥肖内西价值投资法和查尔斯·布兰德斯价值投资法等。这里就给大家介绍其中一个案例——本杰明·格雷厄姆成长股内在价值投资法。

格雷厄姆被誉为"价值投资之父"。沃伦·巴菲特从不吝啬对格雷厄姆投资思想的赞美之词，正如同其在《聪明的投资者》的扉页中所写的——这是有史以来，关于投资的最佳著作。

在著作中，格雷厄姆统一和明确了"投资"的定义，区分了投资与投机。在此之前，一些人认为购买安全性较高的证券如债券是投资，而购买股价低于净现值的股票的行为是投机。格雷厄姆认为："投资是一种通过认真分析研究，有指望保本并能获得满意收益的行为。不满足这些条件的行为就被称为投机。"格雷厄姆认为，基金必须有某种程度的安全性和满意的回报。当然，所谓安全是指在合理条件下投资应不至于亏本。而满意的回报不仅包括股息或利息收入，而且包括价格增值。动机比外在表现更能确定购买证券是投资还是投机。

19.6.1 公式

在其著作中，格雷厄姆提出了一个非常简单的关于成长股内在价值的计算公式：

$$\mathrm{Value} = \mathrm{EPS} * (8.5 + R_2). \tag{19.23}$$

其中 EPS 表示每股收益，决定了公司内在价值的基准；R_2 表示预期两年的收益增长率，体现了公司的未来盈利能力；数值 8.5 被格雷厄姆认为是一家预期收益增长率为 0 的公司的合理市盈率，故 $(8.5+R_2)$ 可以被视为预期两年的收益增长率为 R_2 的公司的合理市盈率。股票每股收益和其合理市盈率的乘积则直观地给出了合理的估值水平。而需要说明的是，从历史数据来看，8.5 倍的市盈率对于 A 股市场普遍的高市盈率来说可能偏低，但从保守估值和尊重大师的角度出发，我们在回测时仍沿用这个数值。

投资的逻辑是：当股价高于该值时，说明股价过高需要卖出；当股价低于该值时说明股价过低，可以买入。

19.6.2 修改

对于 (19.23) 式，《申万大师系列——价值投资篇之二本杰明·格雷厄姆成长股内在价值投资法》中提供了一些修改方法

$$\mathrm{Value} = \mathrm{EPS} * (8.5 + R_2) * S * F. \tag{19.24}$$

其中 S 为安全因子，介于 0 和 1 之间；而 F 为利率调整因子，满足表达式：$F=$ 历史平均 AAA 债券收益率/当期 AAA 债券收益率.

同时在他们的回测中要求，Value/Price 介于 1 和 1.2 之间，一是控制筛选出的股票数量，便于不同策略的对比；二是出于对公式有效性的考虑——当股票内在价值与股价偏离非常大时，必然存在公式以外的因子起作用，此时单纯用公式选股无意义.

在申万宏源研究中，该方法在保持胜率和持股数大致相同的同时，显著提高了策略的收益、sharp 比率和盈亏比. 但我们并不能很好地设置 S. 而且我们知道 S 和 F 的计入对于所有股票而言是一致的. 因此我们重新定一个指标：

$$G = \text{Log}\left(\frac{\text{Price}}{\text{EPS} * (8.5 + R_2)}\right). \tag{19.25}$$

在策略计算中，首先剔除每股收益为负的序列. 为了排除极值影响，直接剔除 $\overline{G} \pm \text{num} \cdot \text{std}(G)$ 之外的股票，最后筛选出 G 因子最小的股票.

19.6.3 市值中性化

接下来我们要检验该因子的市值关联度. 简单的处理方法是，我们把 D 因子相对对数市值做一个去关联，具体方法为：将原有 D 因子 $D = \alpha + \beta \text{Log}(\text{市值}) + \epsilon$，转变为新的 D 因子 $D' = \epsilon$.

19.6.4 操作实现

利用 AT 平台实现上述策略，具体步骤为：

1. 处理待选股票池 HS300：a. 剔除摘牌、ST 股票；b. 剔除最近一月有 15 天以上停牌的；c. 剔除涨停的；d. 剔除不满一年的；
2. 剔除 EPS 为负的股票；
3. 计算 G 因子；对 G 因子市值中性化；剔除 G 因子 2.5σ 以外股票；
4. 筛选 G 因子最小的 30 只股票；
5. 总资金的一部分 (如 40%) 来均等分配给股票，进行下单交易；
6. 用与上面相同的资金下单股指期货 IF0000；
7. 股票每隔 20 天调一次仓；其中达到止损的直接平仓 (入场价止损 10%，跟踪止损盈利 10% 后回撤 15%)；20 天后未在目标股票池的平仓，在的进行仓位调整；
8. 当股票权益达到一定的风险敞口 (如增减 5%)，调整股指期货仓位.

在模拟中，我们用过去 5 年收益增长率替代增长率 (计算方法：5 年收益增长率 = 5 年收益关于时间 (年) 进行线性回归的回归系数/5 年收益均值的绝对值).

下面展示的是基于 AT 平台分别做剔除极值的市值中性化 (图 19.3)、不剔除极值的市值中性化 (图 19.4) 和剔除极值的不做中性化 (图 19.5) 的结果. 市值中性化在一定程度上消减了选股的市值暴露，极值处理是因为偏离太大可能 G 因子的价值不太有效. 可以看出，剔除极值的市值中性化的策略使绩效更加稳健，收益更高.

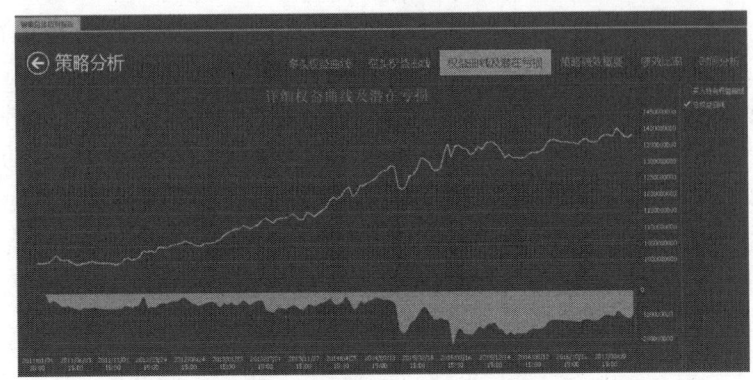

图 19.3　剔除极值的市值中性化

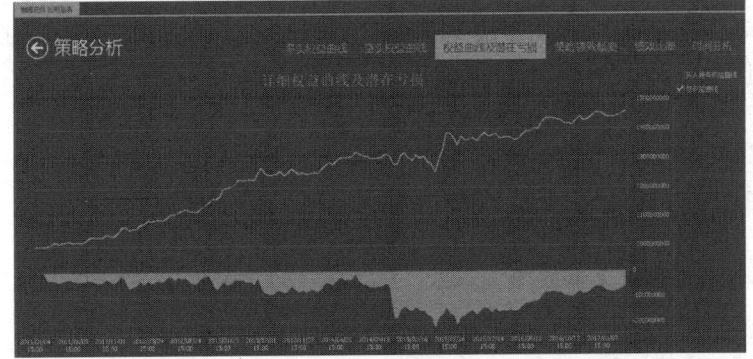

图 19.4　不剔除极值的市值中性化

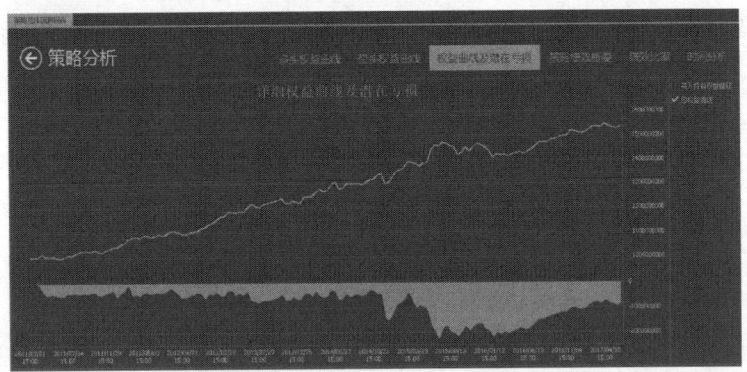

图 19.5　剔除极值的不做中性化

CHAPTER 20
第 20 章 条件异方差模型

基于资产收益率的建模一直是金融经济学家、计量经济学家、统计学家等关注的热点,而传统的线性回归模型要求误差项的方差满足独立性,这一假设并不能够精确地描述金融市场价格和收益行为. 大量的文献研究表明, 大多数时间序列的误差项不是稳定相关的, 即误差的方差会随着时间变化. 而这些误差项, 就代表了各时间序列的波动性.

市场的波动性 (一般用序列的标准差表示) 有三个特征.
- 杠杆效应.
- 实变性.
- 波动群集效应.

这些特征的一个外在表现就是 "黑天鹅" 现象在二级市场中出现的频率比较高. 刻画波动率的模型很多, 本章主要讲解条件异方差模型. 条件异方差模型众多, 比如: ARCH、GARCH、EGARCH、GJR-GARCH、ARCH-M、GARCH-M、向量 GARCH(VGARCH)、非对称 ARCH(AARCH)、非线性 ARCH(NARCH)、门限 GARCH(TGRCH)、非线性不对称 GARCH、长记忆 GARCH(LM-GARCH)、单整 GARCH(IGARCH)、分整 GARCH(FGARCH)、分整指数 GARCH(FIEGARCH) 等, 同时由于许多金融时间序列的无条件分布具有尖峰厚尾特征, 常常使用 t 分布刻画要比正态分布更好. 本章着重分析前四种基本的模型, 其他的模型可以参考相关文献.

20.1 几种基础模型介绍

下面仅仅介绍无条件分布满足高斯分布的情形, 对于满足 t 分布或其他分布的情形, 这里不做介绍, 在实证示例分析使用到的时候一并给出.

20.1.1 波动率估计

在介绍模型之前, 这里要先明确波动率估计的概念. 股票的波动率 σ 是用于度量股票收益的不确定性.

1. 等权重的格式

这里首先定义 σ_n 为 $n-1$ 天所估计的市场变量在第 n 天的波动率, 第 n 天波动率的平方 σ_n^2 为方差率. 假定市场变量在 i 天末的价格为 S_i. 变量 u_i 定义为在第 i 天连续复利收益

率 (第 $i-1$ 天末至第 i 天末的收益):

$$u_i = \ln \frac{S_i}{S_{i-1}}. \tag{20.1}$$

利用 u_i 在最近 m 天的观察数据所计算出的每天方差率 σ_n^2 的无偏估计为

$$\sigma_n^2 = \frac{1}{(m-1)} \sum_{i=1}^{m} (u_{n-i} - \bar{u})^2, \tag{20.2}$$

其中 $\bar{u}$ 为 u_i 的平均值 $\bar{u} = \frac{1}{m} \sum_{i=1}^{m} u_{n-i}$.

为了检测日方差率的变化, 上面的式子通常会有一些变动:

(1) u_i 被定义为市场变量在第 $i-1$ 天末与第 i 天末的价格百分比变化

$$u_i = \frac{S_i - S_{i-1}}{S_{i-1}}. \tag{20.3}$$

(2) $\bar{u}$ 被假设为零.

(3) $m-1$ 被 m 代替.

以上三个变化对计算结果影响不大, 但这些变化会使得方差公式简化成

$$\sigma_n^2 = \frac{1}{m} \sum_{i=1}^{m} u_{n-i}^2, \tag{20.4}$$

式中 u_i 由式 (20.3) 给出.

2. 加权权重的格式

在式 (20.3) 中, $u_{n-1}^2, u_{n-2}^2, \cdots, u_{n-m}^2$ 中的所有项都有相同的权重. 我们的目标是估计当前波动率 σ_n 的水平, 因此将较大的权重用在最近的数据更有意义. 一种这样的模型表示为

$$\sigma_n^2 = \sum_{i=1}^{m} \alpha_i u_{n-i}^2, \tag{20.5}$$

其中, 变量 α_i 为第 i 天以前观察值所对应的权重, α 取正值. 当选择这些变量时, 如果 $i>j$, 则 $\alpha_i < \alpha_j$, 也就是我们将较少的权重给予较旧的数据. 权重之和必须为 1, 即

$$\sum_{i=1}^{m} \alpha_i = 1. \tag{20.6}$$

对于式 (20.5) 可以做一推广. 假定存在某一长期平均方差, 并且应当给予该方差一定权重, 这将导致以下形式的模型

$$\sigma_n^2 = \gamma V_L + \sum_{i=1}^{m} . \tag{20.7}$$

其中 V_L 为长期方差率, γ 为 V_L 所对应的权重, 因为权重之和仍为 1, 我们有

$$\gamma + \sum_{i=1}^{m} \alpha_i = 1. \tag{20.8}$$

在这一模型中, 方差的估计值是基于长期平均方差以及 m 个观察值, 观察数据越陈旧所对应的权重就越小. 令 $\omega = \gamma V_L$, 我们可以将式 (20.7) 写成

$$\sigma_n^2 = \omega + \sum_{i=1}^{m} \alpha_i u_{n-i}^2. \tag{20.9}$$

20.1.2 ARCH 模型

ARCH(q) 模型最先是由 Engle 教授在 1982 年提出的, 他基于该模型对英国通货膨胀率建模, 指出通货膨胀率存在条件异方差. ARCH(q) 模型可以表示成

$$\begin{cases} y_t = \mu_t + \xi_t, \\ \xi_t = e_t \sigma_t, \\ \sigma_t^2 = \alpha_0 + \sum_{i=1}^{q} \alpha_i \xi_{t-i}^2 = \alpha_0 + \alpha(L)\xi_t^2. \end{cases} \tag{20.10}$$

式中, $e_t \sim i.i.N(0,1)$ 且 $\xi_t|I_{t-1} \sim i.i.N(0,\sigma_t^2)$; $\alpha(L)$ 是滞后算子; σ_t^2 是 ξ_t 的条件方差; I_{t-1} 是已知信息集. 为保证条件方差 σ_t^2 的非负性, 要求系数 $\alpha_i > 0$ ($i = 0, 1, \cdots, q$), 同时 $1 - \alpha(L)$ 的特征根在单位圆外, 以保证原序列二阶平稳.

令 $v_t = \xi_t^2 - \sigma_t^2 = (e_t^2 - 1)\sigma_t^2$, 序列 $\{v_t\}$ 不是自相关的, 此时条件方差函数可以写成

$$\xi_t^2 = v_t + \alpha_0 + \alpha(L)\xi_t^2. \tag{20.11}$$

可以看出, ξ_t^2 满足 q 阶自回归过程 AR(q), 反映了波动的群集效应, 同时 $\alpha(L)$ 的项的个数 q 值决定了随机变量的某一个跳跃所持续影响的时间, q 越大影响的时间越长.

同时发现 ARCH 也存在一些缺陷, 比如 ARCH 模型对参数的限制非常严格; 用 ARCH(1) 描述金融时间序列是不够的, 而 ARCH(q) 需要大量的参数估计, 保证显著性也是困难的.

20.1.3 GARCH 模型

Bollerslev(1986) 在 ARCH 的基础上提出了 GARCH 模型, GARCH 模型的条件方差不仅是滞后残差平方的线性函数, 也是滞后条件方差的线性函数. 即条件方差过程满足:

$$\sigma_t^2 = \alpha_0 + \sum_{i=1}^{q} \alpha_i \xi_{t-i}^2 + \sum_{i=1}^{p} \beta_i \sigma_{t-i}^2 = \alpha_0 + \alpha(L)\xi_t^2 + \beta(L)\sigma_t^2, \tag{20.12}$$

其中, $p \geqslant 0, q \geqslant 0, \alpha_i \geqslant 0$ ($i = 0, 1, 2, \cdots, q$), $\beta_i \geqslant 0$ ($i = 1, 2, \cdots, p$). 不难发现, 当 $p = 0$, GARCH(p, q) 过程就是 ARCH(q) 过程, 所以 ARCH 模型是 GARCH 模型的特例. 令 $v_t = \xi_t^2 - \sigma_t^2 = (e_t^2 - 1)\sigma_t^2$, $e_t \sim i.i.N(0,1)$ 且序列 $\{v_t\}$ 不是自相关的, 则可以得到

$$\xi_t^2 = v_t + \alpha_0 + (\alpha(L) + \beta(L))\xi_t^2 - \beta(L)v_t. \tag{20.13}$$

GARCH(p, q) 过程是关于 ξ_t^2 的 ARMA(n, p) 过程, 其中 $n = \max\{p, q\}$, 由式 (20.13) 可以看出 GARCH 过程是无限阶的 ARCH 过程. 而且由于实际运用中 GARCH 过程比 ARCH

过程更节省变量，所以一般情况下使用 GARCH(1,1) 就可以简单刻画金融时间序列里面的异方差性.

当然，GARCH 模型也存在一些缺陷：

- 由于 GARCH 模型中，过去的震荡对当前的易变性具有对称作用，所以该模型不能解释收益和收益变化波动之间出现的负相关现象，而在现实金融市场中"好消息"与"坏消息"对价格波动有不对称的影响.
- GARCH(p,q) 模型要求所有系数均大于零，这些约束隐含着的任何滞后项增大都会增加，因而排除了的随机波动行为，这使得在估计 GARCH 模型时可能出现震荡现象.

20.1.4 GJR-GARCH 模型

GJR-GARCH 模型由 Glosten(1989) 等提出来的，该模型可以衡量收益率波动的非对称性，其条件方差满足：

$$\sigma_t^2 = \alpha_0 + \alpha(L)\xi_t^2 + \beta(L)\sigma_t^2 + \gamma(L)I\{\xi_{t-1} \geq 0\}\xi_t^2, \tag{20.14}$$

其中，$I\{*\}$ 为示性函数.

该模型允许波动率对消息的反应为两个不同的函数，对好消息与坏消息有不同的系数. 可以看出，当最后惩罚项估计系数全部为 0 时，即为 GARCH 模型.

20.1.5 EGARCH 模型

为了刻画金融时间序列收益率条件方差的非对称，Nelson(1991) 提出了指数 GARCH 模型 (EGARCH 模型). 这种非对称模型不仅允许非对称条件方差的可能性存在，而且认为"坏消息"对条件方差的影响更大. EGARCH 模型的条件方差的表达式为

$$\log(\sigma_t^2) = \alpha_0 + \sum_{i=1}^{q}\left(\alpha_i\left(\left|\frac{\xi_{t-i}}{\sigma_{t-i}}\right| - E\left[\frac{\xi_{t-i}}{\sigma_{t-i}}\right]\right) + \gamma_i\frac{\xi_{t-i}}{\sigma_{t-i}}\right) + \sum_{i=1}^{p}\beta_i\log(\sigma_{t-i}^2), \tag{20.15}$$

其中，$E\{*\}$ 代表随机变量的期望值. 模型采用自然对数的形式，意味着 σ_t^2 非负且杠杆效应是指数型的. 若 $\gamma \neq 0$ 说明信息影响是不对称的；当 $\gamma < 0$ 时，杠杆效应显著. EGARCH 模型可以很好地解决 ARCH 与 GARCH 模型中遇到的问题，EGARCH 模型使用了条件方差的对数，放松了对模型系数的非负限制，使得模型更加灵活. 但是在估计参数时，由 Jensen 不等式 $E[\sigma_t^2] \geq \exp\{E[\log(\sigma_t^2)]\}$，可知 EGARCH 本身的估计是有偏的.

20.2 示 例 应 用

下面着重讲解这几类模型的实现应用，因为 ARCH 是 GARCH 的一个特例，所以我们仅以后面三个模型为研究对象. 并分别从指定创建模型、拟合数据、Monte Carlo 模拟、均方误差和最小的模型预测等四个角度进行展开讲解. 对于 GARCH 类模型的 MATLAB 实现 (MATLAB2014a)，需要先做初始化指定模型处理.

第 20 章 条件异方差模型

例 1 想指定一个 GARCH(1,1) 模型, 只需输入:

```
Mdl = garch(1,1);
```

如果想修改模型的初始参数特征只需要做一些相应赋值即可, 比如残差分布函数不是正态分布, 而想修改为自由度为 8 的 t 分布, 在原来代码基础上再输入:

```
Mdl.Distribution = struct('Name','t','DoF',8);
```

或者输入如下代码也可以得到想要的结果:

```
tdist = struct('Name','t','DoF',8);
Mdl = garch('Offset',NaN,'GARCHLags',1,'ARCHLags',1,...
            'Distribution',tdist);
```

例 2 指定 GARCH(3,1) 模型, 并且滞后项 1 和 3 的系数非零, 只需敲入代码:

```
Mdl = garch('Offset',NaN,'GARCHLags',[1,3],'ARCHLags',1);
```

例 3 在进行 Monte Carlo 模拟的时候往往需要知道 GARCH 模型的具体表达式, 比如 GARCH 模型的条件方差满足 $\sigma_t^2 = 0.1 + 0.7\sigma_{t-1}^2 + 0.2\xi_{t-1}^2$, 残差满足正态分布, 键入代码:

```
Mdl = garch('Constant',0.1,'GARCH',0.7,'ARCH',0.2);
```

例 4 指定一个 EGARCH(1,1) 模型, 残差满足自由度为 8 的 t 分布, 输入:

```
tDist = struct('Name','t','DoF',8);
Mdl = egarch('Offset',NaN,'GARCHLags',1,'ARCHLags',1,...
'LeverageLags',1,'Distribution',tDist);
```

例 5 指定 GJR(1,1) 模型, 条件方差满足 $\sigma_t^2 = 0.1 + 0.6\sigma_{t-1}^2 + 0.2\xi_{t-1}^2 + 0.1I\{\xi_{t-1}<0\}\xi_{t-1}^2$, 残差满足正态分布, 输入代码:

```
Mdl = gjr('Constant',0.1,'GARCH',0.6,'ARCH',0.2,'Leverage',0.1);
```

下面举几个例子来说明, 从指定构造模型、从模拟产生的随机数或者现实中的金融数据来拟合条件方差函数, 最后进行预测. 使用到计量经济工具包里面的函数有: garch, egarch, gjr, simulate, estimate, infer, filter, forecast 等.

例 6 指定一个 GARCH(1,1) 模型, 条件方差满足 $\sigma_t^2 = 0.0001 + 0.5\sigma_{t-1}^2 + 0.2\xi_{t-1}^2$, 残差满足正态分布, 产生 1000 个满足上述条件的随机数作为样本:

```
Mdl = garch('Constant',0.0001,'GARCH',0.5,'ARCH',0.2);
rng default; % 重抽样设置
[v,y] = simulate(Mdl,1000);
```

使用 GARCH(1,1) 模型重新估计各项系数：

```
ToEstMdl = garch(1,1);
EstMdl = estimate(ToEstMdl,y);
```

输出结果为

```
    GARCH(1,1) Conditional Variance Model:
    ----------------------------------------
    Conditional Probability Distribution: Gaussian

                                    Standard          t
    Parameter       Value             Error        Statistic
    ---------    ------------      ------------   -----------
    Constant     0.000100167       2.25402e-05      4.44395
    GARCH{1}     0.467451          0.0866124        5.39704
    ARCH{1}      0.238106          0.0415291        5.73348

EstMdl =

    GARCH(1,1) Conditional Variance Model:
    ----------------------------------------
    Distribution: Name = 'Gaussian'
               P: 1
               Q: 1
        Constant: 0.000100167
           GARCH: {0.467451} at Lags [1]
            ARCH: {0.238106} at Lags [1]
```

使用模拟出来的随机数重新估计的 GARCH(1,1) 的条件方差的方程为

$$\sigma_t^2 = 0.00010 + 0.46745\sigma_{t-1}^2 + 0.23811\xi_{t-1}^2.$$

在估计参数的时候也可以把第一个数值作为 σ_t^2 的初始化，进行重新估计参数：

```
ToEstMdl = garch(1,1);
EstMdl = estimate(ToEstMdl,y(2:end),'E0',y(1));
```

输出结果为

```
GARCH(1,1) Conditional Variance Model:
----------------------------------------
    Conditional Probability Distribution: Gaussian

                                    Standard          t
    Parameter       Value             Error        Statistic
```

```
-----------     -----------     ------------     -----------
   Constant     0.000100162     2.25233e-05      4.44705
   GARCH{1}     0.467364        0.0866228        5.39539
    ARCH{1}     0.237207        0.0413612        5.73501

EstMdl =

    GARCH(1,1) Conditional Variance Model:
    --------------------------------------
    Distribution: Name = 'Gaussian'
              P: 1
              Q: 1
       Constant: 0.000100162
          GARCH: {0.467364} at Lags [1]
           ARCH: {0.237207} at Lags [1]
```

使用模拟出来的随机数重新估计的 GARCH(1,1) 的条件方差的方程为

$$\sigma_t^2 = 0.0001 + 0.46736\sigma_{t-1}^2 + 0.2372\xi_{t-1}^2.$$

从上面结果可以看出,有初始化参考进行模型参数估计与没有初始化参考进行模型参数估计是有略微差异的,我们给出具体的例证. 下面统计此条件方差模型的条件方差, 上面产生的 1000 个随机数分为两部分, 第一部分包含第一个数值, 第二部分包含剩下所有数值. 代码如下:

```
Mdl = garch('Constant',0.0001,'GARCH',0.5,'ARCH',0.2);
rng default; % 重抽样设置
[vS,yS] = simulate(Mdl,1000);
y0 = yS(1);
v0 = vS(1);
y = yS(2:end);
v = vS(2:end);

figure
subplot(2,1,1)
plot(v)
title('Conditional Variances')
subplot(2,1,2)
plot(y)
title('Innovations')
```

输出见图 20.1.

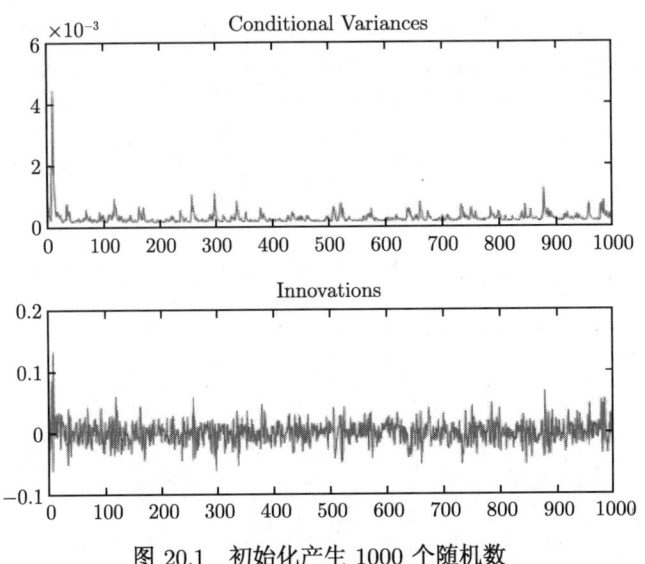

图 20.1 初始化产生 1000 个随机数

不使用初始化数据，进行统计推断，代码如下：

```
vI = infer(Mdl,y);
figure
plot(1:999,v,'r','LineWidth',2)
hold on
plot(1:999,vI,'k:','LineWidth',1.5)
legend('Simulated','Inferred','Location','NorthEast')
title('Inferred Conditional Variances - No Presamples')
hold off
```

得到的结果见图 20.2.

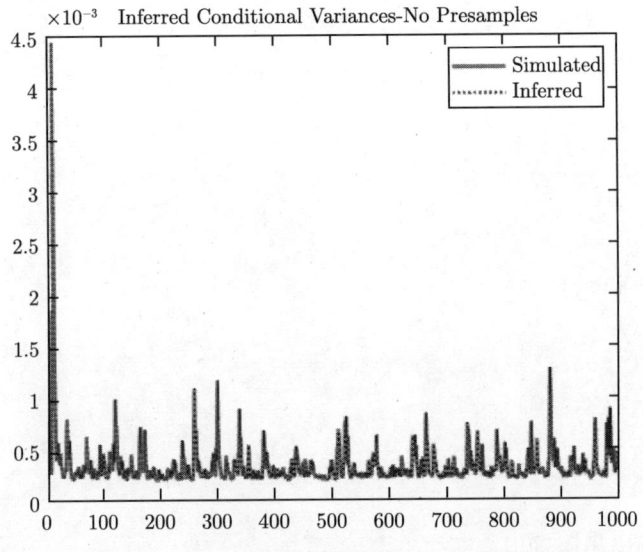

图 20.2 未初始化数据的条件方差的输出结果

使用初始化数据 (第一个数值) 进行统计推断, 代码如下:

```
[vE,log1] = infer(Mdl,y,'E0',y0);
figure
plot(1:999,v,'r','LineWidth',2)
hold on
plot(1:999,vE,'k:','LineWidth',1.5)
legend('Simulated','Inferred','Location','NorthEast')
title('Inferred Conditional Variances - No Presamples')
hold off
```

输出的结果见图 20.3.

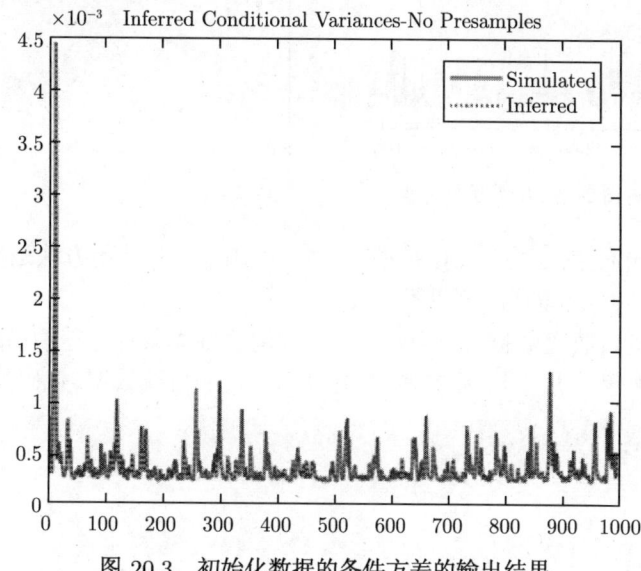

图 20.3 初始化数据的条件方差的输出结果

如果多个模型比较, 只需要在多个模型使用 infer 函数输出结果的第二项作为输入, 使用 lratiotest 进行检验就可以了 (这里不再展开). 在模型构造完之后, 用 forecast 函数进行预测, 我们预测数据后 30 项的值, 输入代码如下:

```
vF1 = forecast(Mdl,30,'Y0',y);
vF2 = forecast(Mdl,30);
figure
plot(v,'Color',[.7,.7,.7])
hold on
plot(1001:1030,vF1,'r','LineWidth',2);
plot(1001:1030,vF2,':','LineWidth',2);
title('Forecasted Conditional Variances')
legend('Observed','Forecasts with Presamples',...
'Forecasts without Presamples','Location','NorthEast')
hold off
```

分别采用初始样本与不采用初始样本得到的输出结果为 vF1 与 vF2，图像表示如图 20.4.

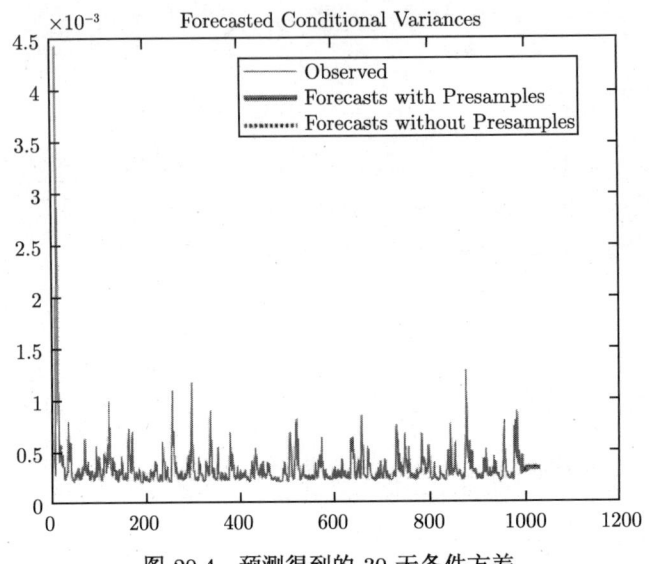

图 20.4 预测得到的 30 天条件方差

至此，模型分析函数基本介绍完，对于 GJR 模型与 EGARCH 模型，使用方法是类似的，只需要把 garch 改成 gjr 或者 egarch 即可，这里不再赘述.

下面以沪深 300 股指期货日收盘数据进行分析，并进行构建各类条件方差模型进行比较. 提取股指期货主力从 2011 年 1 月 1 日到 2015 年 12 月 31 日的日线数据，代码如下：

```
[time,open,high,low,close,volume,turnover,openinterest]
= traderGetKData('CFFEX', ... 'IF0000','day', 1,20110101,...
  20151231,false,'NA'); 'NA');
r = price2ret(close);
T = length(r);
logL = zeros(1,3);  % 用来储存检验数值
numParams = logL;   % 储存参数的数值
figure
plot(r)
xlim([0,T])
title('IF0000 Returns')
```

这里不再进行简单的描述性统计分析，仅仅进行该讲义的有关分析. 结果如图 20.5.

可以看出收益率序列有很强的波动率聚集现象，下面进行 ARCH 检验：

```
e=r-mean(r);
figure
subplot(2,1,1)
autocorr(e.^2)
subplot(2,1,2)
parcorr(e.^2)
```

```
[h,p]=lbqtest(e.^2,'Lags',[5,10])
```

输出结果为

```
h =
  1×2 logical array
     1    1
p =
     0    0
```

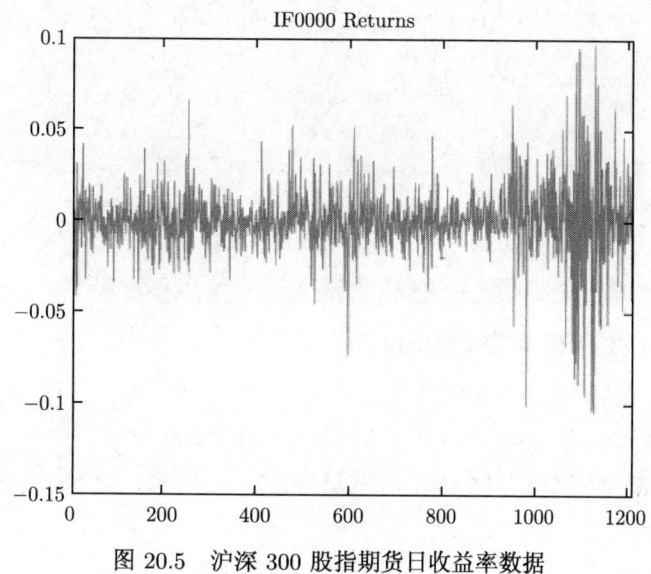

图 20.5　沪深 300 股指期货日收益率数据

可以看出,股指期货主力收益率序列显著性地存在 ARCH 效应. 如图 20.6 所示.

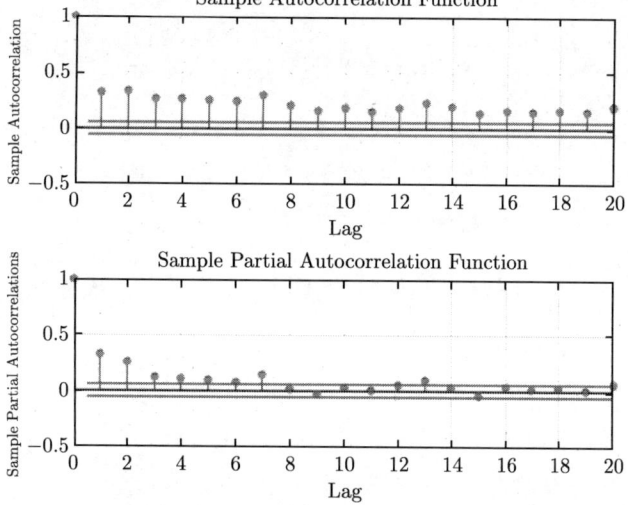

图 20.6　股指期货收益率序列自相关与偏向关函数

下面使用介绍的三种模型分别对数据进行模型拟合.

使用 GARCH(1,1) 模型进行数据拟合

```
Mdl1 = garch(1,1); [EstMdl1,EstParamCov1,logL(1)] =
estimate(Mdl1,r);
numParams(1) = sum(any(EstParamCov1)); % 拟合参数的个数
```

输出结果如下:

```
GARCH(1,1) Conditional Variance Model:
----------------------------------------
Conditional Probability Distribution: Gaussian

                            Standard          t
   Parameter     Value       Error        Statistic
   ---------   ---------   ----------    -----------
   Constant   3.95082e-06  1.11135e-06     3.55498
   GARCH{1}   0.918769     0.00840969     109.251
   ARCH{1}    0.0680027    0.00811177       8.38321
```

使用 EGARCH(1,1) 模型进行数据拟合

```
Mdl2 = egarch(1,1);
[EstMdl2,EstParamCov2,logL(2)] = estimate(Mdl2,r);
numParams(2) = sum(any(EstParamCov2));
```

输出结果如下:

```
EGARCH(1,1) Conditional Variance Model:
----------------------------------------
Conditional Probability Distribution: Gaussian

                            Standard          t
   Parameter     Value       Error        Statistic
   ----------  ----------  ----------    -----------
   Constant    -0.0934339   0.0238126     -3.92372
   GARCH{1}     0.987241    0.0028516    346.206
   ARCH{1}      0.162829    0.0164351      9.90738
  Leverage{1}  -0.0152494   0.00782376    -1.94911
```

使用 GJR(1,1) 模型进行数据拟合

```
Mdl3 = gjr(1,1);
[EstMdl3,EstParamCov3,logL(3)] = estimate(Mdl3,r);
numParams(3) = sum(any(EstParamCov3));
```

输出结果如下:

```
GJR(1,1) Conditional Variance Model:
--------------------------------------
Conditional Probability Distribution: Gaussian

                                Standard            t
   Parameter      Value          Error         Statistic
  -----------   ----------    ------------    -----------
   Constant     1.63673e-05   1.92907e-06      8.48457
   GARCH{1}     0.817629      0.013589        60.1686
   ARCH{1}      0.126501      0.0176116        7.18279
  Leverage{1}  -0.0151255     0.0178506       -0.847342
```

对上述三个模型进行 AIC 检验和 BIC 检验

`[aic,bic] = aicbic(logL,numParams,T)`

结果为

```
aic =
   1.0e+03 *

   -6.6847   -6.6819   -6.6473
bic =
   1.0e+03 *

   -6.6694   -6.6615   -6.6269
```

从 AIC 和 BIC 的结果可以看出, GARCH(1,1) 模型的 AIC 与 BIC 值均是最小的, 所以在该模型下 GARCH(1,1) 是比较好的模型. 同一类型模型比较模型的好坏, 也可以使用似然比检验 (MATLAB 函数为 lratiotest), 值得注意的是 EGARCH(1,1) 与 GARCH(1,1) 不是嵌套的, 所以不能进行似然比检验, 而 GARCH(1,1) 与 GJR(1,1) 是嵌套的, 可以进行似然比检验.

至此, 这些关于条件异方差模型的基础模型用法已经介绍完了. 下面介绍 GARCH 模型在统计套利策略中的应用.

量化策略大体分为两类, 一类是均值回复, 一类是趋势跟踪. 统计套利本质上是均值回复策略的一种, 它不是对一个资产做均值回复, 而是对一个组合做均值回复. 这里简单介绍下原理, 统计套利是建立在对历史数据进行统计分析的基础之上, 估计相关变量的概率分布, 并结合基本面数据进行分析以指导套利交易. 相对于无风险套利, 统计套利增加了少量风险, 但是由此可获得的套利机会将数倍于无风险套利. 其统计上描述见图 20.7.

注意: 统计套利是只针对有稳定性的价格关系进行的, 那些没有稳定性的价格关系的套利风险是很大的. 价格关系是否稳定直接决定着统计套利能否成立, 因此在对价格关系的历史数据进行统计分析的时候, 首先要检验价格关系在历史数据中是否稳定. 一组价格关系如果是稳定的, 那么必定是存在着某一种均衡关系维持机制, 一旦价格关系偏离均衡水平, 维持机制就会起作用,将价格关系或快或慢地拉回到均衡水平.所以,要分析一组价格关系是否稳定,需要先定性分析是否存在着这样的均衡关系维持机制,然后再对历史数据通过统计分析进行验证,以证实该通过定性分析得到的关系维持机制在历史上确实是在发挥作用.针对两个序列套利直观操作如图 20.8.

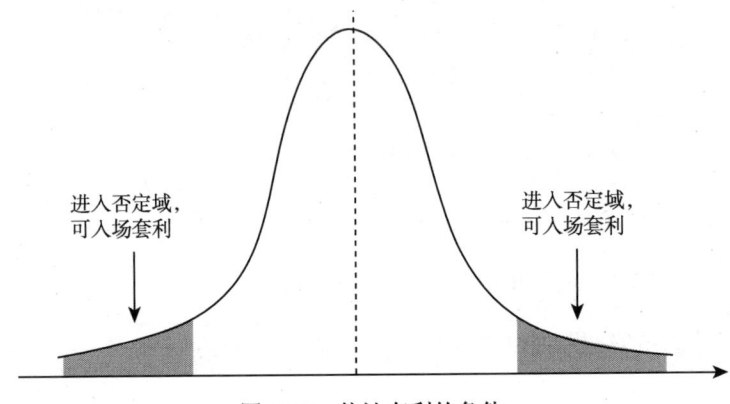

图 20.7 统计套利的条件

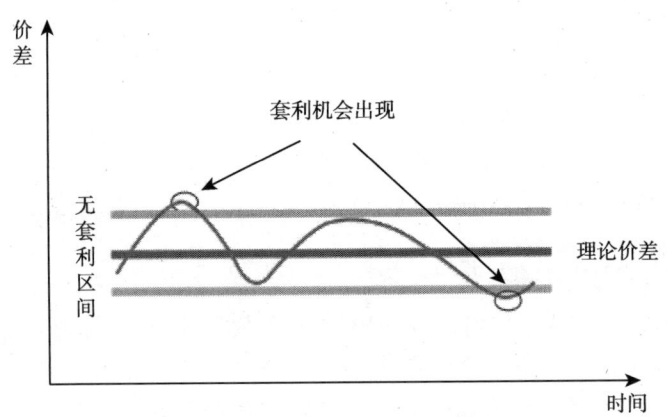

图 20.8 基于时间序列的统计套利

下面构造协整基于线性回归——GARCH 统计套利策略.本策略对沪深 300 股指期货 (IF) 的当月主力合约和次月主力合约进行实证研究.

策略逻辑如下:

1. 在某一时刻向前取一定长度的 IF 主力与次主力合约 5 分钟数据;
2. 对两个序列的对数建立简单线性回归模型;
3. 构造去中心化的统计量;
4. 使用 garch(1,1) 模型对残差序列构建时变出场点;
5. 进行买卖下单逻辑操作.

下面进行代码简单讲解.

首先提取数据与读取持仓

```
[time1,~,~,~,close1,~,~,~]=traderGetKData(targetList(1).Market,
```

第 20 章　条件异方差模型 >>>>

```
    targetList(1).Code,'min',Freq,0-barlength,0,false,'FWard');
    %获取当月数据
[time2,~,~,~,close2,~,~,~]=traderGetKData(targetList(2).Market,
    targetList(2).Code,'min',Freq,0-barlength,0,false,'FWard');
    %获取下月数据
[marketposition1,~,~]=traderGetAccountPosition(HandleList(1),
    targetList(1).Market,targetList(1).Code);  %记录当月的头寸
[marketposition2,~,~]=traderGetAccountPosition(HandleList(1),
    targetList(2).Market,targetList(2).Code);  %记录次月的头寸
```

数据对数化之后进行线性回归

```
x=log(close1((end-len+1):end));
y=log(close2((end-len+1):end));
t=rem(time1(end),floor(time1(end)));
%控制交易时间段设置，对时间求余
B = regress(y,x);  %线性回归，返回系数
beta=B;
```

构造去中心化的统计量

```
Y = (y - beta*x) - mean(y - beta*x);  %去中心化残差
uu=mean(Y);  %去中心化残差的均值
ss=std(Y);   %去中心化残差的标准差
index=(Y(end)-uu)/ss;  %构造统计量
```

估计去中心化残差的标准差

```
Mdl = garch(1,1);
EstMdl = estimate(Mdl,Y,'Display','off');
Kappa = EstMdl.Constant;
V = infer(EstMdl,Y);
Sigma = sqrt(V);
Sigma=Sigma(end);
kstop= abs(norminv(0.005,Kappa,Sigma))/Sigma;
```

买卖下单逻辑与进出场设计

```
if marketposition1 == 0 && index >=1
        traderBuy(HandleList(1),targetList(1).Market,...
        targetList(1).Code,round(ShareNum*beta),0,'market',...
        'buy1');
    end
    if marketposition2 == 0  && index >=1
        traderSellShort(HandleList(1),targetList(2).Market,...
        targetList(2).Code,ShareNum,0,'market','sellshort1');
```

```matlab
    end
    
    if  marketposition1 > 0  && (index<=-kstop || index>=4)
        %止盈及止损
        traderPositionTo(HandleList(1),targetList(1).Market,...
            targetList(1).Code,0,0,'market','SellToCover1');
    end
    if  marketposition2 < 0  && (index<=-kstop || index>=4)
        %止盈及止损
        traderPositionTo(HandleList(1),targetList(2).Market,...
            targetList(2).Code,0,0,'market','BuyToCover1');
    end
    
    %小于负一倍sigma做多y
    if  marketposition1 == 0  && index<=-1
        traderSellShort(HandleList(1),targetList(1).Market,...
            targetList(1).Code,round(ShareNum*beta),0,'market',...
            'sellshort2');
    end
    if  marketposition2 == 0  && index<=-1
        traderBuy(HandleList(1),targetList(2).Market,...
            targetList(2).Code,ShareNum,0,'market','buy2');
    end
    
    if  marketposition1 < 0  &&(index>=kstop || index<=-4)
        %止盈及止损
        traderPositionTo(HandleList(1),targetList(1).Market,...
            targetList(1).Code,0,0,'market','BuyToCover2');
    end
    if  marketposition2 > 0  && (index>=kstop || index<=-4)
        %止盈及止损
        traderPositionTo(HandleList(1),targetList(2).Market,...
            targetList(2).Code,0,0,'market','SellToCover2');
    end
```

确定标的与回测设置

```matlab
targetList(1).Market = 'CFFEX';
targetList(1).Code = 'IF0000';
targetList(2).Market = 'CFFEX';
targetList(2).Code = 'IF0001';

Freq=5;
```

第 20 章　条件异方差模型 >>>>

```
len=200;
ShareNum=100;
AccountList(1) = {'FutureBackReplay'};
traderRunBacktest('Reg', @RegGarch,{Freq,len,ShareNum},...
AccountList,targetList,'min',Freq,20140101,20150101,'FWard' );
```

使用 2014 年 1 月 1 日到 2015 年 1 月 1 日的数据,对 IF0000 与 IF0001 合约进行统计套利策略的回测,回测结果如图 20.9.

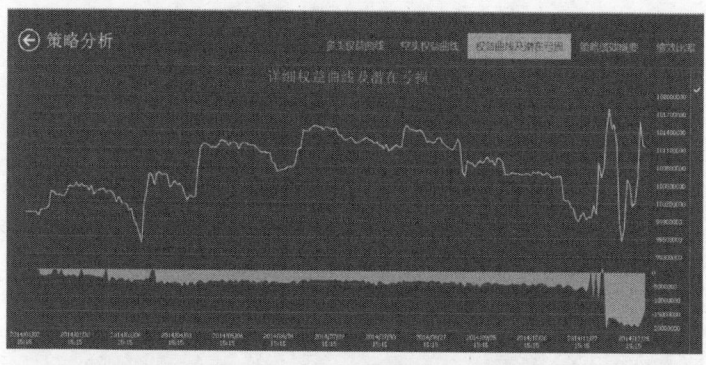

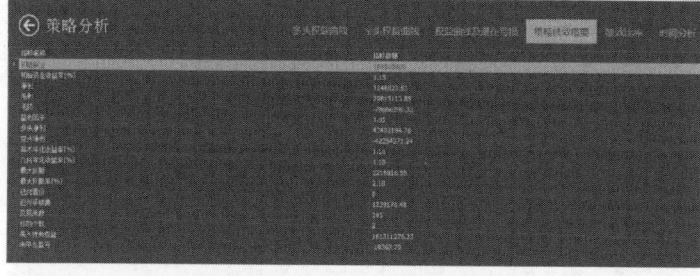

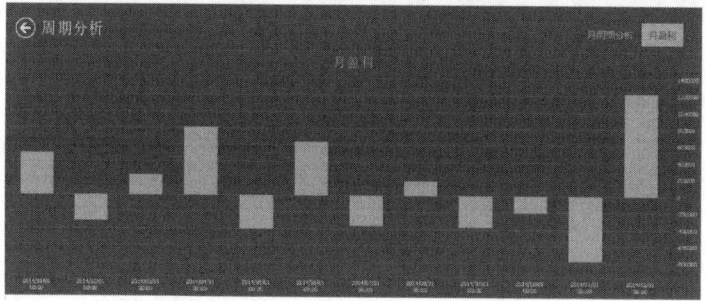

图 20.9　基于统计套利的 AT 回测结果

由图 20.9 可以看出资金曲线上下震荡上行,结果并没有想象中得那么好.

第五篇

量化投资——风险管理模型

本篇是本书最为核心的部分，其内容是金融计量分析在风险管理模型的实现方法的汇总，由下面三大部分组成，它们是

- 第21章 仓位集中风险
- 第22章 最小线性相关算法
- 第23章 VaR 和 CVaR

如果读者希望更深入了解金融市场在支持量化投资，特别是在风险管理模型方面的内容，可参见下面的文献：

1. Studenmund A H. Using Econometrics: A Practical Guide. 5th ed. New York: Pearson. 2006. 中文译本为：应用计量经济学. 5版. 王少平，杨继生，刘汉中，译. 北京：机械工业出版社，2007.

2. Hull J. Options, Futures and Other Derivatives. 9th ed. New York: Pearson. 2015. 中文译本为：期权，期货及其他衍生产品. 9版. 王勇，索吾林，译. 北京：机械工业出版社，2016.

3. Hull J. Risk Management and Financial Institutions. 3rd ed. New York: Pearson. 2011. 中文译本为：风险管理和金融机构. 3版. 王勇，董方鹏，译. 北京：机械工业出版社，2013.

CHAPTER 21
第 21 章　仓位集中风险

在面对不可预知的金融投资风险时，建立组合投资计划具有非常重要的意义. 组合投资可以简单地理解为——"不要把鸡蛋放在同一个篮子里"!

"不要把鸡蛋放在同一个篮子里"，莎士比亚的《威尼斯商人》中安东尼奥便是这一纪律的坚定执行者. 在剧幕刚刚拉开的时候，安东尼奥便有这样一幕自白："不, 相信我; 感谢我的命运, 我的买卖的成败并不完全寄托在一艘船上, 不是依赖着一处地方; 我的全部财产, 也不会因为这一年的盈亏而受到影响, 所以我的货物并不能使我忧愁."

迄今为止, 世界上还没有一种只赚不亏的投资理论, 但是通过资产配置确实能够起到防止"一荣俱荣, 一损俱损"的状况, 就像安东尼奥所说的那样, "我的买卖的成败并不完全寄托在一艘船上, 更不是依赖着一处地方".

21.1　模拟"21 点"游戏

在随机的情况下, "21 点"游戏每场都有 51% 的获胜概率. 我们可以用一个二项分布来模拟这个过程, 这个分布对我们执行的试验次数, 以及每次试验成功的概率进行了参数化.

首先, 假设你走进了赌场, 我们模拟 1 轮全额金额的赌局, 循环运行 1000 次.

```
universes = 1000;
results = zeros(1000,1);
for i = 1 : universes
results(i) = binornd(1,0.51);
end
```

现在来检查模拟结果的均值和标准差.

```
means = mean(results);
stds = std(results);
```

均值 = 0.511000000000000; 标准差 = 0.500129112459106.

可以看到, 这 1000 次运行中由于存在很多的 0 和 1, 因而结果标准差非常高. 潜在的结果会在损失和获利之间平均分配, 也就是说你应该期望有一半的概率赢得赌局. 因为你玩游戏的次数不只有 1 次, 那么你对打牌规则的熟悉对获胜的贡献也微乎其微.

现在假设我们有 1000 的筹码, 模拟 100 轮赌局, 循环运行 1000 次.

```
universes = 1000;
results = zeros(1000,1);
for i = 1 : universes
results(i) = binornd(100,0.51);
end
means = mean(results);
stds = std(results);
disp(means);
disp(stds);
```

均值 = 51.003000000000000; 标准差 = 5.100098234544309.

可以观察到, 平均的结果更接近 51 胜, 而标准差更小. 我们在这里看到, 你的资金可能仍然不安全: 因为你的预期优势仅是一场游戏, 而标准差是许多场游戏, 这表明你可以合理地预期输掉更多的比赛. 最后, 我们来试试 10000 轮赌局的情况, 仍然循环运行 1000 次.

```
universes = 1000;
results = zeros(1000,1);
for i = 1 : universes
results(i) = binornd(10000,0.51);
end
means = mean(results);
stds = std(results);
disp(means);
disp(stds);
```

均值 = 5099.201; 标准差 = 49.377816555289000.

因此, 在这种情况下我们的资金会更加安全.

这里有一个微妙之处, 使用标准差并不总是有效的, 因为在这种情况下, 数据的底层分布并不是正态的. 这里使用标准差的原因是标准差是金融领域中比较常规的波动性指标, 在这里它仍旧反映了数据的分散程度. 在实践中我们都假设数据分布呈正态分布, 所以在使用标准差的时候要格外小心, 不能滥用.

21.2 投资组合理论

投资组合理论中也存在同样的原理. 如果你认为你在挑选股票的时候有优势, 那么你应该尽可能多地做独立的投资, 这可以通过投资尽可能多的不相关资产来实现. 让我们看一个例子. 请记住, 在金融领域中, 波动是由时间序列的标准差来衡量的, 而投资组合的未来风险是由过去的投资组合波动估计的.

21.2.1 投资少量资产

例 1 我们从正态分布中抽样来模拟一些资产的情况.

注：实际上，金融资产收益情况很少是正态分布的，所以这不是一个好的假设. 然而，这种假设能很好地解释我们的观点，因为我们只关心相关性和波动性水平.

```
R_1 = 1.01+0.03 .*randn(1,500);
for i = 1:499
R_1(i +1) =   R_1(i+1)*R_1(i);
end
plot(R_1);
xlabel('Time')
ylabel('Price');
```

从图 21.1 中看出，在此情况下我们完全地承受了这个资产的波动性，因为我们所持有的资产是单一的.

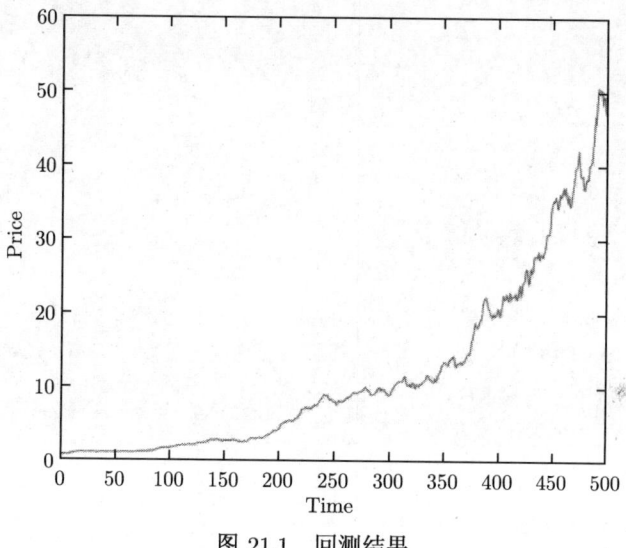

图 21.1　回测结果

21.2.2　投资于许多相关资产

例 2　我们来讨论当资产池扩大后的情况，此时发现回报间仍存在很大的相关性.

```
N = 10;
returns = zeros(N,100);
assets = zeros(N,100);
R_1 = 1.01+0.03*randn(1,100);
r1 = R_1;
returns(1,:) = R_1;
for i = 1:99
r1(i+1) =   r1(i+1)*r1(i);
end
assets(1,:) = r1;
plot(assets(1,:))
```

```
hold on

for j = 2:N
R_i = R_1+0.001+0.01*randn(1,100);
returns(j,:) = R_i;
ri = R_i;
for i = 1:99
ri(i+1) =  ri(i+1)*ri(i);
end
assets(j,:) = ri;
plot(assets(j,:))
hold on
end
R_P = mean(returns);
P = mean(assets);
plot(P);
xlabel('Time');
ylabel('Price');
disp('Asset Volatilities');
disp(std(returns'));
disp('Mean Asset Volatility');
disp(mean(std(returns')));
disp('Portfolio Volatility');
disp(R_P);
```

图测结果如图 21.2 所示.

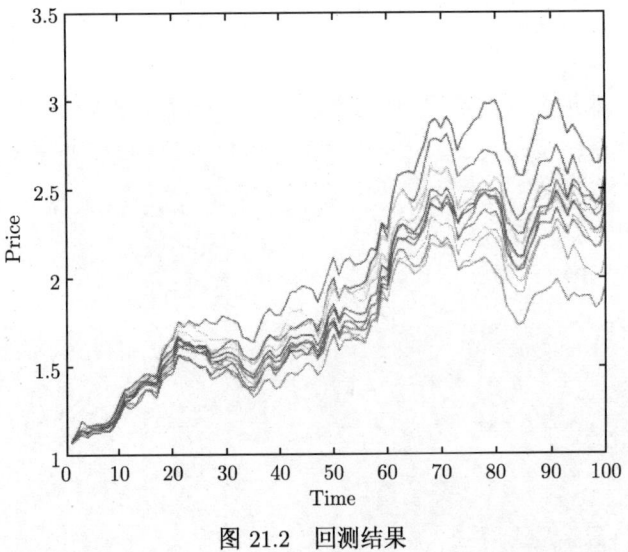

图 21.2 回测结果

第 21 章 仓位集中风险 >>>>

资产方差：0.0299 0.0322 0.0316 0.0312 0.0324 0.0307 0.0316 0.0304 0.0334 0.0308.

平均资产方差：0.0314.

资产池方差：0.0301.

这里可以观察到，对于包含所有资产的投资组合，其资产价格曲线更加平滑. 值得注意的是，投资组合的波动与资产的波动都是一样的，因为当一项资产波动的时候，其他的资产很可能以同样的方式波动，这是具有相关性资产之间存在的问题. 下面我们来观察一下资产和投资组合的波动性.

资产的平均波动与投资组合的波动相同，通过进行更多的资产配置我们没有获得任何东西. 你可以认为我们进行具有相关性的多资产投资与最初进行单个资产的投资是同类投资. 如果第二次投资的结果与第一次投资的结果是相关的，那么实际上你仅仅是做了两次相同的投资，并没有降低投资波动性.

21.2.3 投资于许多不相关资产

例 3 我们讨论独立地生成一堆资产，构建一个包含所有这些资产的投资组合时的风险情况.

```
N = 10;
returns = zeros(N,100);
assets = zeros(N,100);

for i = 1:N
R_1 = 1.01+0.03*randn(1,100);
returns(i,:) = R_1;
r1 = R_1;
for j = 1:99
r1(j+1) = r1(j +1)*r1(j);
end
assets(i,:) = r1;
plot(assets(i,:));
hold on
end

R_P = mean(returns);
P = mean(assets);
plot(P);
xlabel('Time');
ylabel('Price');

disp('Asset Volatilities');
disp(std(returns'));
disp('Mean Asset Volatility');
```

```
disp(mean(std(returns')));
disp('Portfolio Volatility');
disp(std(R_P));
```

回测结果如图 21.3 所示.

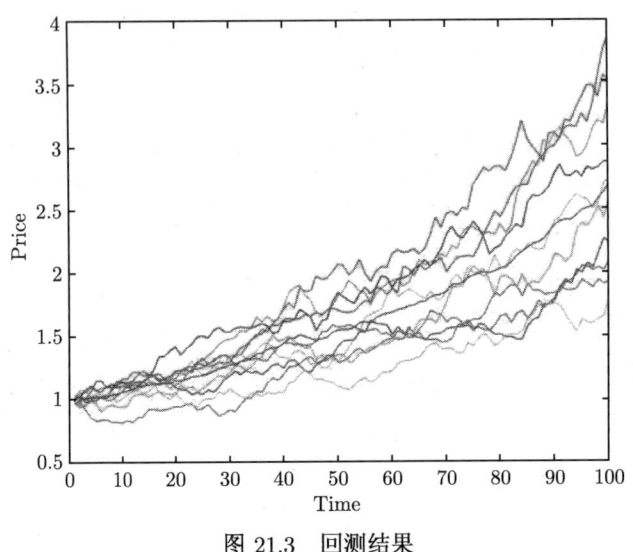

图 21.3 回测结果

资产方差：0.0291 0.0291 0.0311 0.0291 0.0291 0.0343 0.0297 0.0262 0.0254 0.0325.

平均资产方差：0.0296.

投资组合方差：0.0091.

现在我们看到了投资多样化的好处, 持有更多不相关的资产会平滑我们的投资组合收益曲线; 当某一个资产价格下降的时候, 其他资产的价格不可能下降, 所以向上或者向下的波动通常会更小. 投资组合中包含的资产越多, 投资组合的波动性就越小. 下面让我们来检验一下, 结果见图 21.4.

```
portfolio_volatilities_by_size = zeros(100,1);
for N = 2:100
assets = zeros(N, 100);
returns = zeros(N, 100);
for i = 1:N
R_1 = 1.01+0.03* randn(1,100);
returns(i,:) = R_1;
end
R_P = mean(returns);
portfolio_volatilities_by_size(N) = std(R_P);
end

plot(portfolio_volatilities_by_size);
xlabel('Uncorrelated Portfolio Size');
```

```
ylabel('Uncorrelated Portfolio Volatility');
```

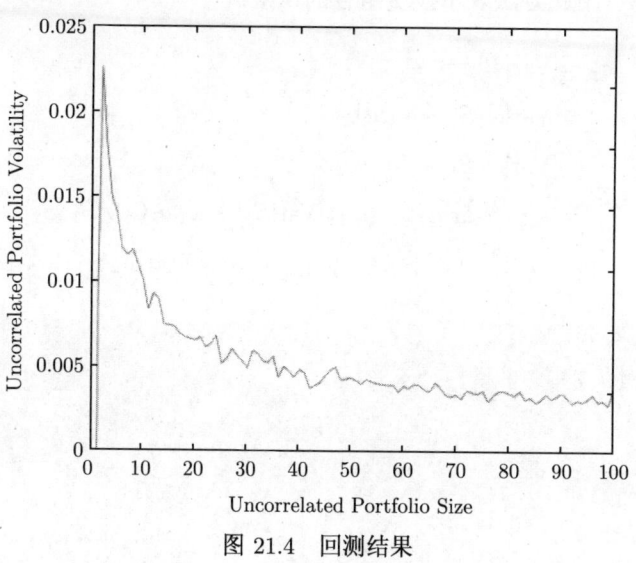

图 21.4 回测结果

21.3 资金约束

在金融领域中，投资尽可能多的非相关资产，称为投资多样化. 如果你有一个定价模型，就可以对所有可投资的资产进行定价并进行相应的投资.

由于存在交易成本，那么在投资的过程中则需要确定投资组合中每个资产的最小投资额. 因此，有的时候在无法投资过多的资产的情况下，仍然应该尽量增加投资组合中的资产数量. 例如，你的投资组合中最多只能持有 20 种资产，那么仍然可以找到相应的不相关的 20 种资产，这总比什么都不做的好.

21.4 数学方法解释

将多个资产组合成一个投资组合是现代投资组合理论的一个主要的方面，这样可以减少投资组合的风险. 由于我们用标准差来表示资产的波动性，那么就可以很容易地用数学方法将其表示出来.

假设投资组合中只有两个资产：S_1 和 S_2，每种资产分配一定的权重 ω_1 和 ω_2，其中 $\omega_1 + \omega_2 = 1$. 我们把这个投资组合称为 P，并且定义 S_1, S_2 资产的均值和标准差分别是 μ_1，σ_1 和 μ_2, σ_2，那么我们可以很容易地将投资组合 P 表示出来：

$$P = \omega_1 S_1 + \omega_2 S_2. \tag{21.1}$$

假设 μ_P 是投资组合 P 的收益：

$$E[\mu_p] = E[\omega_1 \mu_1 + \omega_2 \mu_2] = \omega_1 E[\mu_1] + \omega_2 E[\mu_2]. \tag{21.2}$$

就像所观察到的，投资组合的期望收益可以直接由投资组合中资产的期望收益和相应的权重来表示. 同样地，也可用此方法表示投资组合的风险:

$$\begin{aligned}\sigma_p &= \text{Var}[P] \\ &= \text{Var}[\omega_1 S_1 + \omega_2 S_2] \\ &= \text{Var}[\omega_1 S_1] + \text{Var}[\omega_2 S_2] \\ &= (\omega_1)^2 \text{Var}[S_1] + (\omega_2)^2 \text{Var}[S_1] + \omega_1 \omega_2 \text{Cov}[S_1, S_2] \\ &= (\omega_1)^2 (\sigma_1)^2 + (\omega_2)^2 (\sigma_2)^2 + \rho_{12} \omega_1 \omega_2 \sigma_1 \sigma_2. \end{aligned} \quad (21.3)$$

```
sotcks = [100,75];
mean_returns = [4,6];
r_12 = 0.20;
cov_12 = r_12*0.05*0.08;
covariance_matrix = [0.05^2,cov_12;cov_12,0.08^2];
weights = [0.7,0.3];
P = weights*sotcks'
var_p = weights*covariance_matrix*weights';
sigma_p = var_p^0.5;
disp(['投资组合的风险是:' ,num2str(sigma_p)])
```

投资组合的风险是：0.0462276973253.

通过将众多资产组成一个投资组合，能够构建一个比任何单个资产的风险都低的投资组合. 如果资产组合中包含更多的资产，我们可以进一步降低投资组合风险.

21.5 额外的好处

我们可以很容易地把上面的思想应用于证券市场中. 投资组合资产池中的资产种类越多，投资组合的风险就越低. 投资组合风险的表达式为

$$(\sigma_p)^2 = \sum_{i=1}^n (\omega_i)^2 (\sigma_i)^2 + \sum_{i=1}^n \sum_{j \neq i}^n \omega_i \omega_j \sigma_i \sigma_j \quad (i,j \in 1,2,\cdots,n). \quad (21.4)$$

投资组合所选的资产之间相互独立，对分散风险是有好处的. 当两个资产相互独立时，它们是不相关的，即相关系数 $\rho = 0$. 在计算投资组合方差的时候，组合内资产之间的相关性对计算结果起着重要影响. 资产之间的相关性越高，降低投资风险所要求的资产的数量就越多.

```
std_dev = [0.05, 0.07, 0.11, 0.09];
weights = [0.35, 0.30, 0.15, 0.20];
r_12 = 0.2;
r_13 = 0.08;
r_14 = 0.1;
```

第 21 章　仓位集中风险　　>>>>

```
r_23 = 0.6;
r_24 = 0.4;
r_34 = 0.8;
covariance_matrix = [0.05^2, r_12*0.05*0.07,
r_13*0.05*0.11, r_14*0.05*0.09 ; ...
r_12*0.05*0.07, 0.07^2, r_23*0.07*0.11,
r_24*0.07*0.09; ...
r_13*0.05*0.11, r_23*0.07*0.11, 0.11^2,
r_34*0.11*0.09; ...
r_14*0.05*0.09, r_24*0.07*0.09, r_34* ...
0.11*0.09, 0.09^2];
var_p = weights*covariance_matrix*weights';
sigma_p = var_p^0.5
disp(['投资组合风险是:', num2str(sigma_p)])
```

投资组合风险是: 0.05285.

现在假设所有资产之间的相关性是 0, 它们都是相互独立的 (假定其他条件不变).

```
stocks = [230, 176, 192, 105];
mean_returns = [2.0, 3.5, 7.5, 5.0];
std_dev = [0.05, 0.07, 0.11, 0.09];
weights = [0.35, 0.30, 0.15, 0.20];
covariance_matrix = [0.05^2,0,0,0;0,0.07^2,0,0;
0,0,0.11^2,0;0,0,0,0.09^2];
var_p = weights*covariance_matrix*weights';
sigma_p = var_p^0.5
disp(['投资组合风险是:', num2str(sigma_p)])
```

投资组合风险是: 0.036654.

我们能够通过选择相互独立的资产来显著降低投资组合的风险. 虽然也可以使用增加相关资产种类的方式来降低投资整体的风险, 但如果要达到相同的效果, 相比前一种方式这种方式增加的资产种类要更多.

```
n = 6
assets = 100+20*randn(1,n);
weights = rand([1,n]);
weights = weights/sum(weights);
returns = 5+2*randn(1,n);
cov_matrix = zeros(n);
std_dev = zeros(1,n);
for i = 1:n
for j = 1:(i+1)
if j == i
cov_matrix(i,j) = returns(i)/100;
```

```
std_dev(i) = cov_matrix(i,j);
else
cov_matrix(i,j) = -1+2*rand([1,1]);
end
end
end
cov_matrix = cov_matrix*cov_matrix';
disp(['Weights:', num2str(weights)])
disp(['assets:', num2str(assets)])
disp(['returns:', num2str(returns)])
disp(['std_dev:',num2str(std_dev)])
disp('cov_matrix:')
disp(cov_matrix)

P = weights*assets';
var_p = weights*cov_matrix*weights';
sigma_p = var_p^0.5;

disp(['Portfolio Value:', num2str(P)])
disp(['Portfolio Volatility:',num2str(sigma_p)])
```

运行得到结果:

```
Weights: 0.16725, 0.17393, 0.11143, 0.20873, 0.020486, 0.31817
assets: 114.8327, 97.60855, 140.5354, 131.7981, 102.1889, 144.3874
returns: 5.7267, 6.5771, 6.7446, 3.1571, 3.6774, 5.5445
std_dev: 0.057267, 0.065771, 0.067446, 0.031571, 0.036774, 0.055445
cov_matrix:
    0.4153    0.0295    0.0105   -0.0314    0.0673    0.3959
    0.0295    0.6272    0.1102    0.4025   -0.4241   -0.0628
    0.0105    0.1102    0.8304   -0.2840   -1.1155   -0.0995
   -0.0314    0.4025   -0.2840    1.1715    0.1743   -1.0914
    0.0673   -0.4241   -1.1155    0.1743    1.8957    0.2990
    0.3959   -0.0628   -0.0995   -1.0914    0.2990    2.7293
Portfolio Value:127.3864
Portfolio Volatility:0.51973
```

第 22 章 最小线性相关算法

一个金融资产的价格变化一般受多个因素的影响,同理,一个投资组合的收益受组合中不同资产收益的变化所影响,那么如何合理分配这些资产的投资比例呢? 前两章对一元和多元的线性回归都进行了详细的说明, 本章将从最小线性相关算法的角度来解释如何通过分散化投资来降低投资风险.

22.1 分散化投资

分散化投资原则可能是金融领域最广为接受的投资原则之一, 这个概念可以追溯到当下人们常用的投资原则: 将财产均匀分散到房地产、商业和现金领域. 然而, 现代金融体系对这一原则的解读却鲜为人知. Markowitz 在二次规划领域的框架下引入 "回报率"、"相关性"和 "波动率"等概念, 可定量地描述分散化投资原则的影响. 在现代投资组合理论的框架下, 回报就是历史回报的平均, 相关系数代表强度的标准测度和历史回报关系的斜率; 波动率就是回报率的均方差. 我们可以得出以下两个结论.

- 在两个资产的相关性小于 1 的情况下, 两个资产的投资组合的波动率必然小于每个资产的加权平均波动率.
- 相关性和投资组合的风险之间存在 curvilinear 的关系.

从定义来看, 本章记号说明:

- X_{ij} 为第 i 个样本的第 j 个变量;
- Y_i 为第 i 个样本因变量.

22.2 一些公式

分散化投资不仅仅是持有大量不同的资产, 它也注重这些资产之间的关系, 每个资产对整体风险的贡献以及突然出现的大额损失的可能性. 我们用以下这个简单的公式来描述在投资组合的视角下分散化投资对于减少风险的贡献:

$$投资组合的方差 = K \times 资产平均方差 + (1-K) \times 资产平均协方差,$$

其中 $K = 1/$投资组合中资产的数量. 如果我们用标准差代替资产平均方差, 用相关系数代替协方差, 则投资组合是资产平均风险和常数 K 与资产间平均相关系数的函数. 常数 K 可以被视为资产平均风险对于投资组合风险的贡献权重,如果投资组合中具有较大数量的不同资产,那么 K 很小,从而极大减小了资产平均风险对于整体投资组合风险的权重.

22.3 最小线性相关算法用于投资权重分配

本节介绍最小线性相关算法,用于投资组合时的权重分配.下面介绍其算法,具体步骤如下:

- 计算相关系数矩阵 ρ.
- 计算相关系数 (除去自相关) 均值 μ 和标准差 σ.
- 计算调整后的相关系数矩阵 ρ_A:将所有相关系数由 −1 到 1 映射到 1 和 0 (即加强负相关资产之间的权重,减弱正相关资产之间的权重,使得每一个调整后的相关系数均在 0 到 1 之间),我们使用 MATLAB 函数 normcdf (ρ_{ij}, μ, σ) 来实现 (累积分布函数).
- 计算每一行调整后的系数矩阵平均值,作为初始权重向量 w_0.
- 将初始权重排序,给出加权排序权重 w_1:

$$w_1 = \frac{\text{order}(w_0)}{\sum_i \text{order}(w_0)}. \tag{22.1}$$

- 将加权权重和调整后的系数矩阵结合,给出新的权重 w_2:

$$w_2 = \frac{w_1 \rho_A}{\sum_i w_1 \rho_A}. \tag{22.2}$$

- 通过资产标准差将权重 w_2 再一次归一化,得到最终权重 w:

$$w(i) = \frac{w_2(i)/\sigma_i}{\sum_i w_2(i)/\sigma_i}. \tag{22.3}$$

以下是代码示例,输入为资产的时间序列,每一列是一个资产,输出为分配权重矩阵.

```
% Minimum Correlation Algorithm
function w = minCorr(X)
    rho = corr(X); % 相关系数矩阵
    risk = std(X);
    n = size(rho,1);

    % 移除自相关系数项
    rho2 = nan(n,n-1);
    for i = 1:n
        for j = i+1:n
            rho2(i, j-1) = rho(i,j);
        end
```

```
    end
    for i = 2:n
        for j = 1:i-1
            rho2(i,j) = rho(i,j);
        end
    end

    rhoAll= rho2(find(triu(rho2)));
    mu = mean(rhoAll);
    sigma = std(rhoAll);

    rhoAdjusted =  1- normcdf(rho2, mu, sigma); % 将相关系数映射到0到1
    rhoAdjusted2 =  1- normcdf(rho, mu, sigma);

    w0 = mean(rhoAdjusted,2); % 计算相关系数平均值
    [~, order] = sort(w0, 'descend');
    w1 = order/sum(order); % 初始权重分配

    rhoAdjusted2 = rhoAdjusted2 - diag(diag(rhoAdjusted2));

    w2 = w1'*rhoAdjusted2;
    w2 = w2/sum(w2); % 考虑相关系数的权重分配

    w3 = w2./risk;
    w = w3/sum(w3); % 考虑标准差的权重分配
end
```

我们在这里仅仅给出算法, 其可应用于选股和其他资产管理, 更多系统性的内容可以参考 (studenmund, 2006).

CHAPTER 23
第 23 章 VaR 和 CVaR

2004 年发布的《新巴塞尔协议》中, 委员会把风险管理的对象扩大到市场风险、信用风险和操作风险的总和, 并主张用资产组合的风险价值 (VaR) 模型对风险进行综合管理. 此后, VaR 模型作为一个很好的风险管理工具, 正式在《新巴塞尔协议》中获得应用和推广, 并逐步奠定了其在风险管理领域的首要地位.

VaR 是英文 Value at Risk 的缩写, 中文直译为风险值, 是一个统计学上的概念, 旨在估计给定金融资产或者资产组合在未来资产价格波动下的最大潜在损失. 目前度量 VaR 的模型总体上可以分为两大类: 参数模型和非参数模型. 参数模型, 通过假定收益率分布服从一定的分布来估计 VaR. 而对于非参数模型, 则不需要对收益率的分布做任何假设, 它通过对已有历史数据的分析、模拟来估计 VaR 的值. 本章将帮助大家掌握风险价值模型的计算方法.

23.1 VaR 和 CVaR 的定义

VaR 是投资组合风险管理的一个重要概念, 它是用历史的收益分布情况预测未来可能面临的损失情况. 我们通过一个简单的例子来说明: 首先用随机正态分布函数产生 10 个资产的收益序列 (图 23.1), MATLAB 代码如下:

```
mu = 0.01;
sigma = 0.10;
bars = 1000;
num_assets = 10;
returns = normrnd( mu, sigma, bars, num_assets);
plot(returns(end-50:end,:),'DisplayName','returns')
%画出最后50根bar xlabel('time')
ylabel('return')
```

如何知道这 10 种资产在未来可能受到的风险状况呢? 还是用我们常用的波动率吗? 投资者往往更担心的是未来可能受到的最大损失, 比如, 在未来 1 天 95% 的可能受到的最大损失, 这时候就需要引入 VaR 的概念.

第 23 章 VaR 和 CVaR

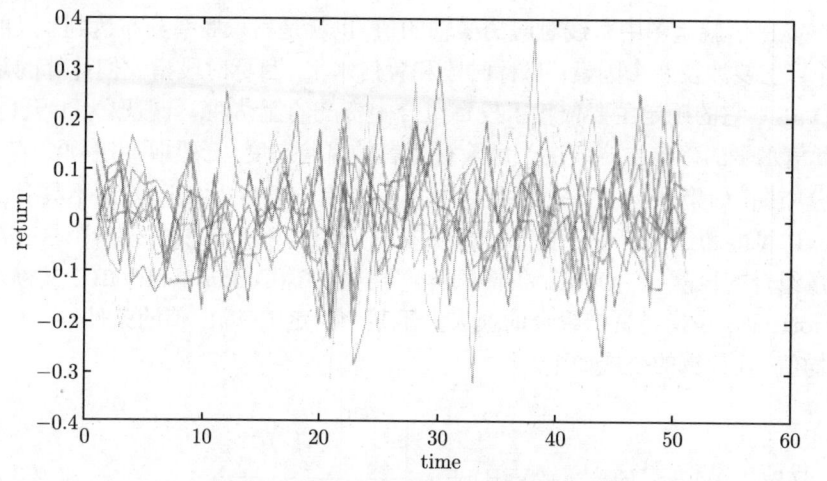

图 23.1 随机生成 10 种资产的收益序列

VaR 表示一定置信水平 α 下 (如 99%) 投资组合面临的最大损失. 我们用收益率分布的 $1-\alpha$ 的百分位数定义 VaR, 表示为

$$\mathrm{VaR}(\alpha) = -F_r^{-1}(1-\alpha), \tag{23.1}$$

其中: $F_r()$ 为组合收益率的累积分布函数. 我们用这 10 种中的第 1 种资产的回报率 (return) 来解释当 $\alpha = 0.01$ 时, VaR 的具体形式. 我们用图 23.2 来阐述, 代码如下:

```
p=capaplot(returns(:,1),[-1,1]);
hold on
plot([prctile(returns(:,1),0.01*100),prctile(returns(:,1),
0.01*100)],[0,4],'r');
```

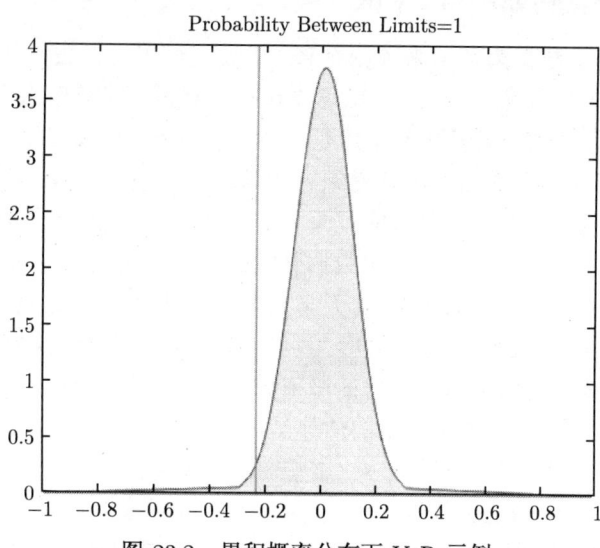

图 23.2 累积概率分布下 VaR 示例

图 23.2 中, 99% VaR 值就是图中直线对应的横轴的值, 也就是累积概率分布达到 1% 的那一点的值. VaR 计算主要涉及两个因素: 目标时段和置信水平. 目标时段指我们计算的是未来多长时间内的 VaR, 它的确定主要依赖于投资组合中资产的流动性, 一般取为 1 天、1 周、10 天或 1 月; 置信水平的确定主要取决于风险管理者的风险态度, 一般取 90%~99.9%.

对于上面概率分布图, 如果有 10 个资产, 那整体的 VaR 是多少呢? 由于 VaR 不具有次可加性, 即组合的 VaR 可能超过组合中各资产的加权 VaR, 因此, 我们需要另外一个具有次可加性的指标来衡量组合的风险——CVaR. 条件风险价值 CVaR (Conditional VaR), 又称期望损失 (expected shortfall), 是指当资产组合的损失大于某个给定的 VaR 值的条件下, 该资产组合的损失的平均值. 其计算的公式如下:

$$\mathrm{CVaR}(\alpha) = -E(r \mid r - \mathrm{VaR}) = -\frac{\int_{-\infty}^{-\mathrm{VaR}} z f_r(z) \, \mathrm{d}z}{1 - \alpha}, \tag{23.2}$$

其中: $f_r()$ 为组合收益率的概率密度函数.

相对于 VaR, CVaR 具有以下几点优势: ① CVaR 考虑了超过 VaR 的尾部风险; ② CVaR 属于一致风险测度, 满足了可加性; ③ CVaR 不易被操纵, 不易出现误导投资者的信息; ④ CVaR 的凸性使得基于它的投资组合优化更易于实施.

23.2 VaR 和 CVaR 的计算

对于金融风险的计量, 我们一般有 "历史模拟法"、基于正态分布的 "方差协方差法"、基于一般框架下的 Monte Carlo 方法和基于 Counish-Fisher 展开式方法. 下面进行简要的介绍. 其对应的详细材料, 请参见 (Hull, 2011).

23.2.1 基于历史模拟的 VaR 和 CVaR

历史模拟法以历史数据为依据来预测将来. 假设我们采用过去 501 天的历史数据来计算一天展望期、对应 99% 置信水平的 VaR(这里选择的展望期及置信水平是市场风险管理过程中的一种典型选择, 在实际计算中常常流行采用 501 天的历史数据, 并由此产生 500 个情形). 历史模拟法的第 1 步是选定影响交易组合的风险源, 这些风险源可能是汇率、股价、利率等, 然后需要收集这些风险源在最近的过去 501 天的数据, 通过这些数据可以得出从今天到明天市场变量的不同变化情形. 我们将数据开始的第 1 天记为第 0 天, 数据开始的第 2 天记为第 1 天, 以此类推. 情形 1 是指第 0 天与第 1 天数据的变化比率; 情形 2 是指第 1 天与第 2 天数据的变化比率. 对于每一情形, 我们可以计算从今天到明天的交易组合的价值变化, 并由此得出交易组合每天价值变化的概率分布图, 分布中所对应的 99% 的分位数 500 个计算数值的第 5 个最坏的损失, VaR 的估计是第 99 个百分比分位数所对应的损失. 假设市场变量的变化是从过去 500 天提取出来, 这些变量的变化代表从今天到明天变化的不同可能, 那么我们可以有 99% 的把握肯定, 交易组合所对应的损失会小于 VaR 估计值.

历史模拟法的核心在于根据市场因子的历史样本变化模拟证券组合的未来损益分布, 利用分位数给出一定置信度下的 VaR 估计. 具体来说, 它是借助于计算过去一段时间内的资产

第 23 章　VaR 和 CVaR

组合风险收益的频率分布，通过找到历史上一段时间内的收益以及在既定置信水平 α 下的最低收益率，计算出资产组合的 VaR 值和 CVaR 值.

$$\begin{aligned} \text{VaR}(1-\alpha) &= -\text{percentile}(r,\alpha), \\ \text{CVaR}(1-\alpha) &= -E[r \mid r \leqslant -\text{VaR}]. \end{aligned} \tag{23.3}$$

23.2.2　基于正态分布的 VaR 和 CVaR

除了历史模拟法之外，还有一种计算市场风险 VaR 的方法，这种方法被称为模型构建法或方差协方差法. 在这一方法中，我们需要对市场变量的联合分布做出一定的假设，并采用历史数据来估计模型中的参数.

模型构建法对由股票、债券、商品和其他产品长短头寸所组成的资产组合十分有用，其理论基础是马科维茨关于组合管理的先驱性理论. 由资产组合中的基础资产的均值和方差，以及产品回报的相关性，我们可以估计市场变量的方差及协方差. 假设市场变量每天的百分比变化服从正态分布，并且组合价值每天的变化也服从正态分布，在这两种假设之下可以很快计算出交易组合的 VaR.

我们将看到，模型构建法难以应用于包含期权类非线性产品的资产组合，如果不大幅增加计算的时间长度，将很难放宽回报服从正态分布这一假设.

而基于正态分布参数法的核心是做了一个基本假设：收益率是符合均值为 μ，标准差为 σ 的正态分布. 这种情况下，VaR 的计算就是用正态分布的累积分布函数，其公式如下：

$$\begin{aligned} \text{VaR}(1-\alpha) &= -[\mu_p + \sigma_p c(\alpha)], \\ \text{CVaR}(1-\alpha) &= -\left[\mu_p - \frac{\sigma_p}{\alpha}f(c(\alpha))\right]. \end{aligned} \tag{23.4}$$

23.2.3　基于 Monte Carlo 模拟法的 VaR 和 CVaR

计算 VaR 的方法还有更为复杂的 "Monte Carlo 模拟法"，它是基于历史数据和既定分布假定的参数特征，借助随机产生的方法模拟出大量的资产组合收益的数值，再计算 VaR 值.

$$\begin{aligned} \text{VaR}(1-\alpha) &= -\text{percentile}(r,\alpha), \\ \text{CVaR}(1-\alpha) &= -E[r \mid r \leqslant -\text{VaR}]. \end{aligned} \tag{23.5}$$

注意：此处 r 是通过 Monte Carlo 模拟法得到的模拟收益，与历史收益率序列的 r 不同.

23.2.4　基于 Counish-Fisher 展开式的 VaR 和 CVaR

Counish-Fisher 展开式将标准化之后的组合收益 r' ($r' = (r-\mu_p)/\sigma_p$) 的百位数 α 近似表示为

$$q = c(\alpha) + \frac{1}{6}[c(\alpha)^2 - 1]s_p + \frac{1}{24}[c(\alpha)^3 - 3c(\alpha)][k_p - 3] - \frac{1}{36}[c(\alpha)^3 - 5c(\alpha)]s_p^2, \tag{23.6}$$

其中：μ_p 为组合收益的均值；σ_p 为组合收益的标准差；$c(\alpha)$ 为标准正态分布 α 百分位数；s_p 为组合收益的偏度；k_p 为组合收益的峰度. 因此，组合收益的百分位数近似为 $\mu_p + \sigma_p q$，那么投资组合的 VaR 为

$$\text{VaR}(1-\alpha) = -[\mu_p + \sigma_p q]. \tag{23.7}$$

投资组合 CVaR 的公式为

$$\mathrm{CVaR}(1-\alpha) = -\sigma_p \left(M_1 + \frac{1}{6}(M_2-1)s_p + \frac{1}{24}(M_3-3M_1)(k_p-3) - \frac{1}{36}(2M_3-5M_1)s_p^2 \right). \tag{23.8}$$

23.3 VaR 和 CVaR 的计算演示

下面给出基于历史模拟、正态分布、Monte Carlo 模拟法和 Cornis-Fisher 展开式计算 VaR 和 CVaR 的 MATLAB 函数.

```
function [VaR,CVaR]=VaR_cVaR(r,alpha,method)
n=length(r);
mu=mean(r);
sigma=std(r);
yield={};
switch method
    case 'hs'
        VaR =-prctile(r,alpha*100);
        CVaR =-(mean(r(r<=-VaR)));
    case 'norm'
        q_alpha=norminv(alpha,mu,sigma);
        VaR =-(q_alpha);
        CVaR =-(mu-sigma*normpdf((q_alpha-mu)/sigma,0,1)/alpha);
    case 'montecarlo'
        yield=repmat(mu,10000,1)+repmat(sigma,10000,1).*
        randn(10000,1);
        VaR =-prctile(yield,alpha*100);
        CVaR =-(mean(yield(yield<=-VaR)));
    case 'cf'
        nr=(r-mu)/sigma;
        s=skewness(nr);
        k=kurtosis(nr)-3;
        q=norminv(alpha);
        VaR =-(mu+sigma*(q+1/6*(q^2-1)*s+1/24*(q^3-3*q)*k
        -1/36*(2*q^3-5*q)*s^2));
        syms x
        m1=double(int(x*1/sqrt(2*pi)*exp(-x^2/2),-inf,q))/alpha;
        m2=double(int(x^2*1/sqrt(2*pi)*exp(-x^2/2),-inf,q))/alpha;
        m3=double(int(x^3*1/sqrt(2*pi)*exp(-x^2/2),-inf,q))/alpha;
        CVaR=-(mu+sigma*(m1+1/6*(m2-1)*s+1/24*(m3-3*m1)*k-1/36*
        (2*m3-5*m1)*s^2));
end
```

第 23 章 VaR 和 CVaR ·········· >>>>

下面以某基金产品的历史净值数据 (从 2013.05.29 到 2017.04.12) 为例, 计算其每日 95% 的 VaR 和 CVaR. 数据如图 23.3 所示, 第一列为日期, 第二列为该基金的日净值数据序列. (参见 www.digquant.com——数据, 文件名为 "1 号产品净值.csv").

	A	B	C	D	E	F	G
1	日期	净值					
2	2016/7/1	0.969					
3	2016/7/4	0.986					
4	2016/7/5	1.002					
5	2016/7/6	1.031					
6	2016/7/7	1.029					
7	2016/7/8	1.026					
8	2016/7/11	1.022					
9	2016/7/12	1.033					
10	2016/7/13	1.032					
11	2016/7/14	1.027					
12	2016/7/15	1.021					
13	2016/7/18	1.021					
14	2016/7/19	1.011					
15	2016/7/20	1.012					
16	2016/7/21	1.008					
17	2016/7/22	0.993					
18	2016/7/25	0.997					
19	2016/7/26	1.011					
20	2016/7/27	0.985					
21	2016/7/28	0.987					
22	2016/7/29	0.989					
23	2016/8/1	0.983					
24	2016/8/2	0.982					
25	2016/8/3	0.991					
26	2016/8/4	0.987					
27	2016/8/5	0.988					
28	2016/8/8	1					
29	2016/8/9	1.012					
30	2016/8/10	1.003					
31	2016/8/11	0.999					
32	2016/8/12	1.028					
33	2016/8/15	1.048					
34	2016/8/16	1.048					
35	2016/8/17	1.041					
36	2016/8/18	1.066					
37	2016/8/19	1.053					
38	2016/8/22	1.034					
39	2016/8/23	1.032					

1号产品净值

图 23.3 基金产品的历史净值数据

计算基金 VaR 和 CVaR 主程序的 MATLAB 代码如下.

```
clear all;
[p,txt,raw]=xlsread('1号产品净值.csv');
datevec2=datevec(raw(2:end,1));
date2 = datenum(datevec2);
r=price2ret(p);
M=50;
alpha=0.05;
ndate=date2(2+M:end);
```

```matlab
method='hs';

for i=1:length(r)-M
    a=r(i:i+M);
    [VaR1(i),CVaR1(i)]=VaR_cVaR(a,alpha,method);
end
method='norm';
for i=1:length(r)-M
    a=r(i:i+M);
    [VaR2(i),CVaR2(i)]=VaR_cVaR(a,alpha,method);
end
method='montecarlo';
for i=1:length(r)-M
    a=r(i:i+M);
    [VaR3(i),CVaR3(i)]=VaR_cVaR(a,alpha,method);
end
method='cf';
for i=1:length(r)-M
    a=r(i:i+M);
    [VaR4(i),CVaR4(i)]=VaR_cVaR(a,alpha,method);
end
h=figure(1);
set(h,'color','w')
datetick('x', 'mmmyy', 'keeplimits','keepticks')
plot(ndate,   VaR1','r-*')
hold on
plot(ndate,   VaR2','b-*')
plot(ndate,   VaR3','m-*')
plot(ndate,   VaR4','c-*')
legend('95%  VaR-HS','95%  VaR-NORM','95%  VaR-MonteCarlo',
'95%  VaR-CF',2)
```

再将上面的 α 值变成 0.05, 则得到 95% VaR 和 CVaR, 如图 23.4 和图 23.5.

我们可以从图 23.4 和图 23.5 看出, 通过几种不同的方法, 得到的 VaR 和 CVaR 值存在较大的差异, 总结的规律如下.

1. 历史模拟模型法计算较简单、概念直观、实施容易, 但根据这个模型得到的 VaR 和 CVaR 波动性较大, 具有一定的滞后效应, 不能非常及时地反映真实的 VaR.

2. 正态分布法具有特别的优势, 是从现代组合理论直接推导出来的, 但它是基于资产的回报的正态性假定, 对回报中的非线性和尖峰厚尾性难以处理.

3. Monte Carlo 模拟法利用历史的数据模拟计算出回报收益, 再算出 VaR 和 CVaR 值, 这种方法得到结果和正态分布法相似, 但这种方法容易受模型风险的影响.

4. Counish-Fisher 法是比较精确的一种算法, 考虑了非正态分布的情况, 得到的 VaR 和 CVaR 会比正态分布和 Monte Carlo 模拟法得到的结果较缓和一些, 但此算法会复杂一些.

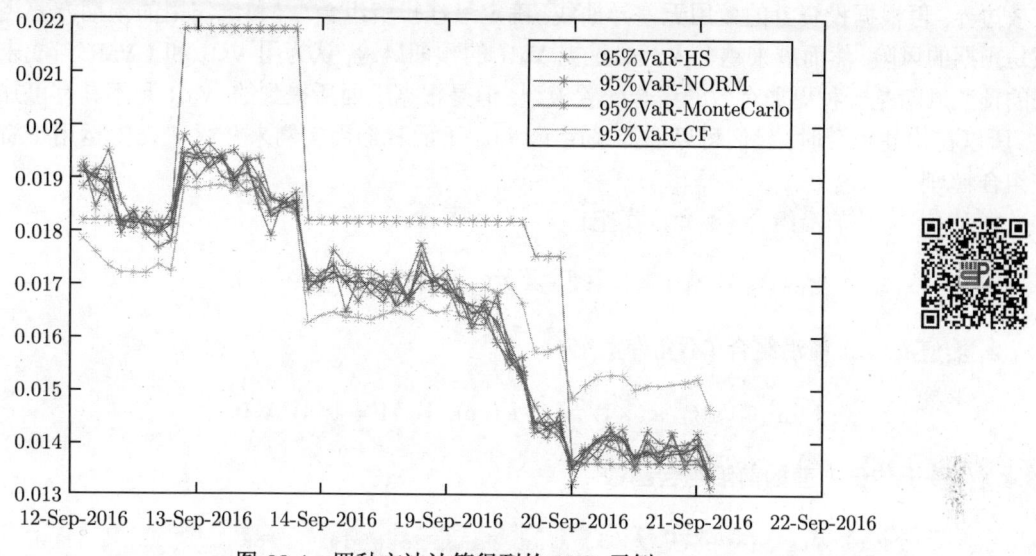

图 23.4　四种方法计算得到的 VaR 示例

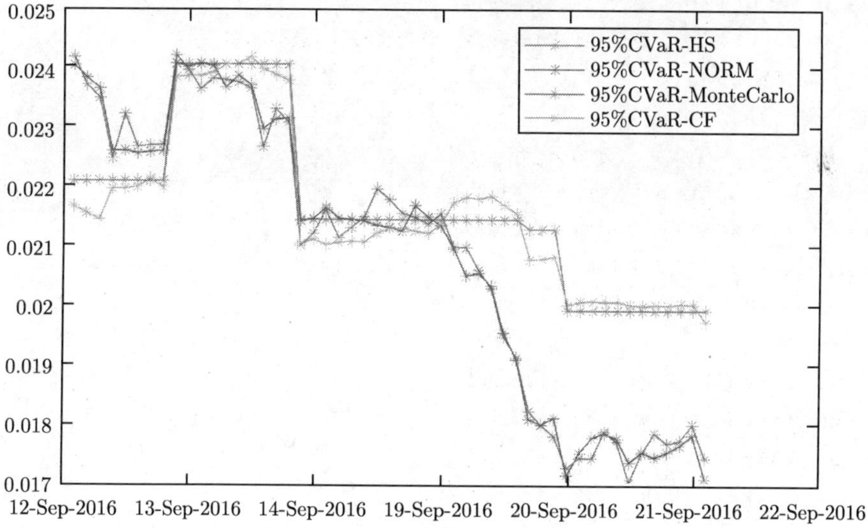

图 23.5　四种方法计算得到的 CVaR 示例

23.4　VaR 和 CVaR 运用于资产组合管理

在丰富的金融投资理论中, 组合投资理论占有非常重要的地位, 金融产品的本质是各种金融工具的组合. 现代投资组合理论试图解释获得最大投资收益与避免过分风险之间的基本权衡关系, 也就是说投资者将不同的投资品种按一定的比例组合在一起作为投资对象, 以在保证预定收益率的前提下把风险降到最小或者在一定风险的前提下使收益率最大.

经典的组合配置方法是基于马科维茨的 MPT 现代资产组合理论,也就是均值方差模型,马科维茨根据每一种证券的预期收益率、方差和所有证券间的协方差矩阵,得到证券组合的有效边界,再根据投资者的效用无差异曲线,确定最佳投资组合. 马科维茨用的预期方差当成是预期的风险,然而越来越多人开始重视 VaR 的预期风险,认为用 VaR 和 CVaR 当成未来的预期风险是一种更加有效的组合配置模型. 但是根据上面所提到的,VaR 是不具有可加性,所以在构建组合时,我们可以选择采用 CVaR. 下面我们用实例来介绍 CVaR 运用于资产组合管理.

1. 均值–方差前沿组合 (不允许卖空)

$$\text{Min } (W^\mathrm{T} V W) \quad \text{s.t. } W^\mathrm{T} e = E(rp); \ W^\mathrm{T} 1 = 1; \ W \geqslant 0.$$

2. 均值-CVaR 前沿组合 (不允许卖空)

$$\text{Min } (\text{CVaR}) \quad \text{s.t. } W^\mathrm{T} e = E(rp); \ W^\mathrm{T} 1 = 1; \ W \geqslant 0.$$

23.4.1 基于均值方差的前沿组合函数

```
function [TargetWts, errormsg] = Mean VaRianceModel(ExpRet,
ExpVol,assetcoeff,freq,Flag,YearTarget,bound)
% ExpRet=[0.08 0.05 0.12] %是预期收益率的值,为行序列.
% ExpVol=[0.07 0.03 0.15] %是预期波动率的值,为行序列.
% assetcoeff=[1 0.65 0.85;0.65 1 0.9;0.85 0.9 1] %是预期相关性系数,
  为n*n的对称矩阵.
% freq是预期收益率和波动率的频率,分为日'd',周'w',月'm',年'y'
% YearTarget is the input of target yearly.
% Flag = 0 mean estimate by Return
% Flag = 1 mean estimate by Risk
% bound 是指上下限,是矩阵的方式[0,0,0;1,1,1]
% error = 0 mean OK
% error = 1 mean Target return too small
% error = 2 mean Target return too large
% error = 3 mean Target risk too small
% error = 4 mean Target risk too large
errormsg = 0;
n = size(ExpRet,2);
TargetWts = zeros(n,1);
Sigma=[];
for i=1:n
    for j=1:n
        Sigma(i,j)=ExpVol(i)*assetcoeff(i,j)*ExpVol(j);
    end
end
```

```matlab
if nargin == 6
    bound = [0;1];
end
bound = bound';

% Create portfolio model
p = Portfolio('assetmean', ExpRet, 'AssetCo  VaR  ', Sigma, ...
    'lowerbound', bound(:,1), 'upperbound', bound(:,2));
p = setDefaultConstraints(p);
plotFrontier(p);
% Judge the numerical range
TempWts = estimateFrontierLimits(p);
if(Flag==0)
    if freq=='d'
        Target = YearTarget/252;
    elseif freq=='w'
        Target = YearTarget/52;
    elseif freq=='m'
        Target = YearTarget/12;
    else
        Target = YearTarget;
    end
    TempReturn = estimatePortReturn(p,TempWts);
    if (Target<TempReturn(1) || Target < min(ExpRet))
    disp('The target return is too low! Too easy to achieve!');
        [~,iPosi] = min(ExpRet);
        TargetWts(iPosi) = 1;
        errormsg = 1;
    else if( Target > TempReturn(2) || Target > max(ExpRet))
    disp('The target return is too high! We can not do it.');
            [~,iPosi] = max(ExpRet);
            TargetWts(iPosi) = 1;
            errormsg = 2;
        end
    end
else
    if freq=='d'
        Target = YearTarget/sqrt(252);
    elseif freq=='w'
        Target = YearTarget/sqrt(52);
    elseif freq=='m'
        Target = YearTarget/sqrt(12);
```

```
    else
        Target = YearTarget;
    end
    TempRisk = estimatePortRisk(p,TempWts);
    if (Target<TempRisk(1) || Target<sqrt(min(diag(Sigma))) )
        disp('The target Risk is too low! We can not do it.');
        [~,iPosi] = min(diag(Sigma));
        TargetWts(iPosi) = 1;
        errormsg = 3;
    else if (Target>TempRisk(2)|| Target>sqrt(max(diag(Sigma))))
        disp('The target Risk is too high! Too easy to achieve!');
        [~,iPosi] = max(diag(Sigma));
        TargetWts(iPosi) = 1;
        errormsg = 4;
        end
    end
end

% Calculate weight
if(errormsg == 0)
    if(Flag==0)
        TargetWts = estimateFrontierByReturn(p,Target);
    else
        TargetWts = estimateFrontierByRisk(p,Target);
    end
end
end
```

结果如图 23.6 所示.

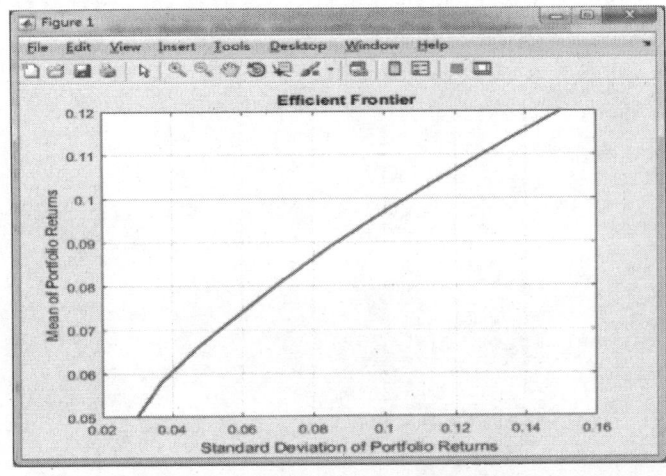

图 23.6 基于均值方差的前沿组合函数

输入得到有效前沿:

```
>> ExpRet=[0.08 0.05 0.12];
>> ExpVol=[0.07 0.03 0.15];
>> assetcoeff=[1 0.65 0.85;0.65 1 0.9;0.85 0.9 1];
>>[TargetWts,errormsg]=Mean VaR ianceModel(ExpRet,ExpVol,
assetcoeff,'y','0',0.1,[0,0,0;1,1,1]);
```

得到组合的权重 (0.5779, 0, 0.4221)。

23.4.2 基于均值 CVaR 的前沿组合函数

```
function [TargetWts , errormsg] = CVaR Model(ExpRet,ExpVol,
assetcoeff,freq,Flag,YearTarget,ProbabilityLevel,bound)
% [TargetWts, errormsg] = CVaR Model(ExpRet,ExpVol,assetcoeff,
Flag,YearTarget,bound)
% ExpRet 是预期收益率的值,为行序列,如[0.08 0.05 0.12].
% ExpVol 是预期波动率的值,为行序列,如[0.07 0.03 0.15].
% assetcoeff是预期相关性系数,为n*n的对称矩阵,
如[1 0.65 0.85;0.65 1 0.9;0.85 0.9 1].
% freq是预期收益率和波动率的频率,分为日'd',周'w',月'm',年'y'
% YearTarget is the input of target yearly.
% Flag = 0 mean estimate by Return
% Flag = 1 mean estimate by Risk
% ProbabilityLevel是指置信度
% bound 是指上下限,是矩阵的方式[0,0,0;1,1,1]
% error = 0 mean OK
% error = 1 mean Target return too small
% error = 2 mean Target return too large
% error = 3 mean Target risk too small
% error = 4 mean Target risk too large
errormsg = 0;
n = size(ExpRet,2);
TargetWts = zeros(n,1);
Sigma=[];
for i=1:n
    for j=1:n
        Sigma(i,j)=ExpVol(i)*assetcoeff(i,j)*ExpVol(j);
    end
end

if nargin == 7
    bound = [0;1];
end
```

```matlab
bound = bound';

% Create portfolio model
AssetScenarios=mvnrnd(ExpRet,Sigma,20000);
p = PortfolioC VaR ('Scenarios', AssetScenarios,'lowerbound'...
, bound(:,1), 'upperbound', bound(:,2),'ProbabilityLevel'...
, ProbabilityLevel);
p = setDefaultConstraints(p);
plotFrontier(p);
% Judge the numerical range
TempWts = estimateFrontierLimits(p);
if(Flag==0)
    if freq=='d'
        Target = YearTarget/252;
    elseif freq=='w'
        Target = YearTarget/52;
    elseif freq=='m'
        Target = YearTarget/12;
    else
        Target = YearTarget;
    end
    TempReturn = estimatePortReturn(p,TempWts);
    if (Target<TempReturn(1) || Target < min(ExpRet))
    disp('The target return is too low! Too easy to achieve!');
        [~,iPosi] = min(ExpRet);
        TargetWts(iPosi) = 1;
        errormsg = 1;
    else if( Target > TempReturn(2) || Target > max(ExpRet))
        disp('The target return is too high! We can not do it.');
            [~,iPosi] = max(ExpRet);
            TargetWts(iPosi) = 1;
            errormsg = 2;
        end
    end
else
    if freq=='d'
        Target = YearTarget/sqrt(252);
    elseif freq=='w'
        Target = YearTarget/sqrt(52);
    elseif freq=='m'
        Target = YearTarget/sqrt(12);
    else
```

```
            Target = YearTarget;
        end
    TempRisk = estimatePortRisk(p,TempWts);
    if (Target<TempRisk(1) || Target<sqrt(min(diag(Sigma))))
        disp('The target Risk is too low! We can not do it.');
        [~,iPosi] = min(diag(Sigma));
        TargetWts(iPosi) = 1;
        errormsg = 3;
    else if (Target>TempRisk(2)|| Target>sqrt(max(diag(Sigma))))
    disp('The target Risk is too high! Too easy to achieve!');
            [~,iPosi] = max(diag(Sigma));
            TargetWts(iPosi) = 1;
            errormsg = 4;
        end
    end
end
% Calculate weight
if(errormsg == 0)
    if(Flag==0)
        TargetWts = estimateFrontierByReturn(p,Target);
    else
        TargetWts = estimateFrontierByRisk(p,Target);
    end
end
end
```

结果如图 23.7 所示.

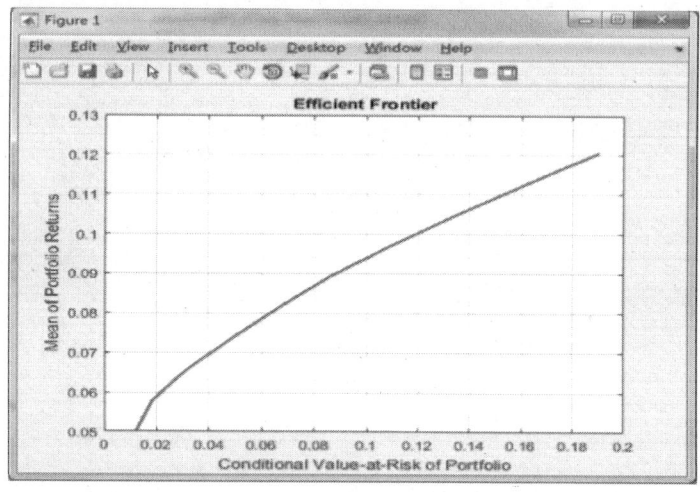

图 23.7 基于均值 CVaR 的前沿组合函数

输入:

```
>> ExpRet=[0.08 0.05 0.12];
>> ExpVol=[0.07 0.03 0.15];
>> assetcoeff=[1 0.65 0.85;0.65 1 0.9;0.85 0.9 1];
>>[TargetWts,errormsg]=C VaR Model(ExpRet,ExpVol,assetcoeff,'y','0',0.1,0.95,[0,0,0;1,1,1]);
```

得到有效前沿.

得到组合的权重 (0.6544, 0, 0.3456).

参 考 文 献

陈工孟. 2015. 量化投资分析. 北京: 经济管理出版社.
邓留保, 李柏年, 杨桂元. 2007. Matlab 与金融模型分析. 合肥: 合肥工业大学出版社.
丁鹏. 2012. 量化投资——策略与技术. 北京: 电子工业出版社.
李志生. 2015. 投资组合管理. 北京: 中国财政经济出版社.
毛跃一, 靳景玉. 2007. 金融工程理论与实践. 成都: 电子科技大学出版社.
茆诗松. 2004. 概率论与数理统计教程. 北京: 高等教育出版社.
《全国期货从业人员资格考试辅导用书》编写组. 2010. 期货基础知识. 北京: 中国经济出版社.
史蒂夫·尼森. 2011. 日本蜡烛图技术新解. 北京: 机械工业出版社.
王岩, 王爱青. 2007. 数理统计与 MATLAB 工程数据分析. 北京: 清华大学出版社.
谢中华. 2010. MALTAB 统计分析与应用: 40 个案例分析. 北京: 北京航空航天大学出版社.
原思聪. 2011. MATLAB 语言及应用. 北京: 国防工业出版社.
周建兴, 岂兴明, 矫津毅. 2008. MATLAB 从入门到精通. 北京: 人民邮电出版社.
周洛华. 2004. 金融工程学. 2 版. 上海: 上海财经大学出版社.
Hayashi F. 2011. Econometrics. Princeton: Princeton University Press.
Hull J. 2011. Risk Management and Financial Institutions. 3rd ed. New York: Pearson.
Hull J. 2015. Options, Futures and Other Derivatives. 9th ed. New York: Pearson.
Klebaner F C. 2008. Introduction to Stochastic Calculus with Applications. 北京: 人民邮电出版社.
Mitzenmacher M, Upfal E. 2007. 概率与计算. 北京: 机械工业出版社.
Smithson C W. 2000. Managing Financial Risk. 北京: 中国人民大学出版社.
Stock J H, Watson M W. 2011. Introduction to Econometrics. Boston: Addison-Wesley.
Studenmund A H. 2006. Using Econometrics: A Practical Guide. 5th ed. New York: Pearson.
Wooldridge J. 2010. Econometric Analysis of Cross Section and Panel Data. Cambridge: MIT Press.

附录 Auto-Trader 交易软件使用手册

全书的案例和代码都是基于 Auto-Trader 量化交易软件 (简称"AT") 给出的. AT 是一款基于 MATLAB 的覆盖期货、股票的策略研究和自动化交易系统的量化交易软件, 其内置的函数工具箱和数据库可供读者使用. 这里介绍全书案例中主要使用的数据类型和函数操作, 如需了解更多内容, 可登录 www.digquant.com 进行查询.

1 数据介绍

AT 支持上海证券交易所、深圳证券交易所、中国金融期货交易所、上海期货交易所、郑州商品交易所、大连商品交易所的全部品种数据, 包括各频率的分钟、日线数据与 tick 数据.

1.1 数据字段

字段名	中文名称	备注
time	时间列表	$N \times 1$ double 型数组, 以 MATLAB 日期数字形式存储
price	成交价	$N \times 1$ double 型数组, 每个元素对应 time 中时间点的成交价
open	开盘价	$N \times 1$ double 型数组, 每个元素对应 time 中时间点的开盘价
high	最高价	$N \times 1$ double 型数组, 每个元素对应 time 中时间点的最高价
low	最低价	$N \times 1$ double 型数组, 每个元素对应 time 中时间点的最低价
close	收盘价	$N \times 1$ double 型数组, 每个元素对应 time 中时间点的收盘价
volume	成交量	$N \times 1$ double 型数组, 每个元素对应 time 中时间点的成交量
volumetick	当前 tick 的成交量	
turnover	成交金额	$N \times 1$ double 型数组, 每个元素对应 time 中时间点的成交金额
openinterest	持仓量	$N \times 1$ double 型数组, 每个元素对应 time 中时间点的持仓量
bidprice	买价	$N \times 5$ double 型数组, 对应 time 中时间点的前五档委托买价
bidvolume	买量	$N \times 5$ double 型数组, 对应 time 中时间点的前五档委托买量
askprice	卖价	$N \times 5$ double 型数组, 对应 time 中时间点的前五档委托卖价
askvolume	卖量	$N \times 5$ double 型数组, 对应 time 中时间点的前五档委托卖量
Market	市场	
Code	合约代码	
CurrentPrice	当前价	
CurrentQuantity	当前成交量	
name	品种代码	
lastTD	最后交易日	
Multiple	合约乘数	
MinMove	最小变动单位	
TradingFeeOpen	开仓手续费率	
TradingFeeClose	平仓手续费率	
TradingFeeCloseToday	当日平仓手续费	

续表

字段名	中文名称	备注
LongMargin	多方保证金率	
ShortMargin	空方保证金率	
BarNumber	当前 Bar 位置	double 型数值
BarTime	当前 Bar 时间	以 MATLAB Datenum 数值形式存储
BarOpen	当前 Bar 开盘价	double 型数值
BarHigh	当前 Bar 最高价	double 型数值
BarLow	当前 Bar 最低价	double 型数值
BarClose	当前 Bar 收盘价	double 型数值
BarVolume	当前 Bar 成交量	double 型数值
BarTurnover	当前 Bar 成交金额	double 型数值
BarOpeninterest	当前 Bar 持仓量	double 型数值
curticknumber	当前 tick 位置	double 型数值
curtime	当前 tick 时间	以 MATLAB Datenum 数值形式存储
curprice	当前 tick 价格	double 型数值
curvolume	当前 tick 成交量	double 型数值
isTickEnd	标记是否为当前分钟最后一个 tick	若是，值为 1，否为 0

1.2 历史 Bar 数据

利用 traderGetKData 获取历史 K 线数据，数据格式如下：

字段	释义	注释
time	时间	日期格式
open	开盘价	time 中时间点的开盘价
high	最高价	time 中时间点的最高价
low	最低价	time 中时间点的最低价
close	收盘价	time 中时间点的收盘价
volume	成交量	time 中时间点的成交量
turnover	成交金额	time 中时间点的成交金额
openinterest	持仓量	time 中时间点的持仓量

1.3 历史 tick 数据

利用 traderGetTickData 获取历史 tick 数据，数据格式如下：

字段	释义	注释
time	时间	日期格式
price	成交价	time 中时间点的成交价
volume	成交量	time 中时间点的成交量
volumetick	tick 内成交量	
openinterest	持仓量	time 中时间点的持仓量
bidprice	前五档买价	可只取一档
bidvolume	前五档买量	可只取一档
askprice	前五档卖价	可只取一档
askvolume	前五档卖量	可只取一档

1.4 历史行情数据

利用 tradergetrtDataMulti 获取实时价格数据，数据格式如下：

字段	释义
Market	市场
Time	时间
Code	标的代码
CurrentPrice	当前价
CurrentQuantity	当前成交量

1.5 常用数据类别

1.5.1 Market 市场枚举

交易所代码	交易所名称	交易所代码	交易所名称
SZSE	深圳证券交易所	DCE	大连商品交易所
SSE	上海证券交易所	CZCE	郑州商品交易所
SHFE	上海期货交易所	CFFEX	中国金融期货交易所

1.5.2 FQ 复权枚举

复权类型	复权方向
NA	不复权
Fward	向前复权
Bward	向后复权

1.5.3 Kfrequency K 线类型枚举

K 线的时间级别	K 线类型	K 线频率
min	分钟线	1 分钟自由合成各频率
day	日线	单日自由合成各频率
tick	tick 数据	默认为 1

1.5.4 FilledUp 数据补齐枚举

是否补齐	释义	注释
TRUE	补齐	按照输入时间补齐所有合约这段时间内数据，补齐的数据成交量为 0，价格为上根收盘价
FALSE	不补齐	只计算有交易的时间，未交易的时间在回测时将不产生下单

1.5.5 期货品种代码表

品种代码	品种名称	交易所
A	豆一	大连商品交易所
B	豆二	大连商品交易所
BB	胶合板	大连商品交易所
C	玉米	大连商品交易所
CS	玉米淀粉	大连商品交易所
FB	纤维板	大连商品交易所
I	铁矿石	大连商品交易所
J	焦炭	大连商品交易所
JD	鸡蛋	大连商品交易所
JM	焦煤	大连商品交易所
L	聚乙烯	大连商品交易所
M	豆粕	大连商品交易所
P	棕榈油	大连商品交易所
PP	聚丙烯	大连商品交易所
V	聚氯乙烯	大连商品交易所
Y	豆油	大连期货交易所
AG	白银	上海期货交易所
AL	铝	上海期货交易所
AU	黄金	上海期货交易所
BU	石油沥青	上海期货交易所
CU	铜	上海期货交易所
FU	燃料油	上海期货交易所
HC	热轧卷板	上海期货交易所
NI	镍	上海期货交易所
PB	铅	上海期货交易所
RB	螺纹钢	上海期货交易所
RU	天然橡胶	上海期货交易所
SN	锡	上海期货交易所
WR	线材	上海期货交易所
ZN	锌	上海期货交易所
CF	棉花	郑州商品交易所
FG	玻璃	郑州商品交易所
GN	绿豆	郑州商品交易所
JR	粳稻谷	郑州商品交易所
LR	晚籼稻	郑州商品交易所
MA	甲醇	郑州商品交易所
OI	菜籽油	郑州商品交易所
PM	普通小麦	郑州商品交易所
RI	早籼稻	郑州商品交易所
RS	油菜籽	郑州商品交易所
SF	硅铁	郑州商品交易所
SM	锰硅	郑州商品交易所
SR	白糖	郑州商品交易所
TA	PTA	郑州商品交易所
ZC	动力煤	郑州商品交易所
WH	强麦	郑州商品交易所

品种代码	品种名称	交易所
WT	硬麦	郑州商品交易所
IC	中证 500 指数股指期货	中国金融期货交易所
IF	沪深 300 指数股指期货	中国金融期货交易所
IH	上证 50 指数股指期货	中国金融期货交易所
T	10 年期国债期货	中国金融期货交易所
TF	5 年期国债期货	中国金融期货交易所

1.5.6 期货主力合约表

已将每个期货品种的主力合约做成统一连续的标准合约，默认当日持仓量最大的合约为该品种的主力合约，标记为 CODE0000，例如当日沪深 300 指数股指期货主力合约为 IF1603，则可直接调用 IF0000，次主力合约为 IF1604，则可直接调用为 IF0001。

合约	释义	备注
CODE0000	主力合约	
CODE0001	次主力合约	
IF0000	中金所沪深 300 指数股指期货主力合约	
IF0001	中金所沪深 300 指数股指期货次主力合约	
CU0000	上期所铜主力合约	
CU0001	上期所铜次主力合约	
M0000	大商所豆粕主力合约	
M0001	大商所豆粕次主力合约	
CF000	郑商所棉花主力合约	郑商所合约号码为三位
CF001	郑商所棉花次主力合约	郑商所合约号码为三位

2 函数说明

AT 全面兼容 MATLAB 的函数库，且补充了关于数据提取、标的配置、开平仓设置、止盈止损设置和策略回测等近百个函数。这里重点介绍书中案例多次用到的数据提取函数 "traderGetKData"。

如在 MATLAB 命令窗口中输入 "help traderGetKData"，则显示如下信息：

[time, open, high, low, close, volume, turnover, openinterest] = traderGetKData(Market, Code, KFrequency, KFreNum, BeginDate, EndDate, FilledUp, FQ)

根据起止时间点提取 K 线数据：

输入参数：
Market: 市场类型，字符串格式，允许值如下：
'SZSE': 深圳股票
'SSE': 上海股票
'SHFE': 上海期货

'DCE': 大连商品
'CZCE': 郑州商品
'CFFEX': 中金所
Code: 交易品种代码, 字符串格式, 如 '000002'
KFrequency: K 线的时间级别, 如 'day', 'min'
KFreNum: K 线的频率
BeginDate: 开始日期, 整型, 如 20140608
EndDate: 结束日期, 整型, 如 20140609, 为 0 时取到当天
FilledUp: 补齐类型, 输入 false 或者 true, false 表示不补齐, true 为补齐
FQ: 复权类型, 'NA' 为不复权, 'FWard' 向前复权, 'BWard' 向后复权

输出参数:
time: 时间列表, $1 \times N$ double 型数组, 以 Matlab 日期数字形式存储
open: 开盘价数据, $1 \times N$ double 型数组, 每个元素对应 time 中时间点的开盘价
high: 最高价数据, $1 \times N$ double 型数组, 每个元素对应 time 中时间点的最高价
low: 最低价数据, $1 \times N$ double 型数组, 每个元素对应 time 中时间点的最低价
close: 收盘价数据, $1 \times N$ double 型数组, 每个元素对应 time 中时间点的收盘价
volume: 成交量数据, $1 \times N$ double 型数组, 每个元素对应 time 中时间点的成交量
turnover: 成交金额, $1 \times N$ double 型数组, 每个元素对应 time 中时间点的成交金额
openinterest: 持仓量数据, $1 \times N$ double 型数组, 每个元素对应 time 中时间点的持仓量

示例:
获取代码为 IF0000 的股指期货主力合约在 2014 年的 1 分钟, 补齐的不复权 K 线数据:
[time, open, high, low, close, volume, turnover, openinterest] = traderGetKData('CFFEX', 'IF0000', 'min', 1, 20140101, 20141231, true, 'NA');
获得代码为 000002 的股票的 2014 年 6、7 月份不补齐的向前复权的 1 日 K 线数据:
[time, open, high, low, close, volume, turnover, openinterest] = traderGetKData('SZSE', '000002', 'day', 1, 20140601, 20140731, false, 'FWard').

教师教学服务指南

为了更好服务于广大教师的教学工作，科学出版社打造了"科学 EDU"教学服务公众号，教师可通过扫描下方二维码，享受样书、课件、会议信息等服务.

样书、电子课件仅为任课教师获得，并保证只能用于教学，不得复制传播用于商业用途. 否则，科学出版社保留诉诸法律的权利.

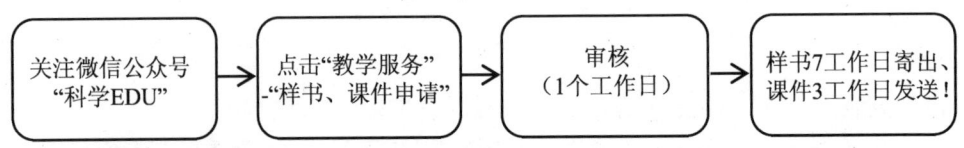

科学EDU

关注科学EDU，获取教学样书、课件资源

面向高校教师，提供优质教学、会议信息

分享行业动态，关注最新教育、科研资讯

学生学习服务指南

为了更好服务于广大学生的学习，科学出版社打造了"学子参考"公众号，学生可通过扫描下方二维码，了解海量经典教材、教辅、考研信息，轻松面对考试.

学子参考

面向高校学子，提供优秀教材、教辅信息

分享热点资讯，解读专业前景、学科现状

为大家提供海量学习指导，轻松面对考试

教师咨询：010-64033787　　QQ：2405112526　　yuyuanchun@mail.sciencep.com
学生咨询：010-64014701　　QQ：2862000482　　zhangjianpeng@mail.sciencep.com